Anita Müller-Friese
Vom Rand in die Mitte

Anita Müller-Friese

Vom Rand in die Mitte

Erfahrungsorientierter Religionsunterricht an der Schule für Lernbehinderte

Calwer Verlag Stuttgart

Die Deutsche Bibliothek – CIP-Einheitsaufnahme

Müller-Friese, Anita:
Vom Rand in die Mitte: erfahrungsorientierter Religionsunterricht an der Schule für Lernbehinderte / Anita Müller-Friese. –
Stuttgart: Calwer Verl., 2001

ISBN 3–7668–3728–1

Umschlaggestaltung: profil, Karin Sauerbier, Stuttgart
Satz: Schreibservice Jürgen Nagel, Reutlingen
Druck und Verarbeitung: WB-Druck, Rieden am Forggensee

Inhalt

Zum Geleit

»Vom Rand in die Mitte« ist ein bescheidener Ruf für eine notgedrungen unbescheidene Forderung. Während des Krieges las ich als Kind in meinem Elternhaus den gerahmten Vers: O Land, Land, Land, höre des Herrn Wort (Jeremia 22; 29). Rund zwanzig Jahre später veröffentlichte das Stuttgarter Evangelische Sonntagsblatt (98. Jg., 15.11.1964, Nr. 46) die Predigt von Julius von Jan in Oberlenningen vom Bußtag 1938 zum Wort des Jeremia und zum organisierten Pogrom der Reichsregierung. Da verstand ich erst, dass Jeremias Wort elektrischer Starkstrom ist: »In diesen Tagen geht durch unser Volk ein Fragen: Wo ist in Deutschland der Prophet, der im Namen Gottes und der Gerechtigkeit ruft, wie Jeremia gerufen hat: Haltet Recht und Gerechtigkeit, errettet den Beraubten von des Frevels Hand! Schindet nicht Fremdlinge, Waisen und Witwen, tut niemand Gewalt und vergießt nicht unschuldig Blut! Gott hat solche Männer gesandt. Sie sind heute entweder im Konzentrationslager oder mundtot gemacht. Die aber, die in der Fürsten Häuser kommen und dort heilige Handlungen vollziehen können, sind Lügenprediger wie die nationalen Schwärmer zu Jeremias Zeiten und können nur Heil und Sieg rufen, aber nicht des Herrn Wort verkündigen.« Von Jan rückte das Wort der Gerechtigkeit *vom Rand in die Mitte*. Zehn Tage später erschienen etwa 200 SA-Leute vor dem Pfarrhaus, verprügelten ihn und verschleppten ihn in ein Konzentrationslager. Als man ihn nach einem halben Jahr entließ, durfte er nicht mehr nach Oberlenningen zurückkehren.
Heute besteht keine Gefahr für Leib und Leben, wenn man die Dinge beim Namen nennt. Aber man darf sich nicht täuschen. Das Wort von *Recht und Gerechtigkeit* steht nicht in der Mitte, sondern am Rande. Von uns Lehrern und Lehrerinnen wird heute nicht verlangt, das Leben zu riskieren. Aber gerade weil wir es leichter haben, müssen wir uns am Ernst Pfarrer Jans messen lassen. Darin besteht die notwendige Unbescheidenheit des Titels »Vom Rand in die Mitte«. Anita Müller-Friese spricht ausdrücklich zwei andere, bescheidenere, aber nicht weniger wichtige Fragen an. Benachteiligung im Bildungs-

wesen stand in den Siebzigerjahren im Zentrum der Pädagogik. Georg Picht prangerte damals in der Wochenzeitung »Christ und Welt« das Schulsystem an. Es nutze das Bildungspotential vieler Kinder und Jugendlichen nicht, sondern vernachlässige sozial schwächere Familien. Eine Studie der Universität Konstanz personifizierte die Ungerechtigkeit beim Übertritt von der Grundschule ins Gymnasium einprägsam mit den potenziert schlechten Chancen der *katholischen Arbeitertochter auf dem Lande*. Was in dieser Kritik zu kurz kam, war der Blick auf die *sozio-kulturelle Benachteiligung* in der Schule für Lernbehinderte; die Heilpädagogik holte diese Kritik, daran erinnert Anita Müller-Friese, in den Siebzigerjahren nach.
Seither hat sich vieles geändert – einiges gebessert, wie der Zugang zur höheren Schule, anderes eher verschlechtert, wie die Erwerbsaussichten der Förderschülerinnen und -schüler und der Jugendlichen ohne Hauptschulabschluss. Wie gelangen ihre Probleme, die doch auch Fragen der Gerechtigkeit sind, vom Rand in die Mitte? Wohl kaum durch eine einzige Anstrengung – sei es der Politik und der Schulpolitik, sei es der Schule, sei es der Elternschaft. Vielleicht gelingt es, wenn alle an der Erziehung Beteiligten es gemeinsam versuchen. *Elterliche Sorge* ist keine *Privatsorge der Eltern,* sondern eine öffentliche Angelegenheit. Der Staat – so kann man das Bürgerliche Gesetzbuch auslegen – verleiht die elterliche Sorge im Auftrag der Gesellschaft und entzieht sie *im Notfall*. Wo liegt die elterliche Sorge, wenn sie nicht allein Sache der leiblichen Eltern ist? Sicher ist, dass elterliche Sorge nicht zu früh in Selbstverantwortung Jugendlicher übergehen darf. Sicher ist, dass der gesellschaftliche Anteil mehr sein muss als Umschulung von der Grundschule in die Förderschule oder formale Integration. Elterliche Sorge ist sowohl jede intensive Zuwendung einerseits als auch jede ausdrückliche Ermutigung zur Selbstständigkeit andererseits: Zuspruch *und* Anspruch. Schule soll sich den Kindern zuwenden, sie nicht nur in den Unterricht einbeziehen; ihre Kräfte auf Dauer freisetzen, nicht nur kurzfristig Gedächtnis und Verstand beanspruchen; Heranwachsende in instabilen Kindheits- und Jugendtagen stabilisieren, nicht nur belehren.
Das ist die zweite Bedeutung der Forderung »vom Rand in die Mitte«. Welches Unterrichtsfach, wenn nicht der Religionsunterricht, kann es sich zur Aufgabe machen, die Erfahrungen der Kinder ernst

zu nehmen, ihre Selbstheilungskräfte sowohl systematisch als auch bei sich bietender Gelegenheit zu unterstützen und ihnen die im Schulalter dringend benötigte Sicherheit zu geben, *dass sie dazu gehören*? Anita Müller-Friese vertritt einen Religionsunterricht, dem es darum geht, »Kindern und Jugendlichen Lebenshilfe anzubieten, Hilfe zum Verstehen, Annehmen und Bewältigen ihres je spezifischen, einmaligen Lebens«; denn die Besonderheit jedes Menschenlebens besteht allein darin, dass »Gott, der Schöpfer, es bejaht und schützt«. Sie schrieb schon 1996: »Der Gedanke der Gottesebenbildlichkeit kann als theologische Wurzel und Leitkategorie von Bildung gelten« (Miteinander der Verschiedenen, S. 150). Der Ansatz bei der Gottesebenbildlichkeit führt die Tradition der Schweizer heilpädagogischen Schule weiter. Hanselmann stützte sich an zentraler Stelle auf ihn. »Sondererziehung«, schrieb er 1941, »kann nicht rein und nur wissenschaftlich begründet werden«, und es müsse über ethische und religiöse Grundlagen der Sondererziehung künftig mehr und ernsthafter Klarheit geschaffen werden (Grundlagen einer Theorie der Sondererziehung [Heilpädagogik], S. 221). Er fragt: »In wessen Namen und Auftrag bin ich ein Erzieher?« (S. 27).
Vom Rand in die Mitte: Die Religionslehrerinnen und -lehrer erhalten aus organisatorischen Gründen oft Randstunden der Unterrichtswoche oder des Schultages – eine Metapher für die Randstellung des Religionsunterrichts. Hanselmann zitierte C.G. Jung, der geschrieben hatte, das Problem der Heilung sei ein religiöses Problem, und fügte hinzu, »so dürfen wir auch von der Sondererziehung Ähnliches behaupten. Wesentlich ist freilich, sich darüber klar zu werden, welcher Art der ›Ort‹ der Bindung sei oder anders gesagt, in wessen Namen und Auftrag ich ein Bindender und Bergender – ein Gebundener und ein Geborgener – bin« (S. 221). Wir sind von Hanselmann durch die Zeit von sechzig Jahren getrennt. Die Säkularisation ist seither weiter fortgeschritten und die Spuren des Heiligen beginnen sich zu verlieren und werden sachlich distanziert analysiert (Dietmar Kamper/Christoph Wulf: Das Heilige – Seine Spur in der Moderne, Frankfurt a.M. 1987). Aber hat Anita Müller-Friese deswegen weniger recht? Oder Hanselmann, der als Ziel der Selbsterziehung bestimmte, »ein Gotteskind zu sein und zu bleiben in allen durch die Menschlichkeit gegebenen Möglichkeiten und gesetzten Grenzen« (S. 30)?

Anita Müller-Friese entfaltet diesen zentralen Gedanken und zeigt viele Ansätze der Religionspädagogik und viele praktische Wege für den Unterricht auf, wie Kinder und Jugendliche ermutigt und angeleitet werden können, sich ihre Erfahrungen bewusst zu machen. An der Erfahrung orientiert heißt nicht, bei den Erfahrungen der Kinder stehen zu bleiben. Lebendige Erfahrung ist eine Voraussetzung für lebendiges, authentisches Sprechen. Das wiederum ist die Voraussetzung dafür, dass Kinder den Erwachsenen etwas zu sagen haben und Erwachsene darauf glaubwürdig antworten können. »Ich unterrichte aus der Hoffnung, doch wenigstens einem Bruchteil der Schüler etwas Lebenswichtiges sagen zu können«, zitiert Anita Müller-Friese die realistische und ermutigende Stimme einer Religionslehrerin, die mit ihren Worten ausspricht, dass der Religionsunterricht mit gutem Recht vom Rand in die Mitte rücken darf, damit Kindern in der säkularisierten Schulwelt Recht und Gerechtigkeit widerfährt. Dass die »Umwandlung des Wortes Gottes in die Sprache des Menschengeschlechts« (Eugen Rosenstock-Huessy) eine schwere und komplexe Aufgabe ist, spricht nicht gegen, sondern für den Versuch. Das Buch von Anita Müller-Friese spricht verglichen mit der berühmten Predigt des Pfarrers aus Oberlenningen leise. Aber wenn man es aufmerksam liest, stößt man auf wichtige, unhintergehbare Fragen – und auf ernstzunehmende Antworten. Ich wünsche diesem mit dem Herzen geschriebenen, ermutigenden Buch »Vom Rand in die Mitte« Erfolg und Gehör bei den Lehrerinnen und Lehrern.

Professor Dr. Andreas Möckel

Vorüberlegungen

Vom Rand in die Mitte – dieser Titel weist auf Beobachtungen hin, die dazu geführt haben, dass ich mich mit dem Religionsunterricht an der Schule für Lernbehinderte beschäftigt habe. In mehrfacher Hinsicht muss man ihn als »Rand«-Erscheinung bezeichnen. Ganz praktisch zeigt sich dies zum Beispiel darin, dass der Unterricht häufig in Randstunden des Schultages gelegt wird oder ganz ausfällt. Auf der administrativen Ebene, etwa in Gesprächen zwischen Kultusministerien und kirchlichen Schulreferaten, geht es nicht sehr häufig um den Religionsunterricht an der Schule für Lernbehinderte. Und auch im Bereich der pädagogischen und religionspädagogischen Wissenschaften werden gegenwärtig andere Themen diskutiert.
Damit ist der Unterricht in ähnlicher Lage wie die Schülerinnen und Schüler, die an der Schule für Lernbehinderte unterrichtet werden. Ist das Zufall oder hängt beides zusammen? Was sind die Ursachen für dieses Phänomen? Ist der Rand der richtige Ort – oder gehören Schüler/innen und Religionsunterricht vom Rand in die Mitte? Um diese Fragen soll es im Folgenden gehen. Hintergründe und Rahmenbedingungen des Religionsunterrichts an der Schule für Lernbehinderte werden dargestellt. Dabei wird vor allem auf die Schüler/innen und ihre vielfältigen Lebenssituationen geachtet. Es wird nach den Bedingungen gefragt, die zu ihrer Randstellung geführt haben und ebenso, wie die Schüler/innen in die Mitte auch religionspädagogischer Überlegungen gelangen können.
Über diese Beobachtungen hinaus will der Titel auch programmatisch verstanden werden. Es geht mir in diesem Buch nicht nur darum, Beobachtungen zu beklagen und Erklärungsversuche zu geben. Die Frage nach Religion verdient im Interesse der Schülerinnen und Schüler mehr Aufmerksamkeit als bisher. Dies soll begründet und erläutert werden. Darum geht es in diesem Buch – die Schüler/innen stehen dabei in der Mitte. Dadurch möchte ich auch dazu beitragen, dass der Religionsunterricht an der Schule für Lernbehinderte keine Randerscheinung bleibt, sondern einen angemessenen Ort erhält.

Religion am Rand, oder: Beobachtungen und ihre Folgen

Zwischen Sonderpädagogik und Religionspädagogik herrscht weitgehende Sprachlosigkeit: In der allgemeinen Religionspädagogik kommt die Schule für Lernbehinderte nur am Rande vor. Schon im Jahr 1971[1] beklagte Andreas Möckel diese Situation und zwanzig Jahre später muss Roland Kollmann noch immer darauf hinweisen, »dass die Religionspädagogik die Sonderschule vernachlässigt«[2]. In dem 1999 erschienenen zweibändigen Werk »Bildung in der pluralen Welt« von Karl-Ernst Nipkow[3] taucht das Stichwort Sonderschule nicht auf, obwohl alle anderen Schularten ausdrücklich Erwähnung finden, ebenso wenig findet sich das Stichwort »Behinderung«. Offensichtlich kann ein führender Religionspädagoge unserer Tage ein Grundlagenwerk zur Religionspädagogik schreiben, ohne dass sonderpädagogische Fragestellungen auch nur in seinen Blick kommen. Vereinzelte Versuche, Fragen des Religionsunterrichts an Sonderschulen als »Test auf die Konzeption des RU überhaupt«[4] oder sogar als Modell für die allgemeine Religionspädagogik[5] zu verstehen, gehen in der allgemeinen Interesselosigkeit mehr oder weniger unbeachtet unter.
Umgekehrt haben auch in der Sonderpädagogik Fragen nach dem Religionsunterricht oder der religiösen Dimension von Bildung kaum einen Platz. Otto Speck weist zwar in seinem umfassenden Grundwerk »System Heilpädagogik« darauf hin, dass die »Religionspädagogik einen wichtigen Beitrag zur Erschließung ganzheitlicher Lebens- und Sinnzusammenhänge« darstelle[6], führt dies aber nicht weiter aus. Im »Handbuch Lernen und Lern-Behinderungen«[7] aus dem Jahr 1996, in dem führende Sonderpädagogen aus dem ganzen Bundesgebiet den neuesten Stand sonderpädagogischer Überlegungen reflektieren, wird die Frage nach der Bedeutung religiöser Bildung und Sozialisation überhaupt nicht gestellt. »Die derzeitige Beziehung zwischen der Heilpädagogik und der Religionspädagogik« ist »als Zustand toleranten Desinteresses bzw. als Abstinenz«[8] zu charakterisieren.
Dies wirkt sich unmittelbar auf die schulpraktische Ebene aus. Beispielsweise wird im allgemeinen Einführungsteil des Rahmenplans der Schule für Lernhilfe in Hessen aus dem Jahr 1996[9], der den Rahmen für die Schulkonzeption und das Selbstverständnis dieser

Schule angibt, die religiöse Dimension des Bildungsauftrags der Schule ausgeblendet, anders als z.B. im kurz zuvor erschienenen und vom gleichen Kultusministerium verabschiedeten Rahmenplan für die Grundschule[10].

In der Bundesrepublik Deutschland wurden an Sonderschulen für Lernhilfe im Jahr 1998 220.369 Schüler/innen unterrichtet[11]. Wie an jeder öffentlichen Schule gilt auch hier: »Der evangelische Religionsunterricht ist ordentliches Lehrfach, das in Übereinstimmung mit den Grundsätzen der evangelischen Kirchen erteilt wird (Art. 7 GG). Er nimmt eine unerlässliche Aufgabe wahr, indem er den Schüler befähigt, sein Leben in der Verantwortung vor Gott zu führen«[12]. In der Praxis aber ist ein hoher Stundenausfall zu beobachten: So ergibt die Auswertung der Statistikbögen der Schulen in Hessen, dass an Sonderschulen für Lernhilfe mehr als 48% des in der Stundentafel vorgesehenen evangelischen Religionsunterrichts nicht erteilt werden. Für den katholischen Unterricht – so meine Vermutung – wird dies nicht sehr viel anders sein. Nimmt man dann noch realistischerweise an, dass auch diese Statistiken die Realität nicht genau wiedergeben, kann man von vielleicht 30% erteiltem Unterricht ausgehen.

Fasst man diese Beobachtungen zusammen, ist zu konstatieren: Der Religionsunterricht an der Schule für Lernbehinderte hat sowohl in der sonderpädagogischen als auch in der religionspädagogischen Diskussion und in der Schule selbst eine Rand-Stellung.

Wie lässt sich das erklären? Einige deutende Hinweise sollen weiterhelfen.

Hintergründe, oder: Das Schweigen ist kein Zufall

Für die festgestellte Randposition des Religionsunterrichts an der Schule für Lernbehinderte lassen sich verschiedene Ursachen benennen.

- Nicht ohne Grund ist davon auszugehen, dass sich in der Zurückhaltung der allgemeinen Religionspädagogik die soziale Randstellung der Schule für Lernbehinderte und ihrer Schüler/innen spiegelt.

Minderheiten werden gern übersehen. Darüber hinaus zeigen sich auch Unsicherheit und eine gewisse Sprachlosigkeit einer vorwiegend mittelstandsorientierten Theologie und Kirche gegenüber Menschen, die einer anderen sozialen Schicht unserer Gesellschaft zuzurechnen sind. »Die religionspädagogische Marginalisierung von Menschen mit Behinderungen ist Ausdruck der gesellschaftlichen und auch kirchlichen Randstellung und Isolation von Menschen mit Behinderungen und ihrer damit im Zusammenhang stehenden (auch institutionell bedingten) Unsichtbarkeit«[13].
Dem entspricht, dass es auch so gut wie keine Untersuchungen über die Religiosität und die religiösen Ausdrucksformen von Schüler/innen der Schule für Lernbehinderte oder anderer Sonderschulen gibt. Religionspädagogik bezieht sich auf empirischer und theoretischer Ebene überwiegend auf Schüler/innen der Gymnasien (teilweise auch Gesamtschulen und vereinzelt Hauptschulen) und Grundschulen[14].

■ Theologie und Sonderpädagogik haben sich in Vergangenheit und Gegenwart nur in geringem Ausmaß zur Kenntnis genommen. Wo sie es aber taten und tun, ist das Verhältnis zwischen ihnen nicht spannungsfrei. Die pädagogische Arbeit mit behinderten Menschen begann im Bereich kirchlich-diakonischen Engagements. Erst nach und nach hat sich die Sonderpädagogik im Laufe der Zeit zu einer eigenständigen Wissenschaft entwickelt. Im Laufe dieser Entwicklung kam es sowohl zu Versuchen der Vereinnahmung und der Beeinflussung der Pädagogik durch christliche Theologen, als auch zur bewussten Ablehnung theologisch-religionspädagogischer Fragestellungen und dem Vorwurf des Ideologieverdachts. Für die Religionspädagogik kommt erschwerend hinzu, dass in der Sonderpädagogik selbst die Beschreibung der Schülerschaft und des Aufgabenfeldes immer wieder neu diskutiert wurde und wird. Dies macht es Religionspädagogen nicht immer leicht, sich bei der Bezugswissenschaft Pädagogik verlässliche Grundlagen zu verschaffen.

■ Für die schulpraktische Ebene sind noch weitere Gründe auszumachen: Es gibt nicht genügend Lehrkräfte mit dem Fach »Religion« an den Sonderschulen. Da es insgesamt zu wenig Sonderpädagogen gibt, werden wohl auch einige, die das Fach Religion studiert haben, nicht im entsprechenden Fachunterricht eingesetzt. Zusätzlich führt die verstärkte Mitarbeit von Sonderpädagogen in Beratungstätigkeit oder Unterricht an Grund- und Gesamtschulen dazu, dass Klassenlehrer/innen an Schulen für Lernbehinderte nur noch ihre Kernfächer an der Schule unterrichten – auch sie können dann keinen Fachunterricht mehr erteilen.

■ Auch die Zahl der Schüler/innen für den Religionsunterricht hält sich in Grenzen. Die Gesamtzahl der Kinder und Jugendlichen, die eine Schule für Lernbehinderte besuchen, ist in den letzten Jahren zurückgegangen, vor allem in den Bundesländern, in denen die Möglichkeit geschaffen wurde, Kinder mit einer Behinderung an der Regelschule zu unterrichten. Die Zahl der Schüler/innen, die einer evangelischen oder katholischen Kirche angehören, war immer schon geringer als an anderen Schulen, und dieser Trend nimmt gegenwärtig eher zu als ab. In bestimmten Regionen kann es vorkommen, dass an einer Schule nur 10% aller Kinder evangelischen oder katholischen Glaubens sind. Ist eine solche Schule einzügig, werden im Religionsunterricht – wenn er denn stattfindet – alle christlichen Kinder zur gleichen Zeit in einer Gruppe versammelt sein.

■ In der herkömmlichen Form passt Religionsunterricht immer weniger zu dem anderen Unterricht in der Schule. Eine höchst differenzierte Schülerschaft erfordert in immer stärkerem Maß individualisierende Formen des Lernens, wie sie mit den Stichworten Wochenplan oder offener Unterricht markiert werden können. Für diesen Unterricht aber ist der übliche 45 Minuten-Takt immer weniger geeignet, die individuellen Lernzeiten und -bedürfnisse der Kinder lassen sich nur schlecht damit in Verbindung bringen. Dagegen erweisen sich fächerübergreifende Lerneinheiten als besonders sinnvoll, da die Schüler/innen hier mehr in Zusammenhängen lernen. Der Klassenverband mit seiner emotional stabilisierenden Bedeutung und die Bindung an eine Lehrkraft treten stärker in den Vordergrund. Fachunterricht Religion, der konfessionell gebunden in eigenen Lerngruppen von einer Fachkraft, die nur zu diesem Unterricht an die Schule kommt, erteilt wird, muss automatisch an den Rand pädagogischen und schulorganisatorischen Interesses rücken.

Konsequenzen, oder: Die Themen des Buches

Versucht man die konstatierte Randposition des Religionsunterrichts an der Schule für Lernbehinderte zu erklären, so kommen sehr unterschiedliche Ebenen zur Sprache. Schulpraktische Gründe sind zu nennen, wissenschaftliche Aspekte haben ebenso Anteil daran wie historisch gewachsene Differenzen. Auch die gesellschaftliche Dimension ist nicht zu unterschätzen. Die folgende Grafik verdeutlicht, wie sehr diese Bereiche miteinander verwoben sind:

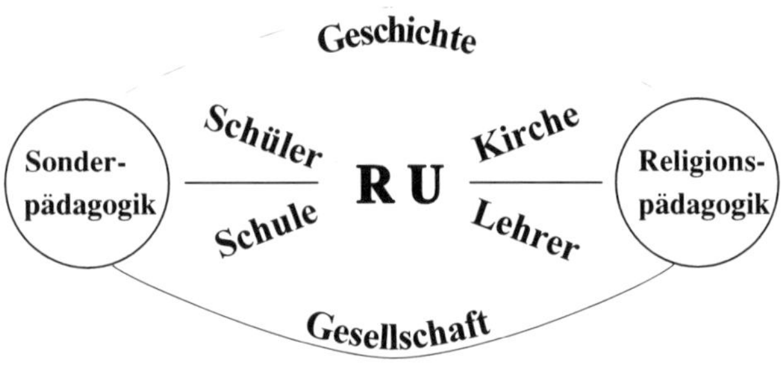

Auf der Suche nach Möglichkeiten, Schüler/innen und Religionsunterricht in die Mitte zu rücken, müssen alle diese Bereiche bedacht werden. Aus dieser Aufgabe, die sich durchaus als Herausforderung beschreiben lässt, ergibt sich der Aufbau des Buches.

Im folgenden zweiten Kapitel wird zunächst die sonderpädagogische Diskussion um das Phänomen »Lernbehinderung« nachgezeichnet. Es erscheint zur Bewältigung der anstehenden Fragen unerlässlich, dass Religionspädagog/innen diese Diskussion kennen und berücksichtigen. In diesem Zusammenhang wird auch immer die Frage nach Funktion und Bedeutung der Schule für Lernbehinderte gestellt werden. Im Laufe der Darstellung zeigt sich die Notwendigkeit und Aufgabe von Religionsunterricht an dieser Schulart. Die Schule für Lernbehinderte, das ist ein Ergebnis dieses Kapitels, kann und darf auf religiöse Bildung nicht verzichten, sie muss aus pädagogischen und theologischen Gründen vom Rand in die Mitte rücken.

Im dritten Kapitel geht es um die Frage, wie denn Religionsunterricht zu begründen und zu konzipieren ist, so dass er den vielfältigen Anforderungen der Schule für Lernbehinderte gerecht wird. Dazu

wird zunächst die wenige vorhandene Literatur in den Blick genommen und vorgestellt. In der Auseinandersetzung mit den vorliegenden Konzeptionen auf dem Hintergrund der schon gewonnenen Ergebnisse wird deutlich: Religionsunterricht an der Schule für Lernbehinderte muss die Schülerinnen und Schüler vom Rand in die Mitte rücken. Ihre Lebenssituation ist Ausgangs- und Zielpunkt eines erfahrungsorientierten Religionsunterrichts. Eine solche Konzeption wird dann im vierten Kapitel entwickelt und vorgestellt.
Auf dieser eher theoretischen Grundlage geht es im fünften Kapitel um den konkreten Unterricht. Gefragt wird, wie Schüler/innen im Religionsunterricht ihre Erfahrungen entfalten und sie mit den in der biblisch-christlichen Tradition festgehaltenen Erfahrungen ins Gespräch bringen können. Ziele und Inhalte eines erfahrungs- und subjektorientierten Unterrichts werden ebenso thematisiert wie Möglichkeiten seiner Gestaltung. Dabei zeigt sich, dass die hier entwickelte Konzeption über die herkömmlichen Formen und Bedingungen des Religionsunterrichts hinausweist. Religiöse Fragen haben im Leben der Schüler/innen eine zentrale Bedeutung, sie beanspruchen diesen Raum ebenso im Programm einer Schule wie gegenüber einengenden Rahmenbedingungen unterschiedlicher Art.
Zum Abschluss soll dann noch einmal der Bogen an den Anfang zurück geschlagen werden. Es haben sich im Verlauf der Darstellung viele Themen und Gesprächsanlässe zwischen Religions- und Sonderpädagogik entwickelt. Sie können und sollen, durchaus auch kontrovers, diskutiert werden. Wenn alle Beteiligten das gegenseitige Schweigen brechen, können sie gemeinsam zum Anwalt der Stummen werden.

Ein Hinweis zur Sprachregelung in diesem Buch ist notwendig. Die Bezeichnung der Schule für Lernbehinderte ist im Laufe ihrer Geschichte einem ständigen Wandel unterworfen. Ich habe mich für die hier gewählte Bezeichnung als die geläufigste entschieden, ohne damit eine Wertung der Schule oder der Schüler/innen zu vertreten. Vor allem besagt die Verwendung des Begriffes »Lernbehinderte« nicht, dass ich die Schüler/innen dieser Schule für lern-behindert halte oder gar meine, sie mit diesem Wort zutreffend klassifizieren zu können. Die Problematik dieses Wortes wird sich im Verlauf der Darstellung zeigen.

Bezogen auf die Schüler/innen und Lehrer/innen versuche ich weitgehend eine integrative Sprachform. Wenn dies aus stilistischen Gründen nicht möglich ist, verwende ich abwechselnd männliche oder weibliche Formen.

Lernbehinderung im Kontext von Schule und Sonderpädagogik

»Eine exakte, allgemein gültige und allgemein verbindliche Definition für ›Lernbehinderungen‹ gibt es nicht«[15].
Hinter diesem lapidaren Satz steckt eine lange und intensive Auseinandersetzung um die Bedeutung und den Sinn des Begriffes ›Lernbehinderung‹. Er fasst die Diskussion zusammen, ist einerseits ein Fortschritt und offenbart als solcher zugleich ein Dilemma. Dies besteht darin, dass Einigkeit über die Ungenauigkeit des Begriffs herrscht, obwohl in jedem Jahr eine große Zahl von Schüler/innen durch die Überweisung auf die Schule für Lernhilfe de facto als lernbehindert definiert wird. Es handelt sich hier also nicht nur um eine wissenschaftliche Debatte, sondern immer auch um das ganz persönliche Schicksal einzelner Menschen. Mit ihnen und ihrer Lebenswirklichkeit hat es auch der Religionsunterricht zu tun. Darum ist es wichtig, Klarheit darüber zu gewinnen, was die Beschreibung eines Menschen als ›lernbehindert‹ für dessen Leben bedeutet und wie sich seine Lebenssituation in Vergangenheit, Gegenwart und Zukunft darstellt.
Ich werde in diesem Kapitel die Diskussion in groben Zügen nachvollziehen und dabei die Zusammenhänge aufzeigen, die zu dem Urteil geführt haben, dass es keine allgemein gültige Definition für Lernbehinderung gibt oder geben kann. Dabei wird danach gefragt, wie der Begriff zustande kommt, welche Geschichte er hat und welche Phänomene er abdeckt. Dies lässt sich nicht sachgerecht darstellen, wenn der Kontext der Erziehung und Bildung behinderter Menschen in Sonderschulen unberücksichtigt bleibt. Darum beinhaltet dieses Kapitel einen geschichtlichen Rückblick auf Hintergründe, Motive und Entwicklungen der Sonderschule (für Lernbehinderte).

»Bürgerliche Brauchbarkeit«, oder: Bildung für behinderte Menschen

Sonderschulen werden gegründet, damit Menschen mit Behinderungen Bildung erfahren können und sich dadurch ihre Lebensqualität verbessert. Dieser Gedanke lässt sich bis in die Zeit der Aufklärung zurückverfolgen. Hier bildete sich die bis heute gültige Auffassung – und bis heute einzulösende Aufgabe – heraus, dass alle Menschen einen Anspruch auf Bildung haben, der nicht mehr von Privilegien wie Geburt oder sozialem Status abhängen darf. Dieser Anspruch und dieses Recht kommt auch Menschen mit Behinderungen zu.

Die ersten Versuche sonderpädagogischen Handelns gelten sinnesbehinderten Menschen. Man versucht, durch die Einrichtung von Schulen und Anstalten und die Suche nach geeigneten Vermittlungswegen die eingeschränkte sinnliche Wahrnehmungsfähigkeit von blinden oder taubstummen Menschen zu kompensieren[16]. Zum ersten Mal werden dadurch Menschen mit einer Behinderung in die Lage versetzt, selbständig für ihren Lebensunterhalt zu sorgen und sind nicht mehr von den Almosen und der mitleidsvollen Zuwendung anderer abhängig. Der emanzipatorische Aspekt sonderpädagogischen Handelns tritt darum gerade in dieser Anfangsphase ganz besonders deutlich hervor.

In die Argumentation, mit der man versucht, die Erziehung und Ausbildung behinderter Menschen zu begründen und für die Einrichtung entsprechender »Anstalten« Geldgeber und Befürworter zu gewinnen, mischt sich allerdings von Anfang an auch ein Hinweis, der sich wie ein roter Faden bis in die heutige Zeit verfolgen lässt: die erfolgreich gebildeten Kinder werden zur »bürgerlichen Brauchbarkeit«[17] gebildet. Es ist eben nicht nur die Erkenntnis, dass jeder Mensch, unabhängig von seinen geistigen, körperlichen und sozialen Voraussetzungen ein Recht darauf hat, zu lernen und sich weiterzubilden. Es ist nicht nur die Erkenntnis, dass die Gesellschaft eine Verpflichtung hat, jedem Menschen, auch und gerade den Schwachen, die Teilhabe am gesellschaftlichen Leben zu ermöglichen. Vielmehr sind es auch wirtschaftlich-ökonomische Argumente, die sonderpädagogisches Handeln ermöglichen und zugleich abhängig machen von wandelbaren ökonomischen Interessen.

Mit dem erklärten Ziel, spätere Armut und Verelendung zu verhindern und betroffene Menschen auf die Ausübung eines Berufs vorzubereiten, kommt es in der Folgezeit sowohl zur Einrichtung von Rettungshäusern für verlassene und erziehungsschwierige Kinder als auch von diakonischen Anstalten für Menschen mit körperlichen Beeinträchtigungen[18]. Diese Einrichtungen entstehen überwiegend im kirchlichen Bereich und sind diakonisch motiviert. So treten nun auch verstärkt christlich-theologische Begründungen für die pädagogische Arbeit mit behinderten Menschen auf. Exemplarisch kann Christian Palmer genannt werden, der eine »evangelische Pädagogik«[19] entwickelt. Alle Erziehung ist für Palmer letztlich ein »Rettungswerk, weil ohne sie die Kinder in ihrer sündhaften Natürlichkeit bleiben«[20]. In ganz besonderer Weise betrifft dieser Erziehungsauftrag auch die »von der Natur mangelhaft organisierten oder von der Familie verwahrlosten Kinder; somit die Taubstummen, die Blinden, die Blödsinnigen und die sittlich Verwilderten oder der Verwilderung Ausgesetzten«[21]. Für diese Kinder muss eine besondere Unterrichtung geschaffen werden. Sie brauchen Hilfe, damit »das in solchen Kreaturen bis aufs Äußerste besudelte und zertretene Bild Gottes, wenn auch nur in schwachen Umrissen, wiederhergestellt werde«[22]. Die Erfolge des ›sonderpädagogischen‹ Bemühens seiner Zeit, auf die Palmer sich schon berufen kann, bestärken ihn in seiner Haltung.

»Wie es dazu kam«, oder: Ein Blick in die Geschichte der Schule für Lernbehinderte

Mit der Gründung von Hilfsklassen kommt es gut hundert Jahre nach den ersten Ansätzen zu einer entscheidenden Wende in der Geschichte der Sonderschulen. Alle bisherigen Bemühungen waren darauf ausgerichtet, Kindern, die allgemein als bildungsunfähig galten, also bis zur Einrichtung von spezifischen ›Sonderschulen‹ überhaupt nicht zur Schule gehen konnten, eine Ausbildung zu ermöglichen und sie damit zur eigenständigen Teilhabe am gesellschaftlichen Leben zu befähigen.

Die Schule für schwachbefähigte Kinder[23] aber, die nun entsteht,wird für solche Schülerinnen und Schüler eingerichtet, die aus regulären Schulen ausgeschult wurden, weil sie deren Unterricht nicht folgen konnten. Damit verändern sich die Begründungen und die Interessen in der sonderpädagogischen Diskussion. Es geht nicht mehr nur um die individuellen Interessen der betroffenen Kinder und deren »wirtschaftliche Brauchbarkeit«, sondern es geht auch darum, die in der Regelschule verbleibenden Kinder und die Schule selbst von den Schwachen zu entlasten. Die ›älteren Sonderschulen‹ verdankten ihre Entstehung der Entdeckung der Bildungsfähigkeit ihrer Klientel. Ihnen gebührt das Verdienst, eine konkrete Ausweitung des Gedankens der ›Bildungsfähigkeit‹ realisiert zu haben. Dies ändert sich nun entscheidend.

THESE Die Sonderschule für Lernhilfe verdankt ihre Entstehung der Entdeckung einer teilweisen Bildungs*un*fähigkeit von Menschen und leitet daraus eine besondere Pädagogik und ein eigenständiges Schulwesen ab. Diese Problematik macht der Sonderschule für Lernbehinderte bis heute zu schaffen. Die Fragen, worin denn die »Behinderung« dieser Kinder besteht, welche Motive zur Gründung eigenständiger Hilfsschulen geführt haben und ob sie wirklich im Interesse der Kinder sind oder andere Interessen sich auswirken, werden von nun an immer wieder gestellt und begleiten die pädagogische Diskussion bis hin zur Integrationspädagogik.

Wie damit umgegangen wurde und wird, welche Auswirkungen dies auf das Verständnis von Lernbehinderung und das Selbstverständnis der Schule hat, das soll nun in einem kleinen Überblick dargestellt werden. Auf dem Hintergrund der geschichtlichen Entwicklung lässt sich Vieles von dem, was heute vorgefunden wird, besser verstehen, einordnen und beurteilen.

1. »Man kann doch nicht um eines, zweier willen die ganze Klasse aufhalten«, oder: Die Wende zur Hilfsschule

Angefangen hat alles aus »praktisch pädagogischen Bedürfnissen«[24]. In der Mitte des 19. Jahrhunderts erfasst die Industrialisierung aus

England kommend auch Deutschland. Mit der Umstrukturierung der Wirtschaft verändert sich auch die Aufgabe der Schule. Sie soll die Heranwachsenden auf ein Leben als Staatsbürger und auf die spätere Ausübung eines Berufes vorbereiten. Dies setzt die Ausbildung bestimmter Fertigkeiten und Techniken voraus. Es muss also allen Bürgern das Minimum an Bildung vermittelt werden, das für das wirtschaftliche Wachstum eines modernen Staates unentbehrlich ist. Darum wird der Bildungskanon der Volksschule mehr und mehr an die »ökonomisch bedingten Qualifikationserfordernisse« angepasst[25] und das Leistungsprofil verschärft. Ebenso wird in den deutschen Ländern nach und nach die allgemeine Schulpflicht eingeführt[26]. Dies aber führt schnell zu einer Überfüllung der Volksschulen. Klassen mit 60 bis 80 Kindern verschiedenen Alters sind keine Seltenheit, sondern eher die Regel. Die Methoden beschränken sich im Wesentlichen auf Pauken und Auswendiglernen. Auf besondere Bedürfnisse einzelner Kinder können die Unterrichtenden nicht eingehen. So steigt die Zahl der Kinder, die den Anforderungen nicht genügen und die Schule ohne Abschluss verlassen, ständig an. Sie werden zunehmend für die Schule und die Unterrichtenden zu einem pädagogischen und organisatorischen Problem.

Als Lösung für dieses Problem zeichnet sich schon bald ab, die lernschwachen Kinder aus den regulären Klassen zu entfernen und in eigenen Hilfsklassen zu unterrichten. Die erste Nachhilfeklasse in Deutschland wird 1803 an der Armenfreischule in Zeitz eingerichtet. Die leistungsschwachen Kinder werden zunächst zusätzlich unterrichtet, dadurch will man erreichen, dass sie dem Unterricht besser folgen können. Schnell macht dieses Beispiel Schule und bald gibt es eine Reihe von Hilfsklassen[27], in denen die Schüler/innen dann auch zeitweise ausschließlich unterrichtet werden. Alle Hilfsklassen aber sind noch Teil der regulären Schule, und es ist ihr erklärtes Ziel, den Schüler/innen den Anschluss an den Lernstand der übrigen Klassen und damit eine Rückversetzung zu ermöglichen. Im schulischen Alltag aber kann dieses Ziel nur selten erreicht werden, sodass bald weitergehende Überlegungen folgen.

Aus dieser Zeit des Umbruchs stammt die kleine Schrift Heinrich Ernst Stötzners »Schulen für schwachbefähigte Kinder«, die allgemein als Grundlegung des Hilfsschulwesens angesehen wird. Er beschreibt darin zunächst, um welche Kinder es sich handelt:

»Es sind die in der Mitte zwischen normal gebildeten und blödsinnigen Kindern Stehenden – die Schwachsinnigen.« Stötzner vergleicht dann die betroffenen Kinder einfühlsam und eindrücklich mit ihren altersgleichen Schülern und beschreibt ihre körperliche Erscheinung und ihr Verhalten. Sie sind »schwächlicher, kränklicher als jene. Ihr Auge ist matter, ihr Gang schlaffer. ... Die anderen sind ihnen an Munterkeit, Beweglichkeit und Geschicklichkeit weit überlegen. Noch schlimmer gestaltet sich das Verhältnis drinnen, in der Schulstube. Die Fassungskraft, das Wollen und Fühlen dieser Armen ist auch schwächer als das ihrer Mitschüler. Während diese längst lesen und schreiben können, stehen sie noch bei den ersten Anfängen. Ihr Gedächtnis vermag nicht so bald die Formen der Buchstaben festzuhalten, und ihre ungeschickten Fingerchen wollen nicht mit Stift und Feder umgehen lernen. Sie sind die letzten in der Klasse, selbst die im nächsten Jahr Eintretenden überflügeln sie bald«.

Auch den langsamen, unaufhaltsamen Prozess der pädagogischen Resignation beschreibt er mit sehr deutlichen Worten, die nichts an Klarheit zu wünschen übrig lassen:

»Erst müht sich wohl der Lehrer rechtschaffen mit ihnen ab. Er versucht es auf jegliche Weise, die harte Schale, die den Geist dieses Kindes umgibt, zu durchbrechen – aber es geht zu langsam vorwärts, und er kann doch um eines, zweier willen nicht die ganze Klasse aufhalten. Da wird er wohl ungeduldig und meint, mit Strafen schneller weiter zu kommen; aber nun verliert das arme Kind mit der Liebe zum Lehrer auch alles Vertrauen zu sich selbst. Es wird immer matter; vielleicht wird es gar noch stöckisch und trotzig. Und nun läßt der Lehrer das Kind fallen. – Mit Mühe und Not lernt es am Ende noch etwas lesen und schreiben, lernt endlich die Hauptstücke auswendig und wird nun konfirmiert, um später den Angehörigen oder der Gemeinde zur Last zu fallen«[28].

Als Konsequenz aus dieser Beobachtung erwächst seine Forderung:

»In allen größeren Städten gründe man Schulen für schwachbefähigte Kinder, damit diese, die später zum großen Teil der Gemeinde zur Last fallen, durch geeignete Persönlichkeiten und entsprechenden Unterricht zu brauchbaren Menschen herangebildet werden«[29].

In Stötzners Argumentation zeigen sich Aspekte, die bis in die heutige Zeit zur Begründung und Zielsetzung der Sonderschule für Lernhilfe benutzt werden und auch ihr Problem ausmachen:

THESE Die Schwierigkeit wird auf die Störung zurückgeführt, die ein individuelles Kind mitbringt (harte Schale um den Geist), dieses Merkmal führt nach und nach zu einer Stigmatisierung[30] des Kindes (der Lehrer lässt es fallen).
Mit seinem besonderen »Merkmal« stört es die Homogenität der Lerngruppe, eine Orientierung des Unterrichts am langsam lernenden Kind hält alle anderen auf.
Die »praktisch pädagogische« Lösung (Kanter) besteht darin, das Kind aus der Klasse zu entfernen.
Von nun an wird das Problem der Schulversager in erster Linie institutionell gelöst: Kinder mit Lernproblemen werden überwiegend außerhalb der Regelschule gefördert und unterrichtet – die Hilfsschulen entstehen.

2. Vom »Schwachsinn« und seinen Folgen, oder: Pädagogik auf medizinischer Basis

Durch die Einrichtung von selbständigen Schulen für die lernschwachen Kinder kommt es sehr schnell zu der Notwendigkeit, die »Behinderung« der Schüler/innen zu beschreiben, die diese Schule besuchen. Die Suche nach einer einleuchtenden Definition des Merkmals »Lernbehinderung« begleitet die Geschichte der Schule seit ihren Anfängen.
Zunächst versucht man es mit dem Begriff des »Schwachsinns«. Einer der ersten, der die »geistige Schwäche« der Kinder als Schwachsinn bezeichnen, ist der Braunschweiger Pädagoge Heinrich Kielhorn. Er begründet die Entstehung eigenständiger Hilfsschulen – er selber ist Leiter einer solchen Schule in Braunschweig – mit der Andersartigkeit der Kinder, die sich nicht durch eine vorübergehende pädagogische Förderung beseitigen ließe, sondern ständig eine besondere Pädagogik brauche:

> »Allein, was man beabsichtigt und gehofft hatte, konnte ich nicht verwirklichen: die Hilfsschule sollte nämlich die Kinder fähig machen, an dem Unterricht der Bürgerschulen wieder teilzunehmen … aber wir stellten fest, daß wir es mit einer geistigen Schwäche zu tun hatten, die nicht beseitigt, wohl aber durch eine langjährige erziehliche Einwirkung gemildert werden konnte. Daher beschlossen Schulvorstand, Stadtmagistrat …, die junge Anstalt zu einer mehrklassigen Schule auszubauen und als dauernde Einrichtung dem Schulkörper einzuverleiben. So kam Braunschweig zu seiner Hilfsschule«[31].

Diese Andersartigkeit gilt es nun zu beschreiben. Kielhorn benutzt dazu vor allem medizinische Sprache, nennt körperliche und geistige Mängel:

> »Der Ort der Krankheit ist das Gehirn ... vorzeitiges Verwachsen der Schädelteile ... Wucherungen im Gehirn ... Durchfeuchtung und wässrige Ausschwitzungen derselben«[32].

Bei den betroffenen Kindern beobachtet er folgende Merkmale:

> Sie haben schwache Sinne, einen schlaffen Körper, eine gebückte Haltung, einen schleppenden, schwankenden und trippelnden Gang. »Eine Erscheinung aber findet sich so ziemlich bei allen: sie sind blutarm und haben daher eine blasse Gesichtsfarbe und kalte Hände«[33].

Diese medizinische Sicht der Lernbehinderung bestimmt von nun an die Diskussion. Andere Aspekte, wie die soziale Situation der Familien oder die pädagogischen Rahmenbedingungen des Lernens treten mehr und mehr in den Hintergrund. Im Jahr 1899 erscheint das Lehrbuch zur Hilfsschulpädagogik von Arno Fuchs mit dem Titel »Schwachsinnige Kinder, ihre sittlich-religiöse, intellektuelle und wirtschaftliche Rettung«. Hier heißt es:

> Schwachsinnige Kinder offenbaren eine allgemeine Schwäche, »und zwar auf körperlichem Gebiet durch körperliche und nervöse Auffälligkeiten und Zurückbleiben in der körperlichen Entwicklung, auf geistigem durch Unzuverlässigkeit (Ungenauigkeit, Unvollständigkeit), Verlangsamung und Beschränktheit sowohl der geistigen Prozesse als auch der praktischen Betätigung, die darum in ihrer Entwicklung hinter den Normalen zurückbleiben und deren Vorsprung auf geistigem Gebiet nie einholen, die aber doch bildungsfähige Ansätze aufweisen und durch eine ihrer Eigenart angepaßte Behandlung zu untergeordneten Hilfskräften der gesellschaftlichen Arbeit ausgebildet werden können«[34].

Bis in die 50er Jahre unseres Jahrhunderts werden Sonderpädagogen und Hilfsschullehrer/innen nach diesem Standardwerk und nach dieser Theorie ausgebildet:

THESE Schwachsinn ist konstitutionell und genetisch bedingt und die wesentliche Ursache von Lernbeeinträchtigungen. Er ist damit an das betroffene Kind gebunden und nur dort – individuell – zu behandeln.

In der Folgezeit etabliert sich die Hilfsschule als eigenständige Schule. Im Jahr 1920 erkennt die Reichsschulkonferenz die Eigenständigkeit der Hilfsschule offiziell an, danach wächst die Zahl der Hilfsschulen bis zum Jahr 1927 auf 1.027 in 750 Orten mit 71.902 Schüler/innen[35]. Die Zielrichtung der Schule ist eindeutig: Die Schüler/innen sollen durch

> »einen ihrem geistigen Standpunkte angepaßten elementaren Unterricht und durch eine von Liebe, Beharrlichkeit und Geduld getragene Erziehung zu einigermaßen brauchbaren Gliedern der menschlichen Gesellschaft« und die Fähigkeit erhalten, »mit einigem Verständnis an dem staatlichen, kirchlichen und sozialen Leben sich beteiligen zu können«[36].

Zu einem Einschnitt kommt es mit der Herrschaft des Nationalsozialismus in Deutschland. Nun wird die Frage nach dem Wert schwachen und behinderten Lebens gestellt und entsprechend der Ideologie der Rassehygiene beantwortet. Auf seiten der Sonderpädagogen ist von Anfang an kein nennenswerter Widerstand[37] zu erkennen. Im Gegenteil: Als im Jahr 1933 das ›Gesetz zur Verhütung erbkranken Nachwuchses‹ erlassen wird, das die Zwangssterilisation bei Erbkrankheiten wie angeborenem Schwachsinn, Geisteskrankheiten, erblicher Blindheit und Taubheit oder schweren körperlichen Missbildungen vorsieht, gestehen Sonderpädagogen bereitwillig ein, dass ›schwachsinnige‹ Kinder in körperlicher, moralischer und volkswirtschaftlicher Hinsicht als minderwertig anzusehen sind. Hier zeigen sich die fatalen Auswirkungen der Schwachsinnshypothese: Die Schwachsinnigen bedrohen die Normalen, hemmen sie in ihrem Lern- und Entwicklungsgang, so war die allgemeine Überzeugung. Von da aus ist der Schritt zu dem Gedanken, Leistungsschwache seien ›unnützer Ballast‹ und ›minderwertiges Material‹ nicht mehr sehr weit. Darum stimmen Sonderpädagogen zu, dass

> »dem schwachsinnigen Menschen nicht das Recht zugestanden werden darf, dem normalbegabten den Lebensraum zu versagen oder gar zu nehmen«[38]

und begrüßen die gesetzlich angeordnete negative Auslese erkrankten Nachwuchses durch Sterilisierung. Sie halten es für »unverantwortlich, wenn dieser guten Sache einer ›Reinigung‹ und Aufartung der Rasse ein Widerstand entgegengesetzt wird« und erkennen ihre große Bedeutung:

> »Uns Sonderschullehrern fällt in dieser großen Aufgabe eine ungeheuer schwere Verantwortung zu. Wir haben dafür zu sorgen, daß die aufwachsende deutsche Volkskraft nicht durch volksfeindliche, rasseschädigende Überhumanität gedrosselt wird. Für die Betreuung behinderter, aber für das Volksleben noch aussichtsvoller Schüler haben wir in angemessener Form verantwortungsbewußt zu wirken; das völlig Unwerte auszumerzen verlangt die Selbsterhaltungspflicht der Nation«[39].

Auf dem Hintergrund solcher Argumentation beteiligen sich die Hilfsschulen und ihre Pädagogen zum großen Teil durch das gewissenhafte Ausfüllen von Personalfragebögen und das Erstellen von Gutachten an der Sterilisation und Ermordung der ihnen anvertrauten Kinder[40]. Von einer ethischen und moralischen Verantwortung gegenüber den Kindern ist nichts zu erkennen.

3. Lernbehinderung als »pädagogische Revolution«, oder: Die institutionelle Absicherung der Sonderschule

Nach dem zweiten Weltkrieg steht auch die Schule für Lernbehinderte vor der Aufgabe des Neuaufbaus. Rückblickend kann man sagen: Dies geschieht überwiegend im Sinne einer Restauration, frühere Gesetze und Richtlinien werden weitgehend in die Landesgesetze der neu entstehenden Bundesländer übernommen[41]. Man macht sich mit viel Schwung und Elan an den Ausbau der Sonderschulen.
Erst in den 50er Jahren kommt es zu vereinzelten Ansätzen, sich von der Schwachsinnshypothese zu lösen. Der Pädagoge Wilhelm Hofmann schlägt im Jahr 1958 in einem Vortrag in Frankfurt zum ersten Mal vor, Hilfsschüler künftig als lernbehinderte Kinder zu bezeichnen.

> »Der Ausdruck ›lernbehindertes Kind‹ wurde von mir für diesen Vortrag absichtlich gewählt. Er wirkt zunächst befremdend, weil er in seiner Beziehung zur Hilfsschule seither fast nie angewandt wurde. Man nannte bis vor kurzem unsere Schüler Schwachsinnige, Geistesschwache, Schwachbegabte, intellektuell Geschädigte, Debile, Imbezille. Der Begriff ›Lernbehinderung‹ stellt in seiner heutigen Anwendung eine Art Revolution pädagogischer und schulorganisatorischer Wirklichkeit dar. Er bildet den Abschluss einer geschichtlichen Entwicklung der Hilfsschule. Wir sehen heute das Hilfsschulkind hinsichtlich seiner Um-

schulung und seiner unterrichtlichen und erziehlichen Betreuung in der Hilfsschule mehr vom Pädagogischen her, während wir es früher mehr vom Medizinischen, Psychiatrischen her gesehen haben«[42].

Hofmann fordert die Sonderpädagogen auf, sich in Bezug auf die Lernbeeinträchtigung eines Kindes zu fragen: »Wie kam es zu dem unterrichtlichen Versagen gerade bei diesem Kinde?«[43] Sie sollen sich um eine genaue Kenntnis der Familiensituation bemühen und das Verhältnis zu Eltern und Geschwistern erkunden. Es kommt darauf an, alle Erziehungseinflüsse und -faktoren zu kennen, die auf das Kind einwirken und diese Erkenntnisse immer wieder zu überprüfen und zu korrigieren. Aus dieser kindorientierten Sicht lassen sich Erziehungspläne entwickeln und unterrichtlich-methodische Hilfen entdecken, für die es keine vorher festgelegten Rezepte geben kann und soll.
Mit diesem Ansatz wird versucht, die Lernbeeinträchtigung eines Kindes innerhalb eines Geflechts von Erziehungseinflüssen zu verorten, die nicht statisch gesehen werden, sondern dynamischen Veränderungen unterliegen. Entsprechend flexibel hat die Pädagogik zu reagieren. In der Folgezeit gelingt es der Sonderpädagogik allerdings noch nicht, diesen subjektorientierten Ansatz weiter zu verfolgen und zu entwickeln. Vielmehr wird nun versucht, »Lernbehinderung« mit Hilfe objektiver Kriterien bestimmbar zu machen.
Ein entscheidender Faktor für diese Entwicklung ist das Gutachten zur Ordnung des Sonderschulwesens, das im Jahr 1960 auf Beschluss der Konferenz der Kultusminister der Bundesrepublik Deutschland ausgearbeitet wird[44]. Es legt fest, dass Kinder mit Behinderungen in einer entsprechenden Sonderschule unterrichtet werden müssen. Jetzt entwickelt sich das heute noch bestehende System von Sonderschulen, denen neun verschiedene Behinderungsformen zugeordnet sind. Für die Überweisung eines Kindes in eine Sonderschule wird ein sonderpädagogisches Gutachten maßgeblich.
Lernbehinderung wird nun zu einem – durch eine Diagnose mit überprüfbaren Kriterien festgestellten und definierten – Indikationsbegriff für die Zuständigkeit einer entsprechenden Sonderschule und bekommt schulrechtliche Konsequenzen. Auf die Sonderpädagogik kommt jetzt die Aufgabe zu, die für die Diagnose maßgeblichen Kriterien aufzustellen und Verfahren zu entwickeln, die einfach

anzuwenden sind und gleichzeitig objektiv nachprüfbar die Feststellung einer Lernbehinderung ermöglichen. Dabei geht es auch darum, zu bestimmen, wann und unter welchen Bedingungen eine Störung oder Schwäche im Lernen als ›Behinderung‹ zu bezeichnen ist und damit eine Überweisung in die Sonderschule rechtfertigt und nötig macht. In einer bis heute als »klassisch« anzusehenden Weise hat Gustav Kanter eine solche Definition vorgenommen:

> »Als lernbehindert i. e. S. werden Personen bezeichnet, die *schwerwiegend, umfänglich und langdauernd* in ihrem Lernen beeinträchtigt sind und dadurch deutlich normabweichende Leistungs- und Verhaltensformen aufweisen. ... Kinder und Jugendliche sind in der Regel dann als lernbehindert anzusprechen,
> a) wenn sie, bezogen auf die Altersnorm, einen psychischen Entwicklungs- und schulischen Leistungsrückstand von mehr als 2–3 Jahren aufweisen,
> b) in einem validen Intelligenzmeßverfahren einen Gesamt-IQ von etwa 75 nicht wesentlich überschreiten (untere Grenze zur geistigen Behinderung etwa 55) und
> c) ein retardiertes Sozialverhalten zeigen«[45].

THESE Lernbehinderung ist nun messbar. Deutlich ist die Orientierung an einer angenommen »Norm«, von der lernbehinderte Kinder abweichen, maßgeblich wird die Vorstellung eines Normalschülers. Sonderpädagogische Diagnostik wird zur »Zuteilungsdiagnostik« – bis heute werden Sonderpädagogen dafür ausgebildet, einmal im Jahr an den Grundschulen nach entsprechenden Untersuchungen der Kinder eine »Schulempfehlung« auszusprechen[46].

In Zusammenhang mit dieser schulorganisatorischen Wende kommt es auch zu einer Veränderung in der Bezeichnung der Schule – aus der alten Hilfsschule wird die »Sonderschule für Lernbehinderte«. Parallel zur Entwicklung in der Bundesrepublik Deutschland werden nach dem zweiten Weltkrieg auch in der DDR Sonderschulen eingerichtet. Dazu bildet sich auf der Grundlage der marxistisch-leninistischen Grundordnung des Staates eine Sonderpädagogik mit sozialistischem Profil heraus[47]. Für alle »geschädigten« Kinder und Jugendlichen wird eine Meldepflicht eingerichtet und es entwickelt sich ein differenziertes System von Sonderschulen. Lernbehinderung wird auf der Grundlage der sowjetischen Defektologie[48] noch bis in die 80er Jahre hinein als Schwachsinn verstanden. Nach und nach löst man sich aber weitgehend von einer rein medizinischen Sichtweise und bezieht stärker die Beziehungen zwischen dem physisch-psychischen Status eines Menschen und seinen Sozialisierungsbedingungen in die Überlegungen ein. Insgesamt bleibt die Sonderpädagogik in dem Rahmen, der von den amtlich und also gültig interpretierten dialektisch-materialistischen Grundpositionen abgesteckt war. Auch die schulpädagogischen Möglichkeiten waren vorgegeben, »in denen die Schüler/innen für ›ihr sozialistisches Vaterland‹ gebildet und erzogen wurden, straff lehrplangebunden in der Einheit von politischer, sachlich-fachlicher und korrektiv-erzieherischer bzw. rehabilitationspädagogischer Zuwendung«[49]. Rückblickend stellt Bodo Bröse fest: Insgesamt wurde die Chance verpasst, »eine alte bürgerliche Hilfsschulpädagogik ›aufzuheben‹ und die alternative sozialistische Sonderpädagogik im ›Widerspruch als Quelle der Entwicklung‹ auszuformen«[50]. Versuche, die kulturhistorischen Aneignungstheorien nach Wygotski und seiner Schule auch in die Vermittlungspraxis der »Paukschule« zu übertragen, blieben weitgehend erfolglos: »Der Unterricht ›in gleicher Front‹ gab wenig Raum, die ›Aktivierung‹ didaktisch modern auszugestalten«[51]. Eine Besonderheit bleibt festzuhalten und stellt eine Herausforderung für die Gegenwart dar: Weil die Verfassung der DDR auch den Geschädigten das Recht auf Arbeit garantiert, können alle Hilfsschüler eine angemessene Berufsausbildung und eine berufliche Tätigkeit erlangen. »Die Produktionsbetriebe waren verpflichtet und darauf eingerichtet, von ökonomischen Parametern unabhängig, sinnvolle Arbeitsplätze für ehemalige Hilfsschüler bereitzustellen. Beauftragte der Sonderschulen und der Ämter für Arbeit führten den Prozess, in dem lernschwache und anders auffällige Jugendliche ihren Platz in der Produktion finden konnten«[52].

4. Blütezeit und Krise, oder: »Wem hilft die Hilfsschule«?

In der BRD vollzieht sich die Entfaltung der Sonderschulen bestandig weiter. Im Jahr 1972 empfiehlt die Konferenz der Kultusminister

den Ausbau der Sonderschulen, auch die Zahl der Sonderschüler/innen nimmt kontinuierlich zu. Parallel zu diesem Wachstum aber verstärken sich kritische Stimmen und die Anfragen an das bestehenden System werden immer lauter.
Schnell zeigt sich nämlich: Die schulische Realität stimmt mit den diagnostischen Kriterien für eine Lernbehinderung nicht überein. Längst nicht alle Kinder, die eine Sonderschule für Lernbehinderte besuchen, haben den geforderten IQ, viele liegen im Normalbereich von 90 bis 100; längst nicht alle Kinder zeigen einen feststellbaren schulischen Leistungsrückstand von 2 bis 3 Jahren und die Frage, was »schwerwiegend, umfänglich und langdauernd« bedeutet, ist oft genug von den an der Diagnose »Lernbehinderung« und der Konsequenz »Einweisung in die Sonderschule« beteiligten Lehrer/innen abhängig[53]. Diese Diagnose wiederum wird von verschiedenen Faktoren beeinflusst, wie z.B. der Einstellung der Primarlehrer zum Kind, der Geschlechtszugehörigkeit der Kinder, aber auch dem Lernbehinderungskonzept der Einweisenden. Sogar die Entfernung der nächsten Sonderschule zum Wohnort des betroffenen Kindes kann eine Rolle spielen. Mit den von Kanter aufgestellten, offiziellen Kriterien hat dies nur noch wenig zu tun[54]. Ist diese Definition dann dem Phänomen »Lernbehinderung« überhaupt angemessen? Oder sind ganz andere Faktoren bestimmend? Diese Fragen bestimmen in der Folgezeit in zunehmendem Maße die Diskussion.
Zum entscheidenden Auslöser für eine Weiterentwicklung wird eine kleine Schrift Ernst Begemanns. Er belegt durch zahlreiche Untersuchungen, dass die Schülerinnen und Schüler der Schule für Lernbehinderte »überwiegend Volksschulversager aus den armen und proletarischen Unterschichtsfamilien, aus sozial und sozio-kulturell randständigem Dasein der Unterschicht«[55] sind. Diese Erkenntnis ist nicht neu, Stötzner hatte schon 1865 darauf hingewiesen, dass 85% der Schüler/innen der Hilfsschule »die Kinder der unteren Volksklassen bilden werden, in denen wegen der Armut von zweckmäßiger Ernährung, gesunder Wohnung und sorgfältiger häuslicher Erziehung meist nicht die Rede ist«[56]. Es ist Begemanns Verdienst, diese Tatsache wieder in Erinnerung gerufen zu haben:

THESE Lernbehinderungen sind die Folge gesellschaftlicher Strukturen. Will man das Versagen des Kindes in der Regelschule erklären, kann man darum nicht mehr allein auf seine individuelle Konstitution zurückgreifen.

Begemann plädiert folgerichtig dafür, den Begriff Lernbehinderung aus der pädagogischen Diskussion zu streichen und durch den Ausdruck »soziokulturelle Benachteiligung« zu ersetzen.

> »Diese Schülerschaft ist in pädagogischer Hinsicht in den sozio-kulturellen Umständen ihrer Erziehungs- und Bildungsgenese ... keinem entscheidenden Wandel unterworfen gewesen, so daß wir sie heute wie z.Z. der Hilfsschulgründungen als die in unserer Gesellschaft und in dem Aufbau der schulischen Institutionen gleiche Gruppe ansehen müssen; eben als die ›Hilfsschüler‹, deren festgestelltes oder potentielles Volksschulversagen in ihrer sozio-kulturellen Benachteiligung begründet gesehen werden muß, genauer: in den Nachteilen, die sie in ihrer vorschulischen und Früherziehung durch die strukturellen Gegebenheiten ihrer Erziehungs- und Lebenswelt erfuhren. ... Insofern wäre es wünschenswert, wenn man an Stelle von ›Lernbehinderten‹ oder ›Hilfsschülern‹ nur noch von den ›sozio-kulturell Benachteiligten‹ spräche«[57].

Auch heute kann man davon ausgehen, dass zwischen 80 und 90% aller Schüler/innen der Schule für Lernbehinderte der sozialen Unterschicht angehören[58]. Allerdings wird dies heute etwas differenzierter gesehen. Weil nur ca. 9,5% aller Unterschichtkinder in einer Schule für Lernbehinderte sind, muss die Definition sozialer Benachteiligung präzisiert werden:

> »Nicht mehr Unterschichtkinder generell versagen an der Mittelschichtskultur der Regelschule, sondern Schüler aus sozialen Brennpunkten. Hochhaussiedlungen, Obdachlosenheime und -siedlungen, oft auch klar abgegrenzte Gebiete im kleinstädtischen Milieu sind der Lebensraum dieser Kinder. Jeder kennt die Namen der entsprechenden Straßenzüge. Dort zu wohnen heißt asozial zu sein. Arbeitslosigkeit, Sozialhilfebezug, Gewalt und auch Sonderschulbesuche gehören zum Alltag dieser Schüler. Nicht mehr nur 9,5% der Schüler besuchen die Schule für Lernbehinderte, sondern zwischen 42% und 80%. ... Zwei Kulturen prallen in der Schule zusammen: die Mittelschichtskultur der Schule und die Subkultur des sozialen Brennpunktes. Schüler aus sozialen Brennpunkten erwerben die für ein Leben und Überleben im sozialen Brennpunkt notwendigen

Spielregeln, Deutungs- und Handlungsmuster. Folglich kann weniger von Sozialisationsdefiziten als vielmehr von einer *anderen* Sozialisation die Rede sein. Diese Schüler haben nicht *keine* Normen, sondern *andere* Normen. Sie kennen nicht *keine* Regeln, sondern *andere* Regeln«[59].

Dazu kommt eine überdurchschnittlich hohe Anzahl ausländischer Kinder und Jugendlicher. Während im Jahr 1996 2% aller deutschen Schüler/innen die Schule für Lernbehinderte besuchten, waren es im gleichen Zeitraum 4,02% aller ausländischen Schüler, dieses Verhältnis und diese Zahlen sind seit etwa 10 Jahren konstant. Zugleich fällt auf, dass die Quote in den einzelnen Bundesländern uneinheitlich ist: »Es scheint wohl so, dass die Kriterien, die für den Schulerfolg bzw. die Umschulung in Schulen für Lernbehinderte entscheidend sind, in den verschiedenen Bundesländern unterschiedlich stark mit dem Merkmal der Staatsbürgerschaft zusammenhängen« – das ist zumindest »erklärungsbedürftig«[60].

THESE Insgesamt lässt sich festhalten, dass die Schule für Lernbehinderte von Anfang an bis heute eine soziale und kulturell-ethnische Selektionsfunktion hat. Dies aber, so heben Kritiker hervor, ist mit dem Grundgesetz nicht vereinbar. In einer Demokratie, »die ihrem Selbstverständnis nach gleiche Bildungschancen für alle einräumen will, ist eine Sonderschule mit einem überhöhten Anteil an Arbeiterkindern ein gesellschaftliches Ärgernis, auch wenn das öffentliche Bewußtsein dies nicht so wahrhaben will«[61].

Exkurs: Stigmatisierung

Im Zusammenhang dieser Diskussion fällt immer wieder das Stichwort Stigmatisierung. Auf der Grundlage interaktionistischer Theorien[62] wird ein Prozess erkennbar, in dem sich verschiedene Faktoren gegenseitig beeinflussen und negativ verstärken. Auf die Schüler/innen der Schule für Lernbehinderte hat dieser Prozess bedeutende Auswirkungen.

Die Anfänge liegen oft schon in der Vorschulzeit. Das Elternhaus von Kindern aus der sozialen Unterschicht oder aus ethnischen Minderheiten ist in der Regel sozial wenig geachtet, die Kinder fallen schon früh in negativer Weise auf durch Abweichungen im Verhalten, Sprache, somatischen und habituellen Gegebenheiten. In der Schule fallen die Abweichungen immer stärker auf, wenn von den Schüler/innen entsprechend den Normen der Mittelschicht erwartet wird, dass sie fleißig, ordentlich, aufmerksam, gewissenhaft, ausdauernd und interessiert sind und sich ruhig, aufgeschlossen

und diszipliniert verhalten. Das jeweilige Verhalten wird durch positive oder negative Sanktionen, wie Lob und Tadel, Notengebung, aber auch (Nicht)Versetzung oder Umschulung gesteuert. Lehrer/innen und Schüler/innen erleben immer wieder das abweichende Verhalten und die entsprechenden Sanktionen, beides verstärkt sich im Laufe der Zeit gegenseitig: »Die Abweichung konstituiert sich als *sozialer Prozeß der Zuschreibung*. Die auffallenden Eigenschaften des Schülers werden negativ und diskreditierend definiert«[63]. Das Kind wird als Leistungsversager angesehen, dazu kommen schnell Etikettierungen wie »verhaltensgestört« und »intelligenzgemindert«. Bald lassen sich Generalisierungen beobachten und es ist zu befürchten, dass »sich ein einheitlich negatives Stereotyp des schlechten Schülers herausbildet, das dazu verführen könnte, nicht nur beim Schulversager von vornherein mit Faulheit und moralischer Minderwertigkeit zu rechnen, sondern auch umgekehrt beim erziehungsschwierigen Schüler von vornherein das Schulversagen zu erwarten, das dann fast den Charakter der gerechten Strafe für den ›Übeltäter‹ bekommt. Ebenso birgt die Überzeugung, daß zum schlechten Schüler das ungünstige häusliche Milieu gehöre, die Gefahr in sich, zu glauben, ein ungepflegtes aus sozial niedrigem Milieu kommendes Kind müsse auch ein schlechter Schüler sein«[64].
Das Stigma setzt sich durch und wird mit der am Ende fast unvermeidlichen Überweisung in die Sonderschule gefestigt.

THESE Durch ihre Existenz und ihr negatives öffentliches Image tragen Sonderschulen zur Bestätigung der bisherigen Einschätzung des Kindes bei. Sie beteiligen sich also – entgegen ihrer erklärten Zielsetzung – am Stigmatisierungsprozess der betroffenen Kinder. Wer in die Sonderschule geht, hat ein Merkmal, das sich in vielen Lebenssituationen als äußerst unerwünscht erweist.

Die erfahrene Stigmatisierung wirkt sich auf die Persönlichkeit der Betroffenen aus. Die Schülerinnen und Schüler übernehmen das ihnen zugeschriebene Rollenbild, verhalten und empfinden sich selbst so, wie andere sie sehen. Was als Etikettierung begann, wird wie eine sich selbst erfüllende Prophezeiung zur Wirklichkeit und bestätigt wiederum die Vorurteile; der Kreis hat sich geschlossen. Die betroffenen Kinder haben dann bis zum Ende ihrer Sonderschulzeit gelernt, dass sie selbst an ihrem Schicksal schuld sind: »Es lag an mir selber, daß ich hier gelandet bin. Ich habe mich nie um mein Rechnen gekümmert, ich dachte immer nur ans Spielen! … Das ist meine eigene Schuld gewesen, weil ich meine Aufgaben nicht gemacht habe«[65].

Auf dem Hintergrund dieser Erkenntnisse und Einsichten gerät die Schule für Lernbehinderte und die sie tragende traditionelle Sonderpädagogik immer mehr in die Kritik. Mit der Diagnose »Lernbehinderung«, die für ein bestimmtes Kind gestellt wird, werden in Bezug auf sein weiteres Leben Weichen gestellt, deren Auswirkungen sich nur noch schwer korrigieren lassen. »Mit aller gebotenen Respektlosigkeit« fragen deshalb Pädagogen und Eltern immer lauter: »Wem hilft die Hilfsschule«[66]? Es wird daran erinnert, dass die Sonderschule als eine Hilfsschule gegründet wurde, als ein Ort, an dem lernschwache Schüler/innen besonders gut gefördert werden können. Der Unterricht in dieser Schule sollte durch besondere pädagogische Möglichkeiten und Methoden den Schüler/innen das Lernen ermöglichen, ihnen helfen, einen guten Schulabschluss zu erlangen und einen Beruf zu ergreifen, der sie ernährt und ihnen die Teilhabe am gesellschaftlichen Leben ermöglicht. Tatsächlich aber kann sie lernschwache Schüler/innen nicht besser fördern, als dies auch in Regelschulen der Fall ist[67]. Eine spätere berufliche Eingliederung von Schüler/innen der Sonderschule gelingt selten. Wenn sie nicht sofort arbeitslos werden, stehen ihnen oft nur ungesicherte, schlecht bezahlte Jobs zur Verfügung[68]. Wenn sich nun also herausstellt, dass die Schule für Lernbehinderte ihre Ziele nicht (mehr) erreicht, steht dann nicht ihre Existenzberechtigung in Frage? Zumindest wird verständlich, dass Betroffene fragen: »wem hilft denn die Hilfsschule?« und bei der Suche nach einer Antwort auch die Regelschulen und das öffentliche Schulsystem insgesamt in den Blick nehmen. Die gängige Aufteilung der Schullaufbahn von Heranwachsenden in vier Schultypen verlangt von Pädagogen, Eltern und Schüler/innen immer wieder Zuteilungsentscheidungen. Sonderschulen haben in diesem Geflecht die Funktion der Entlastung. Vor allem die Grundschule leidet bis heute unter dem doppelten Anspruch, einerseits als »Volksschule« alle Kinder, auch die Schwachen, optimal zu fördern und andererseits alle Kinder, auch die Hochbegabten, auf den Besuch der weiterführenden Schulen vorzubereiten. Diese Diskrepanz führt bis heute häufig zu Versuchen, sich von den Schwachen zu entlasten und sie auszusondern, um den vermeintlich Starken besser dienen zu können. Eine eigenständige Sonderschule bietet sich hier als Entlastungsträger unmittelbar an. Die Interessen der betroffenen Kinder und ihre individuelle Lernbegleitung rücken dabei oft in den Hintergrund. Neben die individuellen Aspekte der »Lernbehinderung«, die ein Kind betreffen und die pädagogischen Herausforderungen, die diese Beeinträchtigung darstellt, rücken also eindeutig auch schulorganisatorische Aspekte in den Blick.

THESE Anstelle auf die »lernbehinderten Kindern« zu schauen, müssen stärker die »lehrbehinderten Schulen« in den Blick kommen. Sie tragen oft zur Ausbildung des Phänomens »Lernbehinderung« bei den betroffenen Schüler/innen entscheidend bei.

Wenn also weniger das Kind als die Schule[69] »versagt«, kann die weiterführende Frage nur heißen: Wie kann sich Schule insgesamt heute erfolgreich mit Lern- und Entwicklungsschwierigkeiten von Heranwachsenden auseinandersetzen?

Pädagogik für besondere Bedürfnisse, oder: Wie kann Lernen möglich werden?

Als Folge dieser Erkenntnisse kommt es – gut hundert Jahre nach der Einrichtung von Hilfsschulen – zu ernsthaften Bemühungen um ihre Auflösung. Es wird nicht bestritten, dass es Kinder gibt, die aus unterschiedlichen Gründen Lern- und Entwicklungsschwierigkeiten zeigen und für deren Behebung spezielle pädagogische Hilfe und Unterstützung brauchen. Die enge Verbindung zwischen dieser besonderen Förderung und der Institution einer eigenständigen Sonderschule aber hat zu dem beschriebenen Dilemma geführt. »Lernbehinderung« musste objektiv definiert und eine Schülerschaft beschrieben werden, die ein irgendwie geartetes gemeinsames Merkmal hatte. Dies aber ließ sich letztlich, wegen der »Sammelbeckenfunktion«[70] der Sonderschule für Lernbehinderte nur von der Schule her ausdrücken: »Lernbehindert sind Kinder, die eine Sonderschule für Lernbehinderte besuchen«[71].
Mit der Infragestellung der Institution Sonderschule kommen nun neue Möglichkeiten in den Blick.

1. »Wer oder was hindert ein Kind am Lernen?« oder: Lernbehinderung heute

An die Stelle der Lernbehindertenpädagogik rückt mehr und mehr eine »Pädagogik für besondere Bedürfnisse«, an die Stelle der »Zuteilungsdiagnostik«, die sich auf den Förderort bezieht, eine Förderdiagnostik, die die Förderbedürfnisse der Kinder in den Blick nimmt. Man fragt: Welche Hilfen braucht ein Kind, das Schwierigkeiten beim Lernen zeigt, damit es seine Probleme bewältigen kann? Wie lernen Menschen überhaupt, unter welchen Rahmenbedingungen vollzieht sich der Lernvorgang, welche fördernden und/oder hemmenden Einflüsse gibt es? In diesen Überlegungen tritt vor die Frage nach den Lern-Behinderungen die Frage nach dem Lernvorgang als solchem:

> »Wir wissen ... heute, daß jedes Kind individuell spezifisch lernfähig ist (Begemann) und ganz unterschiedliche Sozialisationserfahrungen, Lernvoraussetzungen und Lerninteressen mitbringt. Allgemeine Lerntheorien stellen deshalb keine Hilfe dar bei der Klärung der Frage, warum ein Kind so und nicht anders denkt, lernt, handelt. Pädagogisch sinnvoll ist lediglich der Versuch, eine Lerntheorie vom Standpunkt des Lernsubjekts aus zu entwickeln«[72].

In den verschiedensten pädagogischen und psychologischen Konzepten besteht heute weitgehend Einigkeit darüber, dass Lernen nur dann sinnvoll geschehen kann, wenn es von den Lernenden selbst aktiv vollzogen wird und die Lernangebote auf die Voraussetzungen der spezifischen Personen ausgerichtet sind.
Lernen geschieht also individuell spezifisch und selbsttätig, es erfolgt immer in für das lernende Subjekt sinnvollen Handlungszusammenhängen. Je nach der Art und Weise, wie ein Individuum bestimmte Sachverhalte und Erlebnisse wahrnimmt, lernt es. Weil dieses Wahrnehmen gleichermaßen von körperlichen, situativen und biografischen Gegebenheiten abhängt, spricht Begemann konsequent vom Lernen als ›Eigenwelterweiterung‹.

> »Jeder Mensch ›vollzieht‹ Handeln und Erleben in Situationen, die er von außen nicht erkennbaren Subjektiven (sic!) Erfahrungsbereichen zuordnet, in ihnen speichert. Nur durch deren Aktualisierung erfolgt weiteres Handeln und Lernen als Eigenwelterweiterung«[73].

Die Motivation zum Lernen erwächst aus dem Bedürfnis, eine bestimmte Fähigkeit oder Fertigkeit zu erwerben oder zu optimieren, um das eigene Leben besser gestalten zu können. »Ich will lernen, was ich für mein Leben brauche«[74].
Das Lernen selbst vollzieht sich im Kontakt mit der jeweiligen Umwelt. Im kommunikativen Austausch mit den Bezugspersonen seines Umfeldes lernt ein Kind, seinen Wahrnehmungen Bedeutungen beizulegen, es entwickelt ein Bild von der Wirklichkeit, die es erlebt und erfährt. Soll Lernen gelingen, braucht es eine Umwelt, die dem Lernenden soziale und emotionale Stabilität vermittelt und ihm Kommunikations- und Handlungsformen anbietet, die zur Bewältigung alltäglicher Situationen beitragen. Wenn also das Lernen selbst von »pädagogischen Einflüssen« nicht direkt gesteuert werden kann, braucht das Kind eine Umgebung, die es auf emotionale, kognitive, sprachliche, motorische und soziale Weise fördert und herausfordert.

> »Für das Verständnis von Lernen ergeben sich aus dieser Sichtweise weit reichende Konsequenzen: Lernen ist immer eine konstruierende Tätigkeit des lebenden Systems und eingebunden in soziale Interaktionen. Damit ist Lernen als eine Auseinandersetzung zwischen dem Kind und der Umwelt mittels struktureller Koppelung zu verstehen. ... Lehrende und Lernende wirken in diesem Prozess als gegenseitige Quelle von Perturbationen (Anregungsfaktoren) und können über kommunikative Vorgänge ihre Wirklichkeitskonstruktionen verändern, wenn es ihnen sinnvoll erscheint. Lernen im schulischen Kontext findet ... statt, wenn der angebotene Lerninhalt in die erfolgreiche Organisation der Erfahrung der Schüler selbst integriert wird«[75].

Als Subjekt seines Lebens, seiner Entwicklung und seiner Lernprozesse kann das Kind also nicht mehr als Objekt von Erziehung und Lernforderungen angesehen werden. Lernen und Entwicklung geschehen nicht durch Belehrung, sondern nur über eine eigenaktive Auseinandersetzung des Individuums mit seiner jeweiligen Umwelt.

> »Was der Lernende ... in der Auseinandersetzung mit einem Lerngegenstand wahrnimmt, was er wie lernt, ist von außen durch methodisch-didaktische Arrangements der Lehrer letztlich nicht steuerbar. D. h., das Lernen des Schülers ist durch das Lehren des Lehrers nur bedingt methodisierbar, planbar; denn hier handelt es sich um einen innerpsychischen Prozeß, den man nicht beobachten und nicht kontrollieren, sondern nur von außen anregen und unterstützen kann«[76].

Erziehung und Unterricht haben also die Aufgabe, die Lernprozesse des Kindes anzuregen, zu aktivieren und entsprechende Lernumwelten zu gestalten. Die Beziehung von Lernenden und Lehrenden wandelt sich zu einer gleichberechtigten Partnerschaft, in der Unterschiede der Partner durchaus bestehen bleiben. Ob Lernen erfolgreich ist, hängt davon ab, wieweit der Prozess des Zusammenwirkens, also die Interaktionsgestaltung zwischen Lehrenden und Lernenden gelingt[77].

2. Wie Lernen verhindert wird, oder: Der systemische Ansatz

Behinderungen des Lernens beruhen nach diesem Ansatz also nicht auf Fähigkeiten oder Unfähigkeiten des einzelnen Kindes, sondern darauf, dass z.B. im System Schule bestehende Asymmetrien zwischen Lehren und Lernen nicht beseitigt werden (können).

> »Lernbehinderung ist im systemischen Sinne Ausdruck der nicht gelungenen und fehlenden Passung zwischen den individuellen Lernmöglichkeiten des Kindes und der normativen Erwartungshaltung von Schule, … erweist sich somit als Konstrukt, das eine eindeutige Begrifflichkeit ausschließt«[78].

Werden die »Lernbehinderungen« als »Lern- und Entwicklungsschwierigkeiten« verstanden, dann besteht die Aufgabe der Pädagogik darin, den individuellen Entwicklungsverlauf des Kindes nachzuvollziehen und ihn durch pädagogische Interventionen anzuregen. Im Bereich der Diagnostik geht es nicht darum, bestimmte Defizite oder Normabweichungen des Kindes festzustellen, sondern im Sinne einer »Pädagogik der Vielfalt«[79] Differenzen wahrzunehmen und entsprechend differenzierte Lernangebote zu machen. Bei Behinderungen des Lernens eines Individuums wird nach dessen besonderen Bedürfnissen gefragt und in systemischer Sicht dabei das Umfeld des Kindes, der familiäre Bereich, die gleichaltrigen Bezugspersonen aber auch die Schule im jeweiligen gesellschaftlichen Kontext einbezogen. In der Kind-Umfeld-Analyse[80] kommen dann auch erschwerende Lern- und Lebenssituationen in den Blick, die ein Kind am Lernen hindern und nach einer individuell ausgerichteten Förderung verlangen.

> Lern- und Entwicklungsschwierigkeiten können auf unterschiedlichen Ebenen virulent werden: So führen fehlende Vorerfahrungen im taktilen,

kinästhetischen, vestibulären Wahrnehmungsbereich zu mangelnder Integration der Sinne. Dies macht sich vor allem in den ersten Schuljahren bemerkbar, als Überaktivität oder ausgeprägte Passivität des Kindes, als körperliche Ungeschicklichkeit, verzögerte Sprachentwicklung und/oder als Aufmerksamkeits- und Konzentrationsproblem.
Treten im Umfeld des Kindes Schwierigkeiten im sozialen und emotionalen Bereich auf, so zeigen sich diese in seinem Verhalten als Interaktions- und Kommunikationsstörungen. Diese führen leicht zur Ausgrenzung oder ungenügenden Einbeziehung in das Lebens- und Lernumfeld. Kann ein Kind im vorschulischen, außerschulischen oder schulischen Bereich aber keine adäquaten Interaktionserfahrungen machen, wird seine Identitätsfindung und -darstellung behindert oder erschwert. Als ein Prozess der Selbstfindung entsteht Identität ja in den Spiegelungs- und Begegnungsprozessen mit der Umwelt und dem Gegenüber. Verhaltensstörungen sind aus pädagogischer Perspektive im Lebenskontext von Kindern und Jugendlichen als Notsignale und Hilferufe anzusehen, auf die angemessen reagiert werden muss.
Auch die Möglichkeit, angstfrei zu leben und zu lernen, die Motivation zum Lernen und Arbeiten sind von Erfahrungen im familiären und außerfamiliären Umfeld abhängig. Gelten hier andere Wert- und Lebensvorstellungen als im System Schule, kann dies bei fehlender individueller Passung innerhalb schulischer Lernförderung zu weiterer Misserfolgsorientierung und Anstrengungsvermeidung führen.
Lern- und Entwicklungsstörungen haben häufig mit Störungen der Strategien zur Informationsaufnahme und -verarbeitung zu tun, und zugleich mit Schwierigkeiten bei der verbalen Handlungsanleitung und der begleitenden Lernkontrolle. Darum haben der Bereich der verbalen und nonverbalen Kontaktaufnahme, Sprachverständnis, Sprachgebrauch, Ausdrucksfähigkeit, Begriffsbildung und Sprachentwicklung eine große Bedeutung und müssen im schulischen Angebot möglichst genau auf die Lernvoraussetzungen der Kinder abgestimmt werden. »Nicht gelungene Interaktions- und Kommunikationspassung und -gestaltung im schulischen Bereich führen häufig zu einem Misslingen in der Aneignung von Basisfertigkeiten bezogen z. B. auf Aufmerksamkeit, Gedächtnis, Wahrnehmungsorganisation, Sprache und Methodenhandhabung des Lernens. Diese können sich beim Kind in der Folge sehr schnell ausweiten zu negativen Selbstwerteinschätzungen, zu Versagensgefühlen beim Lesen- und Schreibenlernen, beim Erlernen der Rechtschreibung, mathematischer und anderer schulisch relevanter Fähigkeiten und Fertigkeiten und zur sozialen Ausgrenzung führen«[81].

Diagnostik steht nicht mehr im Dienste der Absicherung eines Aufnahmeverfahrens in die Sonderschule, sondern bezieht sich auf die individuelle lern- und lebensbegleitende Förderung und eine am Einzelfall ausgerichtete Kind-Umfeld-Analyse. Das Kind wird als eigenaktives Individuum angesehen, seine Stärken sind der Ausgangspunkt der Förderung. Fördermaßnahmen müssen auf diesem Hintergrund von dem Recht auf Autonomie und soziale Teilhabe ausgehen und die autopoietische Organisation des Menschen berücksichtigen. Die Aufgabe der Lehrkraft ist es, Lernangebote zu machen, die den nächstmöglichen Entwicklungsschritt des Kindes erlauben – dabei ist eine ganzheitliche Förderung unbedingt ebenso erforderlich, wie die Möglichkeit, innerhalb einer Lerngruppe zieldifferent zu lernen.

THESE Eine solche »Pädagogik für besondere Bedürfnisse ... orientiert sich an dem Menschen mit seinen individuellen Fähigkeiten und wendet sich gegen eine defizitär ausgerichtete Heil- und Sonderpädagogik. Sie fordert von Schulen, sich funktionell und strukturell in der Weise zu ändern, dass für alle Kinder Erziehung und Unterricht nach dem Prinzip integrativer Pädagogik möglich wird«[82].

---

3. Miteinander lernen, oder: Gemeinsamer Unterricht als Alternative zur Sonderschule

Die neuen sonderpädagogischen Erkenntnisse haben sich wenigstens teilweise auch auf die Ebene der Schulorganisation ausgewirkt. Dies lässt sich an drei Aspekten erkennen:
Zunächst fällt auf, dass sich die Bezeichnung der Schule verändert hat: In fast allen Bundesländern heißen die betroffenen Schulen nun »Förderschule oder Schule für Lernbehinderte« oder auch »Schule für Lernhilfe«[83]. Man verzichtet also auf den Begriff »Sonder«schule, behält aber die Bezeichnung der Schüler als Lernbehinderte weitgehend bei. Damit glaubt man, Stigmatisierungen und Diffamierungen der Schülerschaft begegnen zu können und gleichzeitig dem gewandelten Verständnis von »Lernbehinderung« Rechnung zu tragen.
Neben diesem mehr äußeren Kennzeichen der Veränderung hat sich auch auf dem Gebiet der Förderung selber einiges getan: Die

Prävention gewinnt größere Bedeutung und in diesem Zusammenhang werden z.B. in Hessen viele Schulen für Lernbehinderte zu sonderpädagogischen Förderzentren umgewandelt. Sie haben die Aufgabe der Beratung und Begleitung von Regelschulen (überwiegend Grundschulen) bei der Förderung von Kindern mit Lern- und Entwicklungsschwierigkeiten im Raum der Grundschule. Praktisch geschieht dies durch Hilfe bei der Diagnose, durch pädagogische Beratung, aber auch durch besondere Förderangebote für betroffene Schüler/innen an der Regelschule, die von »abgeordneten Sonderpädagog/innen« angeboten werden.
Die weitreichendste Konsequenz aus den dargestellten Ergebnissen aber besteht in der Möglichkeit, Klassen und Schulen einzurichten, die gemeinsamen Unterricht für Kinder mit und ohne sonderpädagogischen Förderbedarf anbieten. Die Empfehlungen der Kultusministerkonferenz aus den Jahren 1994 und 1999 führen dazu aus: Kann ein Kind dem Unterricht in der allgemeinen Schule trotz zusätzlich angebotener Lernhilfen nicht folgen, dann entsteht für dieses Kind ein »sonderpädagogischer Förderbedarf«[84]. Dieser individuelle Förderbedarf bezieht sich dabei auf die jeweiligen schulischen Rahmenbedingungen. An die Stelle einer »Zuteilungsdiagnostik« tritt, wie oben dargelegt, eine Förderdiagnostik, die den jeweiligen individuellen Förderbedarf eines Kindes im Rahmen seines Umfeldes ermittelt. Aufgrund der Untersuchungen wird ein Förderplan erstellt, der die bisherigen Fördermaßnahmen und die jeweiligen Rahmenbedingungen berücksichtigt. Dieser individuelle Plan wird kontinuierlich fortgeschrieben und damit an die Entwicklung des Kindes angepasst.
Der »Förderort« ist nicht mehr selbstverständlich und ausschließlich die Schule für Lernbehinderte, sondern kann durchaus auch die Regelschule sein. Die Entscheidung darüber liegt in der Regel bei der Schule und der Schulaufsicht, wobei die Eltern an der Entscheidung beteiligt werden. Je nach politischer Einstellung der Kultusministerien, aber auch abhängig von der personellen, finanziellen und sachlichen Ausstattung der Regelschulen kann die sonderpädagogische Förderung nun in Sonderschulen oder im gemeinsamen Unterricht an Regelschulen stattfinden.

THESE Im gemeinsamen Unterricht gewinnt das emotionale und soziale Lernen neben den kognitiven Leistungen eine besondere Bedeutung. Es geht gleichzeitig um die Akzeptanz der Verschiedenheit der einzelnen Schüler/innen und das gemeinsame Gestalten von Lernprozessen. Heterogenität wird integrationspädagogisch nicht zum Anlass für Trennung und Ausgrenzung, sondern als Chance für Lernprozesse angesehen. Verschiedenheit bereichert nicht nur das Lernen, sondern ermöglicht es eigentlich erst. Es ist klar, dass mit »Lernen« hier wesentlich mehr gemeint ist als reiner Wissenserwerb. Der ganze Mensch und damit die Verschiedenheit der Individuen ist einbezogen.

Der Unterricht muss zugleich die Individualisierung von Lernprozessen und die Kooperation der Lernenden anregen und ermöglichen. Diese Anforderungen fasst der inzwischen als ›klassisch‹ anzusehende Grundsatz integrativer Pädagogik zusammen, den Georg Feuser formuliert hat:

> Alle Kinder sollen »in Kooperation miteinander – an und mit einem gemeinsamen Thema/Inhalt/Gegenstand – auf ihrem jeweiligen Entwicklungsniveau und mit ihren jeweiligen Handlungskompetenzen lernen und im Unterricht mitarbeiten«[85].

Dabei lernen sie, die Individualität und Besonderheit des einzelnen Menschen zu achten, sein Anderssein zu akzeptieren. Sie werden fähig, Leistungsnormen zu relativieren und auf die eigenen Fähigkeiten und die der anderen zu achten. Sie gewinnen Kompetenz, einander zu helfen und aufeinander Rücksicht zu nehmen. Sie verstehen, Hilfsbedürftigkeit richtig einzuschätzen und Selbständigkeit zu fördern. Sie können mit Gefühlen umgehen und Offenheit zeigen. Auch die Wahrnehmung von schmerzlichen Erfahrungen und Begrenztheiten, wie Behinderung, Krankheit, psychischer und sozialer Not wird zum Teil des Lernprozesses. Die Herausforderung, Gefühle wie Traurigkeit und Freude, Zorn und Geduld, Mutlosigkeit und Hoffnung angemessen auszudrücken und zu verarbeiten, ergibt sich als besondere Aufgabe des gemeinsamen Unterrichts.

Erfolge haben sich gezeigt, »lernbehinderte Kinder« lernen in Integrationsklassen genauso oder besser als in Sonderschulen, auch die Regelschüler profitieren vom differenzierenden Unterricht und der Anwesenheit von Sonderpädagogen; Prävention gewinnt eine größere Bedeutung. Die soziale Integration gelingt vor allem, wenn wohnortnah gearbeitet wird, also alle Schüler aus einem Wohngebiet in die gleiche Schule gehen[86].

Die Grenzen allerdings sind immer noch eng gesteckt. Das hat äußere und innere Gründe. Nicht alle Pädagog/innen fühlen sich in der Lage und sind bereit, sich auf das Wagnis des differenzierten Unterrichts und die intensive Kooperation mit Kolleg/innen einzulassen, die der gemeinsame Unterricht verlangt. Das Verlassen eingefahrener Gleise und das Erproben neuer Formen des Lernens und Lehrens kann nicht von jedem Unterrichtenden erwartet werden. Auch sind die schulorganisatorischen Hürden oft sehr hoch, und manche Schulverwaltungen zeigen sich gegenüber neuen Herausforderungen zögerlich und zurückhaltend. Das größte Hindernis aber ist der »Haushaltsvorbehalt«, der gegenüber den Veränderungen geltend gemacht wird: Integration muss kostenneutral sein! Gemeinsamer Unterricht wird auch im besten Falle nur dann ermöglicht, wenn personelle, räumliche und sächliche Bedingungen der beteiligten Schulen gegeben sind. Diesen Vorbehalten gegenüber muss oft genug das jeweilige Kind, sein Lerninteresse und sein Förderbedürfnis zurückstehen. Auch ist diese Art der Förderung (noch) nicht in allen Bundesländern politisch gewollt und schulgesetzlich verankert. Erst einzelne Bundesländer haben den gemeinsamen Unterricht – auch lernzieldifferent – als anzustrebende Unterrichtsform im Schulgesetz festgeschrieben, die meisten ermöglichen allenfalls Schulversuche oder haben andere Einschränkungen festgeschrieben[87].

Das hat zur Folge, dass wir gegenwärtig in der Bundesrepublik eine bunte Vielfalt in der Unterrichtung von Schüler/innen mit einer »Lernbehinderung« vorfinden. Es zeigen sich sehr unterschiedliche Organisationsformen der Schule für Lernbehinderte. Betroffene Kinder begegnen in eigenen (Sonder)Schulen, zusammen mit anderen beeinträchtigen Kindern in Förderzentren oder im allgemeinen Unterricht. Im Jahr 1997 besuchen bundesweit 2,36% aller vollzeitschulpflichtigen Schüler/innen der Klassen 1–10 die Schule für Lernbehinderte oder als lernbehinderte Schüler den gemeinsamen Unterricht in Allgemeinen Schulen[88]. Die meisten Kinder und Jugendlichen mit Lernschwierigkeiten, denen die Regelschule mit ihrem pädagogischen Angebot nicht in ausreichendem Maße gerecht werden kann, werden auch heute noch in Schulen für Lernbehinderte gefördert, trotz aller Bedenken und trotz aller Versuche, dies zu ändern.

»Wie hast du's mit der Religion?« oder: Chancen und Aufgaben des Religionsunterrichts an der Schule für Lernbehinderte

Die Diskussion um das Phänomen »Lernbehinderung« hat einen weiten Weg genommen. Sie ist geprägt vom Bemühen, den betroffenen Schüler/innen zu helfen, den Lernanforderungen der Schule zu entsprechen. Sie ist zugleich beeinflusst von gesellschaftlichen und ökonomischen Interessen und Strukturen, die diese Lernanforderungen definieren und festschreiben. Von Beginn an bis heute müssen sich die Schüler/innen und die Unterrichtenden der Schule für Lernbehinderte mit diesen Strukturen auseinandersetzen. Dabei bestimmen und begrenzen die organisatorischen Rahmenbedingungen oft genug die pädagogischen Möglichkeiten der Lehrenden und die Chancen der Lernenden, die Angebote wahrzunehmen und den individuellen Lernbedürfnissen gerecht zu werden.
Diese Zusammenhänge wirken sich auch auf den Religionsunterricht aus. In ihrem Kontext werden die folgenden Überlegungen nach seinen spezifischen Aufgaben und besonderen Möglichkeiten stehen müssen. Sie bilden sozusagen die Ausgangsposition und Grundlage für das weitere Nachdenken. Wer an der Schule für Lernbehinderte unterrichtet, muss sich ihrer »Geschichte« bewusst sein, und gleichzeitig die Auswirkungen dieser Geschichte auf die Schüler/innen bedenken.
Darum wird in diesem Abschnitt zunächst ein Blick auf die Lebens- und Schulgeschichte der Schüler/innen geworfen. Welche Möglichkeiten und Aufgaben der Unterricht in diesem Zusammenhang hat, wird in einem zweiten Punkt diskutiert. Aus Beidem ergeben sich Hinweise und Herausforderungen für den Religionsunterricht. Es soll dargelegt werden, was der spezifische Beitrag dieses Faches zum Auftrag der Schule sein kann.

1. Individuelle Lebensgeschichten, oder: Die Schüler/innen der Schule für Lernbehinderte

Schüler/innen an der Schule für Lernbehinderte haben eine Schulgeschichte hinter sich, die weitgehend durch Erfahrungen des

Versagens und Scheiterns geprägt ist[89]. Oft erleben sie dies schon bei der Schulreifeprüfung, wenn sie zurückgestellt werden. Spätestens aber im ersten Schuljahr lernen sie sehr schnell, dass sie den Mitschüler/innen nicht gewachsen sind und an den Rand rücken. Häufig wiederholen sie die erste Klasse oder werden während des zweiten Schuljahres in die erste Klasse zurückgestellt. Dort stellen sie fest, inzwischen 2 Jahre älter als die Mitschüler/innen, dass sie immer noch nicht das Klassenziel erreichen können.
Parallel dazu erleben sie, dass die Lehrer/innen sich weitgehend von ihnen zurückziehen. Sie werden ignoriert, ihre Arbeiten nicht mehr benotet, bei Meldungen kommen sie nicht ›dran‹. Diffamierungen und Bloßstellungen vor der Klasse stehen häufig im Zusammenhang mit zunehmend unangepasstem Verhalten seitens der Schüler/innen. Irgendwann kommt es zu einem Überprüfungsverfahren und zur Umschulung in die Sonderschule. Dies erleben die Betroffenen oft, ohne dass sie die Zusammenhänge verstehen. Es hat sich in der bisherigen Darstellung gezeigt, wie viele Faktoren das Ergebnis der Überprüfung bestimmt haben können. Von Seiten der abgebenden Regelschule werden mangelnde schulische Leistungen des Kindes, aber auch sein Verhalten im sozialen und im Lernbereich Anlass gewesen sein, sich um eine Überprüfung zu bemühen. Dabei spielen auch spezifische Rahmenbedingungen eine Rolle, die relativ unabhängig vom betroffenen Kind sind, wie das Leistungsniveau der Schule, oder die Toleranzbereitschaft der Klasse, der Schule, der Eltern und der Lehrer/innen. Auch die Frage, ob die Schule ein besonderes Förderangebot zur Verfügung stellt und welche Qualität dieses hat, beeinflusst die Entscheidung.
Das Ergebnis des Überprüfungsverfahren hängt ebenfalls von verschiedenen Faktoren ab: die Tagesform des Kindes beim Testen und sein Verhalten in Prüfungssituationen, die angewandten Testverfahren, die diagnostische Kompetenz der Sonderpädagog/innen, aber auch die Kooperationsbereitschaft der Klassen- und Fachlehrer/innen sind hier zu nennen. Die Fähigkeit und Bereitschaft der Eltern, sich im schulischen Verwaltungsverfahren zu Wort zu melden und ihren eigenen Interessen und den Interessen des Kindes Gehör zu verschaffen, spielt mit Sicherheit eine große Rolle im Entscheidungsprozess.

Die Auswirkungen dieser Schulerfahrungen auf die Ausbildung einer stabilen, selbstsicheren Persönlichkeit, die Mut und Zutrauen zu den eigenen Fähigkeiten entwickelt und Freude und Neugier gegenüber Neuem, Unbekannten zeigt, sind leicht vorstellbar. Erschwerend kommt noch hinzu, dass diese Erfahrungen als individuelle Erfahrungen gemacht und gedeutet werden, der gesellschaftliche Stigmatisierungsprozess ist den Kindern (und ihren Eltern) meistens nicht bewusst[90].

Viele Schüler/innen der Schule für Lernbehinderte kommen, wie oben beschrieben, aus sozialen Randschichten unserer Gesellschaft und/oder aus Familien ausländischer Herkunft mit geringem sozialökonomischen Status. In ihren Elternhäusern sind die Einkommens- und Wohnverhältnisse meist auf niedrigem Stand, oft lebt man von Arbeitslosenunterstützung oder -hilfe oder von Sozialhilfe. In Zeiten wirtschaftlicher Unsicherheit wirkt sich der mögliche Verlust des Arbeitsplatzes und die sich daraus ergebende Verschlechterung der wirtschaftlichen Situation bedrohlich aus. Vor allem bei hoher Kinderzahl sind die Wohnungen meist zu klein und liegen in der Ausstattung weit unter dem Mittelwert (Schlichtwohnungen oder Obdachlosensiedlungen).Viele Schüler/innen leben in unvollständigen Familien, ein Elternteil ist gestorben oder die Eltern sind geschieden. Man kann davon ausgehen, dass doppelt so viele Sonderschüler/innen wie Hauptschüler in einer »broken family« oder im Heim leben[91].

Kinder aus benachteiligtem Milieu können »sich in frühester Lebenszeit nicht ›getragen‹, entlastet, behaglich, befriedigt und sicher erleben … sondern (sind) dem Gefühl der Ohnmacht, Unsicherheit und Existenzangst ausgeliefert«[92]. Das Beziehungsangebot seitens der Bezugspersonen ist schwach und unzuverlässig, die physische und psychische Versorgung von Mangel geprägt, die Kinder erleben sich häufig als überflüssig und ausgestoßen. Oft fehlt ihnen von frühester Kindheit an eine anregungsreiche Umgebung, die ihnen die Möglichkeit eröffnen würde, ihre Umwelt eigenständig zu erkunden. Das führt mehr oder weniger zu Wahrnehmungsstörungen und zu einem gebrochenen Verhältnis zur Wirklichkeit[93], Selbstvertrauen kann nur in geringem Maß aufgebaut werden.

Bezogen auf die Bildung ihrer Kinder haben die Eltern eine eher unsichere und abwartende Haltung. Das bestehende Schulsystem verunsichert sie und verursacht Unbehagen, so dass sie häufig den Kontakt zu Schule und Lehrern vermeiden. Lehrer/innen werten dies oft als Desinteresse[94]. Wieweit Eltern ihren Kindern bei den schulischen Aufgaben helfen können, hängt weitgehend von ihrem eigenen Bildungsstand und ihren Erfahrungen in der eigenen Schulzeit ab.

Es ist allgemein bekannt und unbestritten, dass die beruflichen Chancen von Sonderschulabsolventen sehr gering sind. »Wenn du so ein Zeugnis von der Sonderschule hast, da kannst du null mit anfangen. Das ist, als ob du mit nem blauen Stempel aufm Backen rumlaufen würdest. Wo du hinkommst mit diesem Zeugnis, überall hörst du nur, daß sie dich nicht brauchen können«[95]. Schon im Jahr 1988 fand Hiller bei gründlichen Untersuchungen heraus, dass bei Berufen, die Sonderschüler/innen aufgrund ihrer Ausbildung zugänglich sind, die Einkommen für 69% der Frauen und für 32% der Männer unter dem Mindesteinkommen für eine selbständige Existenz liegen[96]. Die Chancen, überhaupt einen Beruf zu bekommen, sind immer abhängig von der gesamtwirtschaftlichen Lage, Sonderschüler/innen stehen dabei überwiegend in Konkurrenz zu Hauptschüler/innen und unterliegen dabei in der Regel. »Konkurrenzfähig sein – das bedeutet, in möglichst hohem Maße den Anforderungen des Berufs und den Erwartungen des Betriebs zu entsprechen. Erfüllt man diese Erwartungen nicht, droht die Gefahr, keine Ausbildung oder Beschäftigung in einem Betrieb aufnehmen zu können. Und die Gefahr, arbeitslos zu werden und zu bleiben, wächst«[97]. Eine besondere Bedeutung gewinnen in diesem Zusammenhang die so genannten »Schlüsselqualifikationen«, zu denen auch Fertigkeiten gehören, die nicht im engeren Sinne berufliche oder fachliche Qualifikationen sind. Neben die Fachkompetenz treten persönliche Merkmale, »die mit der Einstellung zur Arbeit und zum Beruf, zur Leistungsmotivation und mit den Fähigkeiten im Umgang mit anderen Menschen zu tun haben«[98] und eine hohe Methodenkompetenz: variantenreiches Können und Umstellungsfähigkeit, und soziale Kompetenz: Kommunikationsfähigkeit und Verantwortungsbereitschaft.

Die Lebenswirklichkeit der Schüler/innen an der Schule für Lernbehinderte stellt sich sehr vielschichtig dar. Besonders auffällig sind die gesellschaftliche Randsituation und damit verbundene Stigmatisie-

rungen, die in mehrfacher Hinsicht eine Einengung und Beschränkung der gegenwärtigen und zukünftigen Lebensbedingungen der jungen Menschen bewirken.
Schulerfahrungen des Scheiterns und Versagens lassen Lernbehinderung als »gebrochener Stolz«[99] erscheinen. Die familiäre Situation erzeugt oft mehr Unsicherheit als die Erfahrung von Geborgenheit, die Zukunftsaussichten erscheinen düster. Die Anforderungen und Herausforderungen an die Schule für Lernbehinderte und den Unterricht werden auf diesem Hintergrund klar und erkennbar. Eine Beschreibung und Definition des »Gegenstandes« Lernbehinderung hilft nicht weiter, weder in intellektueller, emotionaler, verhaltensmäßiger noch in moralischer Hinsicht ist von einer einheitlichen oder ›typischen‹ Charakterisierung der Schüler/innen auszugehen. Denn: »es sind doch Menschen, um die sich die Lernbehindertenpädagogik kümmert, und nicht Gegenstände«[100].

THESE Die Menschen, ihr Alltag und ihre Lebensgeschichte sollen Grundlage und Gegenstand des Unterrichts sein. Dann aber muss jedes Kind als ein Individuum betrachtet werden, das eine ganz bestimmte Lebensgeschichte und Lerngeschichte hat, Erfahrungen und Erlebnisse mitbringt, die seine Persönlichkeit, seine Fähigkeiten und Möglichkeiten ebenso wie seine Bedürfnisse und Grenzen ausmachen.

Die Lebensumstände und gesellschaftlichen Zusammenhänge sind als Rahmenbedingungen ihres Aufwachsens und Lernens zu erkennen, dürfen aber nicht als Eigenschaften der betroffenen Kinder missverstanden werden. Verhaltensweisen, Förderbedürfnisse und Fähigkeiten, die in der Kind-Umfeld-Analyse ermittelt werden, sind als seine individuellen und zunächst einmal »sinnvollen« Reaktionen auf Anforderungen und/oder Überforderungen seiner Umwelt zu verstehen. Durch Veränderungen im Lernangebot sind auch Veränderungen im Lernverhalten zu ermöglichen. Was bedeuten diese Erkenntnisse nun für den Unterricht?

2. Zum Leben helfen, oder: Der Unterricht an der Schule für Lernbehinderte

Unterricht, der Kinder und Heranwachsende in ihrem Lern- und Aneignungsprozess unterstützen will, braucht bestimmte Voraussetzungen. Die Unterrichtenden werden sich bemühen, ihre Erwartungshaltungen und Normen zu reflektieren und sich fragen (lassen), ob und wieweit sie sich an Zuschreibungen und Stigmatisierungen der betroffenen Kinder beteiligen, ohne das zu wollen. Auch die strukturellen und administrativen Bedingungen der Schule gehören in diesen Reflexionsprozess hinein. Wie viel Angst, Unsicherheit, Aggression oder Rückzug erzeugt die Schule als Lern-Anstalt? Wie kann sie Freude und Spaß am Lernen und Arbeiten ermöglichen, die Schüler/innen möglichst weitgehend an der Gestaltung ihrer Lernumgebung und ihres Lernvorgangs beteiligen und unterstützen? Lernen und Lehren an der Schule für Lernbehinderte geschieht in offenen Formen und mit großen Freiräumen in der Unterrichtsplanung und -gestaltung.
Peter Erath hat darüber hinaus vorgeschlagen, die »erschwerte Lebenslage«[101] der Schüler/innen zum Ausgangspunkt pädagogischer Bemühungen zu machen und dabei

> »Ausschau zu halten nach einer Identitätskonzeption, die es erlaubt, den Lebens- und mitunter auch Leidensweg der betroffenen Kinder und Jugendlichen, die sich auf die Unterstützung seitens der Familie oder Verwandtschaft nur selten berufen können und die in abgedrängten Dimensionen der bürgerlichen Lebensformen zukünftig ihr Dasein zu fristen gezwungen sind, noch als sinnvoll zu interpretieren«[102].

Dabei soll man sich nicht in erster Linie auf Defizite im Vergleich zu einer bürgerlichen Existenz konzentrieren, sondern muss auf die Eröffnung von Lebens- und Arbeitsmöglichkeiten dringen und danach suchen. Die Aufgabe der Schule besteht darin, »Jugendlichen bei ihren Identitätsproblemen zu helfen und … die trotz allem noch zahlreichen Zukunftsoptionen ins Bewußtsein zu rücken«[103].
Weil die Unterrichtenden »gar nicht in der Lage sind, aus der Situation der Gutsituierten und Außenstehenden heraus die Person des Schülers in erschwerter Lebenslage, dessen biographisches Gewordensein … zu verstehen«[104], brauchen sie ein hohes Maß an

Sensibilität und Solidarität mit den Schüler/innen. Nur so können sie deren Lebenswelt nicht als nur minderwertig, sondern auch als lebenswert und sinnvoll deuten. In einem beteiligtenorientierten Unterricht ergeben sich Lernchancen für beide Seiten:

> »Der Lehrer und Erzieher muß den Faden beim Schüler aufnehmen, um ihn dann gemeinsam mit ihm so weiterzuspinnen, daß beiden keine Möglichkeit verbaut wird, früher oder später über den eigenen kulturellen Standort hinauszuwachsen«[105].

Mit einer ähnlichen Zielsetzung fordert Gottfried G. Hiller die Konstituierung einer Jugendschule, die auf die Ermöglichung von Lebensperspektiven für Menschen mit geringem Einkommen und anderem sozialen Umfeld spezialisiert ist. Sie soll bewusst ein »Bildungskonzept für Kinder und Jugendliche der unteren Statusgruppen« verfolgen. Weil die Schüler/innen in der Regel nicht durch ihre Familien in bürgerliche Grundformen einer erfolgreichen Lebensbewältigung eingeführt sind, werden sie

> »in der Regel häufiger mit Institutionen öffentlicher Kontrolle, Beratung, Hilfe und sozialer Fürsorge in Zwangskontakt kommen, ... ihr künftiges Leben auf einer wirtschaftlich schmalen Basis führen müssen, ... mit dem auf Dauer gestellten Vorwurf leben müssen, selbst an ihrer Lage schuld zu sein ... und aufgrund ihrer geringen sozialen Attraktivität auch auf dem Gebiet der privaten Beziehungen nur sehr eingeschränkte Chancen haben«[106].

Schule soll zur Lebensbefähigung beitragen, nicht nur Lernhilfe, sondern Lebenshilfe anbieten[107]. Die beschränkten und benachteiligenden Lebensbedingungen, die subkulturellen Milieus können von ihren Mitgliedern nur wenig verändert und selten verlassen werden. Darum müssen sie befähigt werden, in diesen Strukturen zu leben, soziale Netze zu knüpfen, sodass sie eine gesicherte und sinnvolle Existenz erleben können. Hiller erwartet nicht, dass die Schüler/innen der Schule für Lernbehinderte wirklich gleichwertig an der Gesellschaft teilhaben können. Schule hat deshalb die Aufgabe, die Schüler/innen für diese erwartete Zukunft zuzurüsten, sie vor Resignation und Perspektivlosigkeit zu bewahren.
Das kann seiner Meinung nach nur gelingen, wenn sich die Unterrichtenden auch fragen,

»woraus unsere Schüler den Lebensmut schöpfen, wie sie die Kraft erwerben, all dem standzuhalten, was sie begrenzt und belastet? Wissen wir, wie ihnen die Widerstandsfähigkeit, Zähigkeit und Gelassenheit zuwachsen, die sie befähigen, ihr Leben zu ertragen, es anzunehmen und sich nicht aufzugeben«[108]?

An die Formen der Lebensbewältigung, die die Schüler/innen entwickelt haben, soll Unterricht anknüpfen. Ihre vorhandenen Bewältigungsformen von Leid und Grenzerfahrungen sind zunächst einmal zuzulassen und zu akzeptieren, vielleicht sind sie in der Lebenssituation der Schüler/innen sogar sinnvoller als das, was Lehrende anzubieten haben. Auf dieser Grundlage kann Unterricht zur Stärkung der Person der Schüler/innen beitragen. Es liegt auf der Hand, dass ein solch umfassender Ansatz nicht auf den Bereich der Schule beschränkt bleiben kann. Das pädagogische Konzept muss schon mit der Frühförderung beginnen[109] und sich über die Schule hinaus zu einer familienbegleitenden Unterstützung durch offizielle aber auch private Kontakte (z. B. in Kirchengemeinden) ausweiten. Auch das Konzept von Unterricht, das der gegenwärtigen Regelschule zugrunde liegt, ist im Interesse aller Schüler/innen zu humanisieren.

3. Nach dem Leben fragen, oder: Religion in der Schule für Lernbehinderte

Was kann und soll in diesem Kontext nun der spezifische Beitrag des Religionsunterrichts sein? Ich will dies im Hinblick auf die Schüler/innen und im Blick auf die Schule hier andeuten und dann im weiteren Verlauf des Buches ausführen.

Auf dem Hintergrund ihrer Lebenserfahrungen stellen Kinder und Jugendliche der Schule für Lernbehinderte Fragen nach dem Wert und der Bedeutung ihres Lebens und nach Möglichkeiten des Zusammenlebens. Sie fragen nach dem Sinn – auf eine ganz persönliche und existentielle Weise. Religionslehrer/innen nennen folgende Themen und Fragestellungen, die ihnen im Unterricht von den Schüler/innen gestellt werden:

»Was ist nach dem Tod? Wir als Sonderschüler/innen – Probleme mit den Eltern – Freunde und Partner – Gemeinsames Leben – Soziale Situation der Schüler/innen – Wer ist Gott – Woher kommt das Leben? Zusammenleben mit Ausländern – Gerechtigkeit und Leistung – Abtreibung – Sinn des Lebens«[110].

Und sie bringen in diese Fragen ihre ganz persönlichen Erfahrungen mit ein. Auf die Frage eines Interviewers: »Kann der liebe Gott einem helfen?« antwortet ein 13-jähriges Mädchen: »Er hilft nicht, weil er sich um die anderen Menschen kümmern muß. Wenn *man* betet, hilft er. Wenn *ich* bete, hilft er nicht«[111].

Eine andere Schülerin drückt ihre persönlichen Verletzungen aus: »Bis ich im 4.Schuljahr zweimal sitzengeblieben bin, von da an habe ich meinen Glauben verloren, weil ich jeden Tag dreimal gebetet habe und gebittet, daß ich nicht sitzenbleiben möchte, und trotzdem trat es ein, daß ich wieder zurückgesetzt wurde«[112].

Ein Mädchen drückt seine Sehnsucht nach Leben aus: »Ich wünschte es gäbe Gott – aber es gibt ihn nicht. Leider. ... An den Teufel, an den glaube ich. Ich kann gar nicht anders. Dass es den gibt, das weiß ich einfach – der ist in mir drin, in meinen Träumen, in meiner Angst – überall. Aber Gott – ich weiß nicht, wo Gott ist«[113].

Diese Äußerungen von Schüler/innen zeigen:

THESE Heranwachsende junge Menschen brauchen in der Schule einen Raum und Möglichkeiten, ihre Sehnsucht und ihre Hoffnungslosigkeit, ihre Zukunftsangst und ihre Träume, ihre Versagenserfahrungen und ihre Wünsche nach Anerkennung auszudrücken. Sie brauchen jemand, der ihnen dabei zuhört und sie zu Wort kommen lässt.

Religionsunterricht kann solch einen Freiraum bieten, der Religionslehrer kann ein solcher Zuhörer sein. Die Schüler/innen brauchen darüber hinaus auch das Angebot einer gemeinsamen Suche nach Antworten auf ihr Fragen nach dem Sinn in aller erfahrenen Sinnlosigkeit. Religionsunterricht hat die Aufgabe, die Fragen der jungen Menschen zu hören, sie aufzunehmen und ihnen Angebote zu machen, die sie in der häuslichen Umgebung oder von gesellschaftlichen Meinungsmachern nicht hören. So wird er zur Ich-Stärkung beitragen, das Gefühl des Angenommenseins vermitteln. Er wird dem einzelnen Schüler die Erfahrung seines persönlichen Wertes und seiner individuellen Bedeutung vermitteln. Und er wird anregen, Formen friedlichen und toleranten und verstehenden Miteinanders zu suchen und miteinander zu erproben. Dies kann nur in einem gemeinsamen Prozess geschehen, in dem die Unterrichtenden mit ihren Kompetenzen und Kenntnissen, aber auch mit ihren Zweifeln und Fragen den jungen Menschen zur Seite stehen. Es gibt hier keine fertigen Antworten, die es lediglich zu vermitteln gelte. Vielmehr wird es wichtig sein, die erworbenen Bewältigungsformen und Deutesysteme der jungen Menschen zuzulassen und zu akzeptieren. Dazu gehört auch, ihre Sehnsucht nach Sinn und die Versuche eigener Antworten zuzulassen:

»Der Teufel kann Scheiß bauen, Gott kann nur lieben, nur Menschen können alles: Scheiße und Liebe«[114].

In dem Maße, wie Religionsunterricht auf die Schüler/innen und ihre Fragen nach dem Leben eingeht, wird er für die Schule als »Bildungsanstalt« an Bedeutung gewinnen. Schule versteht sich ja heute mehr und mehr als Lebens-, Lern- und Handlungsraum, in dem das Miteinander der Lernenden auf den unterschiedlichsten Gebieten zu einer pädagogischen Aufgabe wird. In diesem Zusammenhang gewinnen Stichworte wie Differenzierung und Individualisierung, Berücksichtigung individueller Voraussetzungen der Lernenden, Motivieren, ermutigen und aktivieren, Anknüpfen an die Lebenswirklichkeit, Lernen in Handlungssituationen und Elemente der Rhythmisierung, Feste, Feiern, Regeln und Rituale pädagogische und konzeptionelle Relevanz. Der pädagogische Ansatz, der hinter diesen Stichworten zu erkennen ist, richtet sich auf den ganzen Menschen in seiner je konkreten und individuellen Lebenssituation. Es geht nicht in erster Linie um die Vermittlung von Kulturtechniken, sondern um Hilfe zur Identitätsfindung, um die Fähigkeit, das eigenen Leben zu gestalten, das Zusammenleben mit anderen zu lernen und Verantwortung für sich selbst und die Welt zu übernehmen.

So wird z.B. in den Richtlinien für Unterricht und Erziehung in der Schule für Lernhilfe in Hessen formuliert: Schule »soll in allen wesentlichen Kulturbereichen zur allseitigen Persönlichkeitsentwicklung beitragen, ... eine Grundhaltung ... entfalten, die von Solidarität, Hilfsbereitschaft, Rücksichtnahme und der gegenseitigen Achtung getragen wird«[115]. Die Forderung nach Sinn- und Zielorientierung des Unterrichts wird folgendermaßen ausgeführt und begründet: »Die Würde der Person, Wahrhaftigkeit, Verständnisbereitschaft, Toleranz, Verantwortungsbewusstsein, Rücksichtnahme, politische Beteiligung und Solidarität sind für menschliche Lebensführung bedeutsam«[116].

Ein so umfassendes Verständnis von Allgemeinbildung, wie es sich in diesem Schulauftrag spiegelt, ist nun aber ohne die religiöse Dimension des menschlichen Existenz schlechterdings nicht zu denken – es bliebe in einem wesentlichen Teil unvollständig. Darum darf die Bedeutung des Religionsunterrichts für den Bildungs- und Erziehungsauftrag der Schule nicht unterschätzt werden.

THESE Wesentliche Grundfragen der Pädagogik haben eine vielleicht vergessene religiöse Dimension, nämlich »die Frage nach dem Ganzen«, genauer die »Frage nach dem ›Woher‹ und ›Wohin‹« und die »Frage nach dem Sinn des Ganzen«; die »Frage nach der Gerechtigkeit«, die »Frage nach mir selbst und nach meiner Identität« und »die Frage nach dem anderen, und zwar dem anderen mit seiner Religion«[117].

Religionsunterricht nimmt diese grundlegenden Fragen der Schüler/innen nach ihrer Person, ihrem Wert und nach dem Umgang mit anderen Menschen auf und stellt sie in den Rahmen eines biblisch-christlichen Deutungshorizontes. So hält er Angebote zur Bewältigung und Deutung alltäglicher Erfahrungen bereit. Drei Grundlinien der Deutung sollen hier angedeutet und später entfaltet werden[118]:

> Von Anfang an sagt die Bibel vom Menschen, dass er /sie bestimmt ist zur Entsprechung Gottes und damit auch zur Partnerschaft mit dem anderen Menschen. Martin Buber hat dies unübertrefflich ausgedrückt, wenn er sagt: »Der Mensch wird am Du zum Ich«[119] und seinen Satz durch die Verbundenheit des Menschen mit Gott begründet. Als Ebenbild Gottes sind alle Menschen gleich wichtig und gleichwertig. Religionsunterricht trägt dazu bei, dass sich der einzelne als wertvoll und bedeutsam erkennt und annimmt und mit anderen Menschen und mit Gott in Beziehung treten kann.
>
> Diese in der Bibel vorausgesetzte unbedingte Gleichwertigkeit von Menschen kann als kritischer Maßstab zur Beurteilung und Bewertung von Wirklichkeit verstanden werden. Situationen und Herrschaftsverhältnisse, die Menschen im religiösen und sozialen Leben ausgrenzen, sind in Frage zu stellen. Religionsunterricht trägt also dazu bei, die eigene Situation und die anderer Menschen wahrzunehmen und Erfahrungen von ausgeübter und erlittener Herrschaft zu benennen und zu verändern.

> Das Neue Testament zeigt Jesus als den Menschen, der Ausgrenzungen überwindet und sich dabei ganz besonders gesellschaftlichen und religiösen Randgruppen zuwendet. Mit seinem Leben beruft Jesus sich auf Gott, dessen neues Reich er ankündigt und exemplarisch lebt und erleben lässt. Die christliche Gemeinde hat diesen Impuls aufgenommen und in der Nachfolge Christi ein Zusammenleben angestrebt, in dem Unterschiede zwischen Menschen keine trennende Funktion mehr haben. Die Hoffnung auf Gottes Zukunft ermöglicht dabei, die gegenwärtige Realität zu überschreiten und von dieser Zukunft her zu gestalten.

Bedeutung und Aufgabe des Religionsunterrichts an der Schule für Lernbehinderte und ihre Schüler/innen ist es also, die Frage nach dem Wert der eigenen Person unabhängig von gesellschaftlichen Normen zu thematisieren. Von der Vision eines »neuen« Lebens her trägt er dazu bei, das gemeinsame Leben als Miteinander von Verschiedenen[120] zu gestalten und zu verändern. Gesellschaftlich zugeschriebene und persönlich erlittene Einschränkungen des Lebens werden ausgesprochen und beklagt, Veränderung und Wachstum angeregt. So wird der Religionsunterricht in der Schule für Lernbehinderte zum Anwalt für das Leben. In diesem Sinne hat er eine ›besondere‹ Bedeutung. Sie besteht nicht darin, dass der Religionsunterricht an der ›Sonder‹schule ist und darum auch zum ›Sonder‹unterricht wird. Vielmehr ist es allein die ›Besonderheit‹, die jeder einzelne Mensch von Gott als dessen Ebenbild zugesprochen bekommt. Schüler/innen der Schule für Lernbehinderte sollen diese Besonderheit im Religionsunterricht erleben und erfahren können – wo sonst?

Lern-Behinderungen und die Suche nach einer Konzeption des Religionsunterrichts

Seit ihren Anfängen wurde an der Schule für Lernbehinderte immer auch Religion unterrichtet. Das Fach stand und steht in Beziehung zum gesamten Unterricht, zur Schule und den Schüler/innen. Wie diese Beziehungen von Religionspädagogen wahrgenommen und welche Konsequenzen daraus für den Unterricht gezogen werden, hängt von verschiedenen Faktoren ab. Die Geschichte des Religionsunterrichts in der öffentlichen Schule insgesamt wirkt sich ebenso aus wie Entwicklungen der Sonderpädagogik, wie sie im vorigen Abschnitt deutlich geworden sind.
In diesem Kapitel sollen nun einige Versuche von Religionspädagogen nachgezeichnet werden, eine Konzeption für den Religionsunterricht an der Schule für Lernbehinderte zu entwickeln. Ich verzichte dabei aber auf eine Gesamtdarstellung und beschränke mich vornehmlich auf jene Versuche aus der jüngeren Vergangenheit und der augenblicklichen Diskussion, die gegenwärtig mehr oder weniger das Gespräch bestimmen.

INFO Mit dem detaillierten Forschungsbericht von Günter Ruddat »Religionsunterricht in der Hilfsschule von den Anfängen bis 1945« liegt eine sorgfältige historische Rekonstruktion für diesen Zeitraum vor. Ruddat zeichnet die Versuche christlich-religiöser Erziehung in der Geschichte der Hilfsschule anschaulich und umfassend nach:

- Die »katechetischen Motive« des evangelischen Rettungswerks von Christian Palmer erscheinen als Wegbereiter der Hilfsschule. In Heinrich Kielhorns erstem Lehrplan für die Hilfsschule wird dann als Ziel der Schule formuliert, die Kinder zu religiösen und sittlichen Menschen zu bilden und sie dahin zu führen, »daß sie ihren himmlischen Vater empfinden, lieben und erkennen lernen – und daß sie die Brüder auf der Erde lieben«[121].

- Für die weitere Entwicklung weist Ruddat nach, dass im Blick auf Religionspädagogik und Theologie hilfsschulbezogene Reflexionen eine Ausnahme sind und bleiben. So wird im protestantischen Bereich die Frage nach einer »speziellen heilpädagogischen Ausbildung der Theologen bzw. nach einer speziellen religionspädagogischen Ausbildung der Hilfsschullehrer nicht gestellt«[122].

- In der Zeit des »Dritten Reiches« zog sich die Religionspädagogik überwiegend aus der Schule zurück, der kirchliche Unterricht, besonders der Konfirmandenunterricht wurde entsprechend ausgeweitet. Im schulischen Unterricht werden die Pläne und Ziele den nationalsozialistischen Grundsätzen entsprechend formuliert und praktiziert[123]. Ein nennenswerter Widerstand lässt sich jedenfalls anhand der schriftlichen Quellenlage nicht dokumentieren.

Der Blick auf die vorhandene Literatur der letzten 25 Jahre zum Religionsunterricht an der Schule für Lernbehinderte bestätigt zunächst die im ersten Kapitel beschriebene Situation: Religionsunterricht an Sonderschulen ist eher ein Stiefkind der Religionspädagogik. Es gibt nur wenig Veröffentlichungen zu dieser Thematik, über Religionsunterricht mit Behinderten wurde und wird eher »am Rande« nachgedacht. Von den wenigen Arbeiten beziehen sich längst nicht alle auf die Schule für Lernbehinderte. Die meisten haben mehr oder weniger allgemein Religionsunterricht bei, mit oder für »Behinderte« im Blick.
Entsprechend findet ein großer Teil der Diskussion in Aufsätzen statt, die häufig als Praxis-Berichte aus dem Unterricht oder als praktische Tipps für Lehrer/innen formuliert sind. Grundsätzliche systematische Arbeiten zu einer sonderpädagogisch und religionspädagogisch begründeten Konzeption sind eher eine Ausnahme.
Dennoch können zwei Bezugsgrößen festgestellt werden, an denen sich die vorhandenen Arbeiten orientieren. Einmal lassen sich konzeptionellen Positionen der allgemeinen Religionspädagogik in den Überlegungen entdecken. Teilweise werden diese allgemeinen Konzepte auch ausdrücklich auf die besondere Situation der Schule für Lernbehinderte bezogen und spezialisiert. Zum anderen finden sich Einflüsse der Sonderpädagogik und der gerade vorherrschenden Beschreibung des Phänomens Lernbehinderung. Zwischen diesen beiden Bezugsgrößen wird mehr oder weniger stark versucht, ein eigenes Profil des Religionsunterrichts an der Schule für Lernbehinderte zu formulieren.
Im Folgenden sollen nun die vorhandenen Konzeptionen dargestellt werden. Ich beginne mit einigen Hinweisen auf Veröffentlichungen,

die man dem Konzept der »Evangelischen Unterweisung« zuordnen kann. Im zweiten Abschnitt werden die Versuche dargestellt, die auf der Grundlage eines »emanzipatorischen« Religionsunterrichts der Definition von Lernbehinderung als »soziokulturelle Benachteiligung« entsprechen wollen und in einem dritten Block kommen neuere Versuche in den Blick, die einen mehr oder weniger individualisierten Ansatz von Lernbehinderung vertreten.
Das Ziel der Darstellung ist es, Hinweise darauf zu gewinnen, wie heute Religionsunterricht an der Schule für Lernbehinderte zu konzipieren ist.

»Ein echtes Missionsfeld«, oder: Der Ansatz der Evangelischen Unterweisung

---

INFO Die Konzeption der Evangelischen Unterweisung ist nach dem zweiten Weltkrieg zu einer maßgeblichen Größe in der Diskussion um religionspädagogische Konzeptionen geworden. Sie ist schwerpunktmäßig mit dem Namen Helmut Kittel verbunden[124]. Sein programmatischer Ruf »Nie wieder Religionsunterricht« stellt die Aufgabe der Evangelischen Unterweisung ganz in den Dienst der »Sache« des Evangeliums. »Wenn unsere Evangelische Unterweisung in der Schule das nicht leistet, dass sie die Kinder sachgemäß mit der Bibel umgehen lehrt, ist sie verfehlt, und mag sie noch so interessant und lebendig sein«[125].

Religionsunterricht an der Schule für Lernbehinderte, der diesem Ansatz folgt, stellt ebenfalls die »Sache« in den Vordergrund. Er soll »grundsätzlich an den Inhalten der Bibel festhalten und an den von der Kirchengemeinschaft gesetzten Maßstäben orientiert sein«[126]. Die Schüler/innen kommen als Adressaten dieser Inhalte in den Blick und werden aus dieser Perspektive wahrgenommen. So schreibt der Religionspädagoge Gilbert Lange:

> »Ein erheblicher Teil lernbehinderter Schüler entstammt einem Sozialmilieu, das echtes Missionsfeld ist, weil diese Menschen Christus nicht kennenlernten, so wie wir ihn von Kind auf lieb und vertraut gemacht bekamen«. Der Lehrer muss also wie ein echter Missionar »die Sprache

seines Missionsgebietes ... eingehend studieren«, damit er »seine« Sache übermitteln kann[127].

Hans-Peter Schmidt versucht, den beiden Bezugsgrößen Sonderpädagogik und Religionspädagogik jeweils unterschiedliche Aufgabengebiete zuzuweisen. Er unterscheidet das »natürliche Wesen« des Behinderten von dessen »übernatürliche(m) Existential«[128]. Dem ersteren wendet sich die Sonderpädagogik zu, der zweite Bereich aber steht der Religionspädagogik offen. Als Ziel des Religionsunterrichts kann er formulieren:

> »Der Lernbehinderte ist Schritt für Schritt, Stufe für Stufe unter ständiger Beachtung *seiner* Persönlichkeit, Behinderung und Glaubens- und Lebensrealität zu einem lernbehinderten- und sachgemäßen Verständnis und freiwilligen Annehmen der frohen Botschaft zu führen, zu der Botschaft: ich bin Mensch *wie jeder* Mensch! Ich bin Sünder, wie jeder Mensch sündig ist, ich bin zu retten, wie jeder zu retten ist durch Jesu Tod, Auferstehung und Gnade«[129]!

Insgesamt scheint der Ansatz der »Evangelischen Unterweisung« an der Schule für Lernbehinderte länger zu wirken, als dies an Regelschulen der Fall war. Zwar ist man in der Literatur inzwischen weitgehend von diesem Konzept abgerückt. Eine von Siegfried Klöpfer im Jahr 1980 durchgeführte Befragung bei Lehrer/innen lässt allerdings erkennen, dass der tatsächliche Unterricht noch stärker von dem Ansatz geprägt ist, als Veröffentlichungen es nahe legen[130]. Auch die Untersuchung von Hindriksen aus dem Jahre 1986 bestätigt die Vermutung[131]. Anna Katharina Szagun stellt fest, »daß für Sonderschulen eher die Konzeption der Evangelischen Unterweisung das Einbringen der biblischen Botschaft strukturiert, als ein Denken vom Problemorientierten Ansatz her« und vermutet, »der Verzicht ... geschieht offenbar aus Gründen der Berücksichtigung des niedrigeren Intelligenz- und Sprachniveaus der meisten Sonderschüler«[132]. Es kann deshalb angenommen werden, dass sich Ansätze der Evangelischen Unterweisung und des verkündigenden Unterrichts in der Schule für Lernbehinderte bis in die Gegenwart einiger Beliebtheit erfreuen.
Dennoch haben seit Mitte der 70er Jahre die pädagogische Diskussion um Problem- und Schülerorientierung des Unterrichts, die Bestimmung von Zielen und die Orientierung an einem Curriculum

auch Eingang in Veröffentlichungen zum Religionsunterricht an Sonderschulen gefunden. Mit dem Ruf nach einer curricularen Begründung[133] wird nun auch die Forderung laut, die spezifische Lebenssituation der Schüler/innen zu berücksichtigen: Religionsunterricht soll Hilfe zur Lebensbewältigung anbieten. Dabei werden zwei unterschiedliche Wege beschritten, die im Folgenden dargelegt werden sollen.

»Öffentliche Proklamation des Heils«, oder: Der emanzipatorische Ansatz

1. Soziokulturelle Benachteiligung, oder: Religion im Lebenszusammenhang

Ernst Begemann ist einer der wenigen Sonderpädagogen, die sich auch intensiv mit religionspädagogischen Fragestellungen beschäftigt haben[134]. Ihm vor allem ist es zu verdanken, dass die Frage der »soziokulturellen Benachteiligung« auch in die Diskussion um den Religionsunterricht an der Schule für Lernbehinderte Einzug gehalten hat. Die gesellschaftliche Randposition der Schüler/innen und die Aufgabe der Befreiung aus einengenden Strukturen rücken in den Vordergrund. Dementsprechend werden einschränkende Lebensumstände, das geringe Selbstvertrauen und die Unselbständigkeit des einzelnen Schülers nicht mehr als seine individuellen Defizite oder Mängel beschrieben. Als ihre Ursache wird vielmehr die Tatsache gesehen, dass die Familien lernbehinderter Kinder zu den sozialen Randgruppen unseres Landes gehören.

> »Wenn der RU nicht nur dogmatisch richtig, sondern den Menschen heute ihre Wahrheit hörbar zusagen will, wenn er Hilfe zu einem befreiten und verantwortlichen Leben in der gegenwärtigen Gesellschaft leisten soll .., dann muß er mit seinen Aussagen die Schüler in ihrem individuellen, familiären und gesellschaftlichen Sein erreichen, dann muß er bezogen sein auf ihre positiven und negativen *sozio-kulturellen Lebensbedingungen*«[135].

Diese Existenzbedingungen sind der Ausgangspunkt für die Unterrichtsplanung, von ihnen her werden Ziele und Aufgaben des Religionsunterrichts gewonnen. Dabei kommt es Begemann wesentlich auf den »Lebenszusammenhang« an, in den der Unterricht eingebettet ist. In diese besondere Lebenswirklichkeit der Schüler hinein hat Religionsunterricht drei wesentliche Aufgaben zu erfüllen: Er bietet eine fundamentale religiöse Erschließung, leistet Hilfe bei der Erschließung der Zeugnisse des christlichen Glaubens und Lebens und hilft zu einem befreiten und verantwortlichen Leben in der gegenwärtigen Gesellschaft, das am christlichen Glauben orientiert ist[136].

In der Rückschau lässt sich fragen, ob Begemann den (gesellschafts-) kritischen und befreienden Impuls des christlichen Glaubens für den Religionsunterricht in der Sonderschule genügend in Anspruch genommen hat. Dies versuchen in den 80er Jahren unter Berufung auf Begemann eine ganze Reihe von Autoren in kleineren und größeren Abhandlungen. Man kann sie unter dem Stichwort »emanzipatorischer Religionsunterricht« zusammenfassen.

INFO Dieser Ansatz lässt sich auf die Konzeption der »Ideologiekritischen Didaktik« beziehen, die in den 70er Jahren vor allem von Gert Otto und Siegfried Vierzig vertreten wurde[137]. Religionssoziologische Erkenntnisse und theologische Grundsätze aus der politischen Theologie hatten auf die Wechselwirkung zwischen Religion und Gesellschaft aufmerksam gemacht. Religion hat eine soziale Funktion, die durchaus ambivalent zu sehen ist: sie kann bestehende Herrschaftsstrukturen kritisieren und aufheben, aber sie kann auch zur Stabilisierung bestehender Verhältnisse und unterdrückender Strukturen beitragen; der einzelne Mensch kann sich mit Hilfe der Religion emanzipieren, oder von ihr zur »Passung« gebracht werden. Grundlegende Aufgabe des Religionsunterrichts ist es nach dieser Konzeption, die eigene Tradition ideologiekritisch zu befragen und durch Betonung der emanzipatorischen Elemente der Religion den Schüler/innen zu helfen, ihr individuelles und gesellschaftliches Leben selbstbestimmt zu gestalten. Damit bekommen die Schüler/innen und ihre Lebenspraxis Vorrang vor einem an der »Sache« orientierten Stoffplan.

---

2. Die Freiheitspraxis der Bibel betonen, oder: Religion für Außenseiter

Für den Religionsunterricht an der Schule für Lernbehinderte hat Ulrich Wilken schon im Jahr 1972 gefordert »die in eine Außenseiterposition gedrängten Heranwachsenden ... aus ihrer personalen Degradierung und sozialen Diffamierung herauszuführen, um sie in das Bezugssystem unserer Gesellschaft zu integrieren«[138]. Die religiöse Unterweisung hat

> »eine wesentlich sozialtherapeutische Funktion, indem sie ... dem Behinderten Jesus als Identifikationsfigur, als Garant seines Rechts auf Leben ... verkündigt«[139].

Damit die Schüler/innen diese Relevanz des christlichen Glaubens für ihre Lebenswirklichkeit erkennen können, muss ihre alltägliche Lebens- und Erfahrenswelt im Unterricht berücksichtigt werden.
Wolfgang Schneider propagiert einen kritischen Religionsunterricht, der über das Christentum hinaus »zu anderen Angeboten der Existenzgestaltung« erweitert ist. Er fragt nach den konkreten Existenzbedingungen Benachteiligter und »versucht, repressive Machtstrukturen in Frage zu stellen«[140]. Das Stichwort Emanzipation legt eine fächerübergreifende Zusammenarbeit nahe.
Wilhelm Pfeffer fordert, die soziokulturellen Lebensbedingungen der Schülerinnen und ihrer Familien

> »mit der christlichen Befreiungsbotschaft in Beziehung zu bringen, sie als Ort der Fremdbestimmung und der Zwänge zu erweisen und an der Freiheitspraxis der Bibel erste Handlungsmöglichkeiten zu gewinnen oder das Unabänderliche erträglich zu machen im Horizont der durch die christliche Eschatologie begründeten Hoffnung«[141].

Es kommt Pfeffer besonders darauf an, biblische Texte und die Lebenswirklichkeit der Schüler/innen miteinander in Verbindung zu bringen. Gerade von diesen Texten gehen ja befreiende, gesellschafts- und kirchenkritische Impulse aus. Sie sind darum nicht als bloße Tradition mißzuverstehen, sondern als »öffentliche Proklamation des Heils«, anzusehen, die »durch ihren gesellschaftsbezogenen eschatologischen Anspruch unsere gesellschaftliche Wirklichkeit erschließen«[142]. Texte der Bibel ermöglichen es, die Situation lernbe-

hinderter Menschen darzustellen, ihre gesellschaftliche Bedingtheit zur Sprache zu bringen und gleichzeitig die Perspektive einer anderen Wirklichkeit aufzuzeigen.
Nach einer sorgfältigen Auseinandersetzung mit der sonderpädagogischen Diskussion kommt Leony Peine 1978 zu dem Ergebnis, dass »jede pädagogische Bemühung um die Probleme der Lernbehinderten, die nicht zugleich den gesellschaftspolitischen und ökonomischen Kontext im Blick hat und daraus Konsequenzen zieht, sich wie eine pädagogische Illusion ausnimmt, die an der Situation der Betroffenen, für die sie sich einsetzen will, wenig oder gar nichts ändern wird«[143]. Das gilt auch und besonders für den Religionsunterricht, dessen wesentliche Aufgabe es ist, den Schüler Selbstvertrauen und Ich-Stärke zu vermitteln und ihn

> »herauszuholen aus dem Fixiertsein auf seinen Defekt, auf den ihn seine Umwelt ständig aufmerksam macht«. Darum müssen die Themen christlicher Tradition einbezogen werden in »die Existenz des ›ich doofer Sonderschüler‹ hinein«[144].

Wie Tradition und Situation zusammenpassen, kann nicht durch vorentscheidende Auswahl der Lehrer/innen oder durch vorwissende Unterrichtsplanung herausgefunden werden. Dazu braucht es Phantasie, vor allem aber: »der RU-Lehrer sollte sich provozieren lassen, sich in die Rolle des Lernenden zu versetzen«[145]. Er ist zum Dialog mit den Schüler/innen herausgefordert. Dialog geschieht da, wo die Schüler/innen im Unterricht nicht als Objekte angesehen werden. Die Unterrichtenden stellen sich vielmehr auf die Gesamtsituation der Schülerinnen ein und konzentrieren sich auf deren Fähigkeiten und Talente. Dazu gehört auch, dass die generativ gefundenen Themen, erfahrungsbezogen und erlebbar behandelt werden, und reale Schritte zum Aufsprengen der Isolation und zur Solidarisierung angeregt und ausprobiert werden. Eine Beschränkung auf den kognitiven Bereich ist für diesen Unterricht nicht möglich.

3. Hilfe gegen Aussonderung, oder: Gemeinsamer Religionsunterricht

Diesen Ansatz Peines greift Jürgen Heumann im Jahr 1982 wieder auf und führt ihn grundsätzlich weiter. Er bezieht sich auf die gewachsene Kritik am Begriff »Lernbehinderung« und am System Sonderschule und fordert ein »integriertes System von Schule … (verstanden als ein *gemeinsamer Lebens- Arbeits-* und *Lernraum* aller Kinder und Jugendlichen)«[146]. Religionsunterricht soll dazu beitragen, dass die Schüler/innen schultypübergreifend zusammenarbeiten können. Wenn der Lebensvollzug von Kindern und Erwachsenen in den Unterricht aufgenommen werden soll, ist projektorientiertes, integratives Arbeiten erforderlich. Fächerübergreifende Kooperation wird angeregt, gestalterische, kreative und körperorientierte Ausdrucksformen gewinnen Priorität. Lenkt man nun von der Sonderschule ausgehend den Blick auf das gesamte System Schule, so zeigt sich:

> »der RU in der Hauptschule oder Gymnasium ist von einer solchen Warte aus als ebenso defizitär einzustufen wie der RU an Sonderschulen. … Es ist … zu fragen … was an der Pädagogik, die wir treiben defekt und nicht in Ordnung ist«. So wird es in Zukunft »nicht mehr um das Problem der ›Aussonderung‹ gehen können, sondern darum, … ›menschenwürdige Lebenseinheiten herzustellen, in denen zugleich gelebt und gelernt werden kann«[147].

4. Nicht alles ist neu, oder: Inhalte bleiben, wenn sich Worte ändern

Die von Begemann eingeführte Terminologie findet sich allerdings auch bei einigen Autoren, ohne daß die geänderte Sprache auch zu einer Änderung der Inhalte führen muss. Als Beispiel sei Richard Rogge genannt. Im Jahr 1974 beschreibt er die Schüler/innen der Schule für Lernbehinderte mit Eigenschaften wie fehlendes Selbst-, Lebens- und Weltvertrauen, begrenztes Sprachverständnis, ungefördertes Abstraktionsvermögen und bedürfnisorientierte Einstellung[148]. Im Jahr 1983 fügt er unter Berufung auf Begemann eben dieser Beschreibung das Stichwort »Milieubruch« hinzu und weist auf die damit gegebene Ablehnung von Kirche und Glauben hin.

> »Religionsunterricht bei Lernbehinderten ist Unterricht unter erschwerten Bedingungen aufgrund erschwerter Voraussetzungen. … (er muß) um ›anzukommen‹, um seine biblischen Inhalte mit dem Leben der Schüler

in Beziehung bringen zu können, erst dafür die Voraussetzungen schaffen«[149].

An der Bewertung der Schülersituation und ihrer Bedeutung für den Unterricht hat sich durch den Wechsel in der Terminologie nichts geändert. Der festgestellte ›Milieubruch‹ wird im Wesentlichen als ein Hindernis gesehen, das es zur Kenntnis zu nehmen und zu berücksichtigen gilt, um »ausgewählte biblische Geschichten dem Schüler zu erschließen«[150].

5. Fazit, oder: Chancen und Grenzen des emanzipatorischen Ansatzes

Die hier dargestellten Ansätze zum Religionsunterricht an der Schule für Lernbehinderte nehmen insbesondere den kritischen, befreienden Impuls der biblischen Botschaft auf und beziehen ihn auf die Lebenssituation der Schüler/innen. Dadurch kommen vor allem die gesellschaftlichen Rahmenbedingungen und strukturellen Begrenzungen in den Blick, die mit dem Phänomen »Lernbehinderung« verbunden sind. Ermunterung zu Protest und Veränderung wird so zu einem wesentlichen Element des Religionsunterrichts.
Die Betonung der gesellschaftlichen Situation hat allerdings zur Folge, dass die Frage, wie die einzelnen Schüler/innen ihre jeweiligen Situation einschätzen, erleben und bewerten, z. T. nur am Rande bedacht wird. Es besteht die Gefahr, dass soziologische Erkenntnisse die Erforschung und Erfragung der aktuellen Schülersituation ersetzen und die individuelle Person in ihrem biografischen Kontext in den Hintergrund der Überlegungen rückt.
Die folgenden Ansätze stellen den einzelnen Schüler und die einzelne Schülerin stärker in den Mittelpunkt ihrer Überlegungen und gehen damit einen etwas anderen Weg der Orientierung an der Lebenswirklichkeit. Auch hier lassen sich durchaus unterschiedliche Akzente beobachten.

»Den Schüler abholen, wo er lebt«, oder: Sind Religionspädagogen ›lernbehindert‹?

1. Der Schüler ist das Unterscheidende, oder: Auswirkungen des Defizitansatzes

»Der Religionsunterricht weckt und reflektiert die Frage nach Gott, nach der Deutung der Welt, nach dem Sinn und Wert des Lebens und nach den Normen für das Handeln des Menschen und ermöglicht eine Antwort aus der Offenbarung und aus dem Glauben der Kirche.« Diese Zielstellung für Religionsunterricht wurde im Jahr 1974 von der gemeinsamen Synode der katholischen Bischöfe formuliert[151]. Der katholische Religionspädagoge Klaus Schilling bezieht sich in seinem Buch »Religionsunterricht mit Lernbehinderten« , das im Jahr 1983 erscheint, auf dieses Ziel. Er will Hilfestellung leisten, den Auftrag des Religionsunterrichts in dem besonderen Aufgabenfeld der Sonderschule zu erfüllen. Dabei folgt er dem Ansatz der Korrelationsdidaktik.

INFO Diese Konzeption hat sich, ausgehend von dem zitierten Synodenbeschluss, seit 1974 in der katholischen Religionspädagogik entwickelt und durchgesetzt. Grundlegend sind die Arbeiten von Georg Baudler. Es geht der Korrelationsdidaktik darum, die Distanz zwischen der Lebenswelt der Schüler/innen und der christlichen Religion zu überbrücken, die mit dem Traditionsabbruch der Moderne gegeben ist. Baudler versteht die »wechselseitige Verflechtung von überliefertem Glauben und gegenwärtiger Lebenssituation als Grundproblem religiösen Lernens«[152] und infolgedessen als Aufgabe der Religionspädagogik. Es geht also darum, den Schüler/innen die subjektive Aneignung der Glaubensüberlieferung zu ermöglichen, indem ihre Erfahrungen von den Glaubensaussagen her beschrieben werden und umgekehrt Glaube auf der Grundlage heutiger Erfahrungen formuliert wird. Glaube und Erfahrung sollen korrelieren, also in eine wechselseitige Beziehung treten.

Dem Ansatz entsprechend will Schilling die »Wechselbeziehung zwischen menschlicher Erfahrung und Botschaft des Glaubens«[153] zur Grundlage seiner Arbeit machen und fordert,

»... daß anzusetzen ist bei der Erfahrung, daß die Botschaft auf die Erfahrung hin zu vermitteln ist. Der Religionslehrer muß also den Schüler dort abholen, wo er lebt, und die Botschaft so formulieren, abstimmen, zuspitzen, daß der Schüler von ihr an seinem Standort getroffen wird«[154].

Grundsätzlich gibt es für Schilling in dieser Zielsetzung keine Unterschiede zwischen Regelschule und Sonderschule. Allerdings besteht für den Lehrer der Schule für Lernbehinderte eine besondere Schwierigkeit darin, dass sich die Schüler/innen dieser Schule der allgemeinen Zielbestimmung nicht so einfach öffnen. Darum muss der Unterrichtende wissen,

»wo die Grenzen seiner Schüler liegen, innerhalb derer er sie fordern kann«, denn »der Sonderschüler selbst ist es, der das Unterscheidende in der Zielsetzung von Regel- und Sonderschule darstellt«[155].

Es gilt also, diese Grenzen zu beschreiben. Dabei orientiert Schilling sich an der traditionellen Sonderpädagogik[156], die konkrete Beschreibung der Schüler/innen erwächst aus dem Vergleich mit einem »Regelschüler« oder einer »Normalsituation«. Auf diese Weise treten Defizite, Einschränkungen und Grenzen in den Vordergrund: die Besonderheiten der Schüler/innen bestehen in ihrer eingeschränkten Wahrnehmung und einer beschränkten Vorstellungsfähigkeit. Sie haben ein grobkörniges Weltbild, begrenzte kognitive Fähigkeiten und zeigen eine verzögerte und reduzierte Sprachentwicklung. Schwierigkeiten im Sozialverhalten, Beeinträchtigungen im Gefühlsbereich und besondere Probleme im Lernverhalten vervollständigen das Bild. Für Religionslehrer/innen an der Schule für Lernbehinderte bedeutet dies:

Wegen der »Motivationsbeeinträchtigungen« ist es schwierig, die Frage nach Gott »zu wecken«. Wegen der »Beschränkungen im intellektuellen Bereich« muss »eher über das gelebte Beispiel als über den rationalen Beweis Einsicht in die Notwendigkeit von Normen« vermittelt und »durch konkrete Lebensbilder erfahrbar« werden. Wegen der »soziokulturellen Benachteiligungen ... hat der Lehrer auch im gesamten Bereich des Moralischen wesentlich elementarer anzusetzen und *oft erst die Grundlage zu vermitteln«*[157].

Schilling spürt wohl selber, dass diese Beschreibung mit ihren Konsequenzen Unterrichtende und Schüler/innen auf die Defizite und

Mängel der Kinder festlegt, denn er hebt abschließend hervor: »Lernbehinderte und nichtbehinderte Menschen unterscheiden sich *lediglich graduell*, nicht wesentlich. Es bestehen weit mehr Gemeinsamkeiten als Unterschiede zwischen ihnen«[158]. Er will seine Darstellung auch nicht als »Abwertung« verstanden wissen und in keinem Fall den Lernbehinderten als »minderwertigen Menschen« erscheinen lassen. Wenn er allerdings die Tatsache, dass er zwar nicht auf die negativen Merkmale, wohl aber auf alle Beschreibungen der Fähigkeiten und positiven Möglichkeiten der Schüler/innen verzichtet, allein mit Platzgründen entschuldigt, scheinen die Appelle zur Gleichheit und Gleichwertigkeit lernbehinderter Menschen doch ein wenig fadenscheinig: »Natürlich könnte man auch positiv die Fähigkeiten der Lernbehinderten benennen. Dies würde jedoch eine weit umfangreichere Darstellung erforderlich machen«[159].
Die Besonderheiten der Sonderschüler/innen stellen sich für Schilling also in erster Linie als eine Fülle von Defiziten gegenüber einem angenommenen Bild von Regelschüler/innen dar. Es bleibt fraglich, ob der Autor bemerkt, welcher Widerspruch zwischen dieser Sicht und der Aufgabe des Religionsunterrichts besteht, die er wie folgt formuliert:

> »Christlicher Glaube ist das Angebot an den Menschen, sein Leben aus der Grundüberzeugung des Bejahtseins durch einen liebenden Gott zu gestalten … Zentrale Aufgabe des Religionslehrers muß es sein, den Schüler mit dieser Grundüberzeugung vertraut zu machen«[160].

Gesellschaftliche Aspekte der Lernbehinderung und erst recht systemische Zusammenhänge bleiben dementsprechend in Schillings Konzeption weitgehend unberücksichtigt. Ihm kommt das unbestrittene Verdienst zu, sich als einer der wenigen Religionspädagogen ausführlich mit der Frage nach dem Religionsunterricht an der Schule für Lernbehinderte auseinandergesetzt zu haben. Damit hat er den Versuch unternommen, Religionslehrer/innen eine Hilfestellung zu geben. Auch will er ausdrücklich zwischen religions- und sonderpädagogischen Fragestellungen vermitteln. Dennoch hält sein Ansatz sowohl sonderpädagogischer als auch religionspädagogischer Überprüfung nicht stand. Es fehlen ebenso Hinweise auf die befreienden Elemente der biblischen Botschaft, wie eine Reflexion der gesellschaftspolitischen Dimension des Phänomens »Lernbehinderung«.

Der einzelne Schüler oder die Schülerin kommen nur als Symptomträger, nicht aber als individuelle Personen und Subjekte des Unterrichts in den Blick.

2. Religionsunterricht im Konflikt, oder: Kritisch-kommunikativer Unterricht

Auch Roland Kollmann geht vom Ansatz der Korrelationsdidaktik aus und bezieht sich dafür auf den Synodenbeschluss der katholischen Bischofskonferenz[161]. Allerdings geht es ihm um eine »differenzierte Korrelation in sonderpädagogischer Hinsicht« zwischen den Inhalten der religiösen und kirchlichen Traditionen und der Schülersituation. Darum formuliert er als These:

> »Je konsequenter sich der RU auf die Korrelation der tradierten Inhalte mit den individuellen und sozialen Schülererfahrungen, den (sonder) pädagogischen Bedingungen und Wirkungen religiöser Lehr-Lern-Prozesse und den schulischen und gesellschaftlichen Ansprüchen einläßt, um so bedeutender wird für ihn und seine künftige Entwicklung eine konzeptionelle Struktur, die der kritisch-kommunikativen Didaktik des RU folgt«[162].

In dem Sammelband »Religionsunterricht unter erschwerenden Bedingungen« versucht er, eine behindertenorientierte Religionsdidaktik zu entwerfen. Schon in der Einleitung weist er darauf hin, dass die gesellschaftlichen Einstellungen zur Behinderung und damit die soziokulturellen Bedingungen eine wesentliche Rolle spielen und mit den anthropologischen und fachdidaktischen Bedingungen des Religionsunterrichts »ständig im Konflikt stehen«[163]. Einerseits trägt die Gesellschaft den Religionsunterricht an der Sonderschule, andererseits behindern vorherrschende Vorurteile gegenüber Behinderten und selektive Menschenbilder eben diesen Unterricht. Aufgabe des Religionsunterrichts muss es darum sein, gegenüber der Gesellschaft eine kritische und innovative Instanz darzustellen. Für die Schüler/innen und ihre Familien hat er eine elementare Kompensationsfunktion, hinter der die Vermittlung theologischer Inhalte häufig zurückstehen muss.
Die Lebenssituation der Schüler/innen nennt Kollmann »Lernausgangslage« und kennzeichnet sie als »Grenzerfahrung«:

> Lernbehinderte Schüler/innen »machen die Erfahrung, nicht aus ihrem Milieu herauszukommen. Häufig fühlen sie sich durch ihr Milieu erdrückt und zur Anpassung gezwungen … Sie erleben, bedingt durch organische Mängel oder Umweltbeeinträchtigungen ihre Unfähigkeit, auch nur das Geringste ändern zu können. Daraus ergibt sich Resignation, denn das Lernen kommt nicht in Gang«[164].

Der Unterrichtende kann darüber hinaus von einer »religiösen Erziehungsbedürftigkeit der Schüler mit Behinderungen«[165] ausgehen, die sich als Sehnsucht nach Angenommensein, als Bedürfnis nach begleitender Erziehung und nach religiösem Wissen zeigt.
Diese Lernausgangslage muss der Unterrichtende berücksichtigen. Erforderlich ist es, »sich diagnostisch auf die Wahrnehmungen der Schüler einzustellen, … sensibel zu sein für kindliche Betroffenheit und die Lebensdeutung von Kindern«[166]. Das Ziel ist, dass

> »dem Schüler der therapeutische *Wert* bestimmter religiöser Grundhaltungen für seine augenblickliche Konfliktverarbeitung und sein künftiges Leben bewußt wird«. Dazu müssen »religiöse Grundhaltungen« vermittelt werden, »die geeignet sind, Lernbehinderungen aufzuarbeiten bzw. Lernen im Sinne der Identitätsfindung zu fördern«[167].

Einer kommunikativen Didaktik, wie Kollmann sie für den Religionsunterricht an der Schule für Lernbehinderte darlegt, geht es um die soziale Beziehungsdimension zwischen Schüler/innen und Lehrer/innen. Die Entwicklung, Förderung oder Wiederherstellung kommunikativer Interaktionsfähigkeiten hat religiöse Relevanz. Soziales Lernen ist eng mit religiösen Lernprozessen verbunden. Darum lassen sich sonderpädagogische und religionspädagogische Sachkompetenz nicht voneinander trennen. Im engeren Sinne wird gefragt:

> »Welche Bedeutung haben biblische, dogmatische, ethische und moralische, kirchliche und allgemeinreligiöse Inhalte für die individuelle und soziale Persönlichkeitsentwicklung des Schülers? Zielbegründung und Sachanalyse, Methoden- und Medienwahl sind auf die Bedeutung hin zu treffen, die sie für die Kinder und ihre erhobene religiöse Erziehungsbedürftigkeit (emotionale, soziale und kognitive) haben«[168].

Lehrpläne und Unterrichtsmodelle treten also in ihrer Bedeutung hinter den aktuellen Zielen und Inhalten zurück, die eine konfliktverarbeitende und identitätsfördernde Wirkung haben. Es geht um die

Klärung von Gefühlen, um Bestätigung, Ermutigung, Halten und Stützen und um Grenzen-Setzen. Religiöse Grundhaltungen bilden sich aus, wenn Fähigkeiten entwickelt werden, die es ermöglichen, verloren gegangenen Sinn wiederfinden zu können.

> »In einer als sinnlos empfundenen Welt und belastet mit als sinnlos erscheinenden Verhaltensweisen und Hemmungen sind dem Schüler in erster Linie Fähigkeiten zu vermitteln, die Selbstvertrauen und Identitätsbildung, als eine Selbst-Bestätigung trotz aller Absurditäten für sinnvoll halten«[169].

Damit dies gelingen kann, muss Religionsunterricht bestimmte Kriterien beachten. Religiöse Motive oder Belehrungen sollen die Identitätsentwicklung unterstützen, Gott wird als unendlich Liebender gezeigt und im Handeln erfahrbar gemacht. Zu vermeiden ist jedes klischeehafte Reden, jede Weltfremdheit und Frömmelei oder Indoktrination. Vorbildhaft erscheint die »Didaktik« Jesu im Umgang mit behinderten Menschen:

> »Nur der RL, der sich wirklich auf Interaktionen mit den Schülern einläßt und dabei auch eigene Verhaltensänderungen und Selbstkritik zu erkennen gibt, wird bei den Schülern das nötige Vertrauen finden, das Voraussetzung ist für Verhaltensänderungen und religiöse Grundhaltungen«[170].

Für die Planung und Analyse des Religionsunterrichts muss der Religionslehrer die durch die jeweiligen Behinderungen gegebenen Störfaktoren durch »spezielle Diagnosen« kategorisieren und klassifizieren, »dabei muß das Interesse des RL darin liegen, den Hauptstörfaktor in Relation zu den anderen möglichst kennenzulernen, um sachgerecht und der Situation angemessen reagieren ... zu können«[171]. Damit aber rücken auch für Kollmann Aussagen über Fähigkeiten, Möglichkeiten und Kompetenzen (lern)behinderter Menschen in den Hintergrund, ihre Grenzsituation wird zum entscheidenden Faktor. Ob ein »diagnostischer« Zugriff auf die Schüler/innen einen wirklich partnerschaftlichen Dialog ermöglicht, oder nicht doch nur dazu dient, dass sich der Unterrichtende Wissen und damit pädagogische Verfügungsmöglichkeiten über die Schüler/innen verschafft, bleibt ebenfalls zu fragen. Die genaue Kenntnis der Lernausgangslage – wozu soll sie dienen?
Darüber hinaus wird bei Kollmann nicht ganz deutlich, welche Beziehung zwischen der therapeutisch-kommunikativen Aufgabe und

dem gesellschaftskritischen Auftrag des Religionsunterrichts besteht. Offen bleibt hier vor allem die Frage, wieweit den Betroffenen selber die Kritik an Gesellschaft und Kirchengemeinde[172] zugestanden und ermöglicht wird.

3. Der Schüler im Mittelpunkt, oder: Religion und Lebensgeschichte

Im Jahr 1988 stellt der Sonderpädagoge Dieter Fischer in einem Aufsatz das Konzept eines lebensgeschichtlich-orientierten Religionsunterricht vor. In dessen

> »Mittelpunkt ... steht der behinderte *Schüler,* der durch den Unterricht und Erziehung befähigt werden soll, Wege und Formen zu finden, an der Gestaltung seines Lebens eigenverantwortlich und selbstbestimmend mitzuwirken«[173].

Es geht Fischer um die einmalige, ganz persönliche Geschichte des Lebens jedes einzelnen Menschen, und damit auch um den Sinn dieses persönlichen Lebens. Das »Eingebundensein in biologisch bedingte Zusammenhänge« und »elterliche bzw. familiäre Zuordnungen, regionale und kulturelle Vorgaben«[174] bilden den Rahmen der persönlichen Lebensgeschichte und gewinnen als solche an Bedeutung.

Diese Geschichte kann niemand »wissen« außer dem betroffenen Menschen selbst, sie lässt sich nur erzählen und erfahren. Lebensgeschichten sind allem voran »*Hör*-Geschichten«[175] – sollen sie miteinander geteilt werden, sind der (hörende) Lehrer und das erzählende Kind einander zugeordnet. Dabei bekommt der kommunikative Aspekt eine besondere Bedeutung für den Unterricht und »der auf Bescheid-Wissen hinzielende diagnostische Zugriff nach den Leistungen des Schülers, des Menschen insgesamt, bleibt verwehrt, zumindest begrenzt und relativiert«[176]. Das Hören ist die partnerschaftliche Leistung des Lehrers, der ja immer auch seine eigene Lebensgeschichte mit in den Unterricht einbringt, »es verhindert ein vorschnelles Belehren, ein unbedachtes Anbieten von Lösungen oder ein unverbindliches Übergehen zu sachlicher Information«[177]. Der Religionsunterricht hat die Aufgabe,

»eine Verknüpfung der persönlichen Lebensgeschichte mit dem Handeln Gottes«[178]

zu ermöglichen. Das kann geschehen, indem Lehrer/innen und Schüler/innen gemeinsam auf die Lebensgeschichten auch der biblischen Personen hören. Diese versteht Fischer als ›Kampfgeschichten‹ gegen sich selbst, die Gesellschaft und gegen Gott, in denen sich die eigenen Lebensgeschichten entdecken lassen. Durch diese Verbindung gewinnt der Religionsunterricht seine besondere Relevanz für Schüler/in und Lehrer/in. Er ist nicht mehr billiger Trost, sondern kann zur spannenden Ermutigung werden. Er nimmt Anteil am konkreten Erleben des Kindes und betont das »Tragende und Verbindende für alle, unabhängig von Leistung, Besitz und Stand«[179]. So wird er auch persönliches und gesellschaftliches Unrecht als solches erkennen und benennen.
In ganz besonderer Weise fällt Fischers Konzept durch die Bedeutung der Schüler/innen auf. Sie werden als Subjekte im unterrichtlichen Geschehen ernst genommen und nicht als Objekte von Unterrichtsplanung oder Diagnose angesehen. Dadurch kommt es zu einer partnerschaftlichen Beziehung zwischen Lehrenden und Lernenden. Unterricht wird zu einem Prozess, dessen Verlauf von allen Beteiligten mitbestimmt wird. Die Besonderheit, Wichtigkeit und Einmaligkeit der Schülerinnen wird hier zur *Voraussetzung* des Unterrichts und nicht zum Lernziel. Der gesellschaftliche Aspekt tritt dabei allerdings in den Hintergrund. Fischer lässt weitgehend unberücksichtigt, dass gerade in der eigenen Lebensgeschichte und durch den Austausch mit den Geschichten der Anderen die Verflechtungen in von außen bestimmte Strukturen erkannt werden können. Eine Solidarisierung der Betroffenen im Blick auf die aktive Gestaltung ihrer Lebensgeschichten und die Veränderung von gesellschaftlichen Bedingungen anzuregen und zu ermöglichen, ist ebenfalls die Aufgabe des Religionsunterrichts an der Schule für Lernbehinderte. Auch dazu können biblische Lebensgeschichten helfen.

4. »Heilsamer« Religionsunterricht, oder: Das Recht auf Angst und Trauer

Das jüngste Buch zum Religionsunterricht an der Schule für Lernbehinderte stammt von Inger Hermann aus dem Jahr 1999. Es ist im Wesentlichen eine Art Tagebuch des Unterrichts, den die Autorin mehrere Jahre hielt. Darin lässt sie die Kinder ausführlich zu Wort kommen und ihre existentiellen Fragen in ihrer drastischen Sprache ausdrücken.

Zwischen diesen authentischen Berichten reflektiert die Lehrerin ihr religionspädagogisches Handeln, aber auch die Krisen und Zweifel, in die sie durch die Konfrontation mit der Lebenswirklichkeit ihrer Schüler/innen immer wieder gerät. Einfühlsam nimmt sie die Distanz wahr, die zwischen ihr und den Kindern besteht – und sie macht diese Erfahrung zu einem Prinzip ihres Unterrichts:

> Die Schüler/innen bringen in den Unterricht einen Alltag mit, »in dem die Erfahrung von Arbeitslosigkeit, Alkoholismus und sexuellem Missbrauch so selbstverständlich dazugehören wie Musikstunden und Reiterferien in bürgerlichen Familien. Der Weg zu diesen Kindern – auch der sprachliche – schien mir unendlich weit. … Sie brauchen nicht die vollkommene Lehrerin, sondern den Menschen, der sich nicht von der Unvollkommenheit, von Grausamkeit und Obszönität abwendet, um mit sauberen Stiefeletten im Wolkenkuckucksheim zu wandeln«[180].

Religionsunterricht besteht für Hermann überwiegend darin, den Schüler/innen zuzuhören, sie wahrzunehmen und ihnen nachzugehen. Sie will die Heranwachsenden gleichsam stellvertretend ernst nehmen – auch dann, wenn diese es selber nicht (mehr) tun. Mit ihrer Zukunftslosigkeit findet sie sich nicht ab, sondern will der Mutlosigkeit Zutrauen entgegensetzen. Sie billigt den Kindern das »Recht auf Angst und Trauer«[181] zu und findet dafür in den Texten des Alten und Neuen Testaments leitende Vorbilder:

> »Rezepte gegen das Leiden finde ich nirgends. Erzählungen, wie Jesus das Leiden anschaut, ihm nicht ausweicht, den Leidenden berührt, solche Erzählungen finde ich viel«[182].

Schnell erreicht der Unterricht dabei auch die Grenze zur Therapie, denn »immer kommt es darauf an, dass wir im gemeinsamen Hören, Nachdenken und Sprechen auch unsere Gefühle teilen«[183]. Darum hat sich für Hermann die Zielsetzung des Unterrichts im Laufe ihrer Arbeit verändert:

> »Wenn ich einmal glaubte, der Weg ginge über Wissensvermittlung zur Erziehung und nur ausnahmsweise zur Beziehung mit den Schülern, so sehe ich den Weg des heutigen Religionsunterrichtes eher umgekehrt: Von der Beziehung allmählich zur Erziehung und dann durchaus auch zur Wissensvermittlung. Heilsgeschichte ohne Heilung geht völlig an den Bedürfnissen der Kinder und damit auch der Schule und Gesellschaft vorbei«[184].

Das Buch besticht durch die unmittelbare Nähe zum praktischen Unterricht und der Offenheit, mit der die Autorin ihre Situation reflektiert. Die Schüler/innen stehen mit ihren persönlichen Verletzungen und individuellen Wegen, ihr Leben zu meistern, im Mittelpunkt des Interesses. Der hier vorgestellte Unterricht drängt aber die gesellschaftliche und schulische Dimension der Lernbehinderung, wie sie oben dargestellt wurde, zugunsten einer therapeutisch orientierten Zuwendung zum einzelnen Kind zu sehr an den Rand.

5. Fazit, oder: Chancen und Grenzen der Schülerorientierung

Die in diesem Abschnitt dargestellten Konzeptionen stellen mehr oder weniger deutlich die Person des Schülers, der Schülerin in den Mittelpunkt. Sie tun das in unterschiedlicher Weise, mit unterschiedlichen Begründungen und Zielen. Im Wesentlichen lassen sie sich nach der Frage differenzieren: Sind die Schüler/innen Objekte oder eher Subjekte des Unterrichts? Letzteres kann wohl nur für Fischers und Hermanns Ansatz gesagt werden. Bei allen anderen Konzepten kann mehr oder weniger davon ausgegangen werden, dass die Bemühungen des Unterrichtenden um die Schülersituation dem Ziel einer besseren Vermittlung der »Sache« dient. Allen Konzepten gemeinsam ist im Vergleich mit den im vorigen Abschnitt dargestellten Entwürfen eine weitgehende Ausgrenzung der gesellschaftlichen Bedingungen der Schülersituation. Die einzelnen Schüler/innen, seien sie nun als »lernbehindert« definiert (wie bei Schilling) oder ganz persönlich in den Blick genommen (wie bei Fischer und Hermann), werden losgelöst von ihrer gesellschaftlichen Situation gesehen. Die Lernbehinderung wird so überwiegend zum persönlichen Problem der Schüler/innen. Auch Kollmann gelingt es nicht wirklich überzeugend, den gesellschaftlichen Aspekt in seine therapeutisch angelegte Korrelationsdidaktik zu integrieren, obwohl er den Zusammenhang am deutlichsten hervorhebt.

EXKURS: RELIGIONSUNTERRICHT IN LEHRPLÄNEN

Lehrpläne sind für den Unterricht an den Schulen von wesentlicher Bedeutung. Sie bilden seinen inhaltlichen, z. T. auch methodisch-didaktischen Rahmen und bestimmen damit weitgehend das unterrichtliche Geschehen. Bei der Formulierung von Lehrplänen für den Religionsunterricht kommt zunächst die konzeptionelle Diskussion der Religionspädagogik zum Tragen. Daneben spielen aber immer auch Interessen des Staates und der Kirchen als die den Religionsunterricht tragenden und verantwortenden Institutionen eine wesentliche Rolle.
Zu den ersten Plänen gehört der Bremer **Plan für die Hilfsschule für schwachbefähigte Kinder**, der im Jahr 1901 in Bremen erstellt wurde. Darin heißt es:

> »Der Religionsunterricht hat die Kenntnis der Geschichte des Reiches Gottes zu vermitteln und das religiös-sittliche Leben des Kindes zu wecken und zu pflegen ... Der religiöse Lehrstoff umfaßt eine Auswahl biblischer Geschichten des alten und neuen Testaments, sowie eine Anzahl biblischer Sprüche und geistlicher Lieder«[185].

Das Leben der Kinder und die biblisch-christliche Tradition sind schon hier als die wesentlichen Elemente des Unterrichts zu erkennen. Die bis heute immer wieder neu gestellte Frage nach der Verbindung beider Aspekte wird eindeutig zugunsten der »Sache« beantwortet: Durch die Vermittlung biblischer Geschichten wird das religiöse und sittliche Leben der Kinder geprägt. Heute wird diese Beziehung etwas differenzierter gesehen.

Im Jahr 1978 wurde von der Evangelischen Kirche in Deutschland (EKD) ein **Beispielplan für den evangelischen Religionsunterricht in der Schule für Lernbehinderte** vorgelegt und von den Ländern Baden-Württemberg, Hessen sowie Nordrhein-Westfalen als Basis ihrer Lehrpläne übernommen. Der Plan bezieht sich auf Erfahrungen aus dem Leben der Schüler/innen und berücksichtigt ihre soziokulturelle Situation. Die grundlegenden Ziele des Religionsunterrichts sind in der Einführung dargelegt:

> »Der RU leistet Hilfe zur fundamentalen, religiösen Erschließung. ... Der RU bietet Hilfe zur Erschließung der Zeugnisse christlichen Glaubens

und Lebens. … Der Religionsunterricht kann den Schülern zu einem befreiten und verantwortlichen Leben in der gegenwärtigen Gesellschaft helfen, das am christlichen Glauben orientiert ist«[186].

Die Richtlinien gliedern sich in 4 Stufen, die aufeinander aufbauende Lernabfolgen und zunehmend differenzierende, erweiternde Wiederholungen anbieten. Dabei sind »Lebensbereiche« (problemorientiertes Aufnehmen von Erfahrungen aus den Lebenserfahrungen der Schüler/innen und situativen Gegebenheiten) und »Themenkreise« (lehrgangsartiges Angebot biblisch-christlicher Überlieferung) einander zugeordnet. Die einzelnen Unterrichtseinheiten werden dann beschrieben unter den Gesichtspunkten Lehr- und Lernziele, Impulse/Themen, Inhalte/Medien.
Dieser Plan ist zu begrüßen als der erste Versuch, den Religionsunterricht an der Schule für Lernbehinderte curricular zu begründen und die Lebenswirklichkeit der Schüler/innen zu berücksichtigen. Allerdings wurde bald Kritik geäußert, die zuletzt von Birkmann[187] zusammengefasst wurde: Der Plan reduziert die Existenzbedingungen der Schüler/innen weithin auf allgemein menschliche Grunderfahrungen und geht auf ihre besondere Lebenssituation gerade nicht ausdrücklich ein. So wird z. B. im Lebensbereich Familie nirgends auf die besondere Wohnsituation der Unterschichtbevölkerung eingegangen. Ebenso lassen sich mittelschichtorientierte Normen nicht übersehen, die von einer heilen Mitte und eben nicht von der Randsituation ausgeht. »In den Richtlinien überlagert die Hilfe *für* die Armen deutlich die biblische Solidarität *der* Armen«[188].

In Baden-Württemberg ist im Jahr 1990 ein neuer **Bildungsplan für die Schule für Lernbehinderte in Kraft** getreten. In engem Zusammenhang damit wurde auch ein neuer Lehrplan Evangelische Religionslehre verfasst.
Der Religionsunterricht will in die konkrete Lebenssituation der Schüler/innen hinein Hilfen zur Lebensbewältigung und zum Glauben an Jesus Christus anbieten. Dabei geht der Plan von neun Themenfeldern aus, die jeweils eine Verbindung von Lebenswirklichkeit und biblisch-christlichem Deutungshorizont ermöglichen. Die besondere Lebenslage der Schüler/innen ist wahrzunehmen und von hier aus ein Dialog über den Glauben anzustreben. Christliche Lebenserfahrung und Glaube müssen auf alltägliche, konkrete Fragen, Probleme und Nöte bezogen werden, um von da aus Möglichkeiten des Handelns und der Lebensgestaltung zu entdecken. Deshalb kommt dem fächerverbindenden Unterricht eine hervorragende Bedeutung zu. Das Hervorstechende an diesem Plan ist, dass er seine Inhalte nun tatsächlich von vornherein fächerübergreifend bedenkt und anbietet. Religionsunterricht passt sich in bisher einzigartiger Weise mit seinen

Themen ein in die des allgemeinen Planes und damit in den Gesamtunterricht der Schule.

Einen besonderen Stellenwert hat in dem Lehrplan das Stichwort ›lebensnahes Lernen‹.

Religionsunterricht »lebt aus dem glaubhaften Zusammenhang zwischen seinen Aussagen und den Formen des Lernens.« Deshalb müssen Unterrichtssituationen gestaltet werden, »in denen die Botschaft des Evangeliums mit der Lebenswirklichkeit der Schülerinnen und Schüler in Verbindung kommt und ein Dialog entstehen kann«[189].

Eine rein lehrende, auf kognitive Textbearbeitung ausgerichtete Arbeit wird diesem Anspruch nicht genügen, darum legen die Verfasser besonderen Wert auf handelnden Unterricht, die Bereitstellung vielfältiger Materialien und nicht zuletzt die Schaffung von Situationen, die »Lernen mit allen Sinnen« ermöglicht.

Dieses Konzept besticht neben seiner ausdrücklichen Handlungsorientierung durch den Versuch einer konsequenten Verbindung von Lebenswirklichkeit der Schülerinnen und biblisch-christlicher Überlieferung. Es wird ernsthaft versucht, gegenüber der bisherigen Stoffzentrierung das Kind in den Mittelpunkt der Lehrplanentwicklung zu stellen. Dabei kommt in der Beschreibung der Situation eine realistische Beurteilung der Lage lernbehinderter Schüler/innen zutage, die auch die gesellschaftlichen Bedingungen nicht ausklammert, sondern benennt. Allerdings tritt das emanzipatorisch-politische Element des christlichen Glaubens, das die gegenwärtige Situation kritisch überschreitet, weitgehend in den Hintergrund. Stärker betont wird die seelsorgerlich-begleitende Aufgabe des Religionsunterrichts. So wird im Themenfeld Gesellschaft für die Oberstufe formuliert: »Christen hoffen auf eine gerechte und friedliche Welt und setzen sich dafür ein«, eine Konkretisierung, wie dieser Einsatz von und für Menschen am Rande der Gesellschaft aussehen kann, fehlt aber. Und auf der Suche nach Gerechtigkeit reicht es wohl nicht aus, wenn Schüler/innen gesagt wird: »Es gibt immer wieder einen Weg. Hoffnung finden im Gebet« (S. 60), ohne dass gemeinsames, solidarisches Handeln der ungerecht Behandelten angeregt und erprobt wird.

Im Jahr 1991 hat die Deutsche Bischofskonferenz einen »**Grundlagenplan für den katholischen Religionsunterricht an Schulen für Lernbehinderte/Förderschulen**« herausgegeben[190], der sich ausdrücklich als Revision des bis dahin geltenden Plans von 1979 versteht. Als »Anliegen« des Plans wird formuliert:

> »Katholischer Religionsunterricht will aus der Mitverantwortung für Leben und Glauben junge Menschen in der Schule für Lernbehinderte

begleiten und sie in ihrer geistig-religiösen Entwicklung fördern. Damit kommt ihm eine wesentlich diakonische Funktion zu.«

Dabei geht es darum,

> »Verbindungen aufzuzeigen zwischen der Lebenswelt der Schülerinnen und Schüler und dem gelebten Glauben heute, der in der christlich-jüdischen Tradition wurzelt«[191].

Demzufolge ist der ganze Plan geprägt vom Ansatz der Korrelationsdidaktik. Im einführenden Teil wird anschaulich und angemessen auf die Situation der Schüler/innen eingegangen. Die »Unschärfe des Begriffes Lernbehinderung« wird unter diesem Gesichtspunkt ebenso thematisiert wie der soziokulturelle Hintergrund der Schülerschaft. Die Schüler/innen selbst sind durch vielfältige Erfahrungen des Versagens und Scheiterns bestimmt, ihre Randständigkeit auch in kirchlichen Zusammenhängen wird betont. Es wird hervorgehoben, dass »Lernen« nicht allein auf den kognitiven Erwerb von Wissen beschränkt sein darf. Weil die religiöse Dimension ihren Ort mitten in den Erfahrungen der Schüler/innen hat, muss sich der Religionsunterricht bemühen, »Glaubensüberlieferung und Lebenssituation nicht unverbunden nebeneinander stehen zu lassen«[192].
Als didaktische Prinzipien werden neben der Korrelation nacheinander ausgeführt: die Mehrdimensionalität der Wirklichkeit, Elementarisierung, Eigenständigkeit und Verbindung mit anderen Fächern, Mitverantwortung für die Klassen- und Schulatmosphäre und die besondere Bedeutung des Religionslehrers.
Die Inhalte des Unterrichts sind in fünf Lernfelder aufgeteilt, denen in jeder Lernstufe ein eigenes Leitsymbol zugeordnet wird. So werden z. B. in der ersten Lernstufe alle fünf Themenbereiche auf das Symbol »Licht« bezogen. In der didaktischen Erschließung werden ein anthropologischer Akzent und ein theologischer Akzent einander gegenüber gestellt. Aus dieser »Korrelation« werden dann zentrale Inhalte abgeleitet. Dies gelingt dann besonders gut, wenn sich die anthropologischen Akzente (also die Lebensbereiche und -erfahrungen der Schüler/innen) in den theologischen Akzenten (also den Erfahrungen der christlich-jüdischen Traditionen) wieder entdecken lassen, wie es beim Thema »Jesus mag die Menschen« (Lernstufe 2.4) der Fall ist. Es schlägt fehl, wo die »Sache« den Vorrang vor der Situation gewinnt, wie z. B. beim Thema »Maria, die Mutter Jesu«, das in der Lernstufe 2.3 vorgeschlagen wird. Ausgehend von guten und schlechten Erfahrungen mit der eigenen Mutter sollen sich die Kinder hier mit den Inhalten: »Maria hört auf Gottes Botschaft; Maria begleitet Jesus zum Kreuz; Wie Maria verehrt wird« auseinandersetzen.

Insgesamt gelingt den Verfassern des Plans die Beschreibung der Schülersituationen in den anthropologischen Akzenten in ausgezeichneter Weise. Sie zeugt von einer einfühlenden und kompetenten Sichtweise. Allerdings zeigen sich in der Ausführung dann schnell die Grenzen des Plans. Sie bestehen darin, dass die »Sache« des Unterrichts, die Themen, vorgegeben zu sein scheinen und eine Korrelation häufig recht gekünstelt hergestellt werden muss.
Als besonders hilfreich ist dennoch hervorzuheben, dass dem Plan »Planungsskizzen« beigefügt wurden, die mit vielen methodischen Hinweisen zu einem handlungsorientierten Unterricht motivieren wollen.

»Religionsunterricht unter erschwerenden Bedingungen«, oder: Von den Schwierigkeiten der Religionspädagogen mit der Lernbehinderung

Der kurze Blick in die religionspädagogische Literatur zeigt trotz der geringen Fülle ein buntes Bild. Einerseits fällt auf, dass von den meisten Autoren das Unterrichten von Religion an dieser Schulform als eine besondere Herausforderung für die Lehrenden beschrieben wird. Diese müssen sozusagen unter »erschwerenden Bedingungen« unterrichten. Die Erschwernis wiederum wird weitgehend in der Schülerschaft gesehen: Die Kinder und Jugendlichen erfordern durch ihre Behinderung oder ihre Lebenssituation oder ihre soziale Stellung eine besondere Vorbereitung der Unterrichtenden. Die Frage, wie mit dieser »Erschwernis« umgegangen werden kann und soll, wird allerdings unterschiedlich beantwortet. So kann man sagen: »Die konzeptionelle Entwicklung des Religionsunterrichts an Sonderschulen (steckt) noch in den Kinderschuhen«[193].
Die Vielfalt zeigt sich auch darin, dass die Entwürfe ihre jeweiligen Bezugsgrößen, Religionspädagogik (und Theologie) sowie Sonderpädagogik unterschiedlich rezipieren und ihre Einflussmöglichkeiten unterschiedlich gewichten. Interessant ist, dass theologische und sonderpädagogische Einsichten miteinander korrelieren. So findet sich einerseits eine individualistische Sicht von ›Lernbehinderung‹ zusammen mit dem theologischen Konzept einer individuellen christlichen Lebensgestaltung. Andererseits verbinden sich emanzipatorische Elemente einer (politischen) Befreiungstheologie mit

sonderpädagogischen Konzepten, die den gesellschaftlich bedingten Anteil der ›Lernbehinderung‹ hervorheben.
Alle hier zusammengefassten Entwürfe zeichnen sich dadurch aus, dass sie betont und ausdrücklich als »schülerorientierte« Ansätze verstanden werden wollen. Dabei wird allerdings die Frage, welche Bedeutung die Schüler/innen und ihre Lebenssituation für den Unterricht und die Unterrichtenden haben, unterschiedlich beantwortet. Müssen die Lehrer/innen die Lebenswelt ihrer Schüler/innen nur deshalb und nur insoweit kennen, damit sie ihr Anliegen, die »Sache« des Religionsunterrichts möglichst gut vermitteln können? Dann begrenzt das didaktische Interesse auch das Interesse an den betroffenen Kindern. Dementsprechend lautet die Frage an die Sonderpädagogik: Was ist »Lernbehinderung«, wie wirkt sie sich auf die betroffenen Kinder aus und welche pädagogischen Konsequenzen muss ich als Unterrichtende/r daraus ziehen?
»Schülerorientierung des Religionsunterrichts« kann allerdings auch bedeuten, dass die Schüler/innen als Subjekte des Unterrichts gesehen werden, ihre Lebenssituation der Inhalt ist, der die pädagogischen und didaktischen Konsequenzen der Unterrichtenden bestimmt. Dann muss der Religionslehrer die Schüler/innen im Unterricht »zu Wort« kommen lassen, seine Überlegungen werden sich grundlegend darauf beziehen, wie das geschehen kann und er den Kindern helfen kann, sich mit ihren Fragen, ihren Antwortversuchen und ihrem Suchen nach Antworten auszudrücken. Biblisch-christliche Traditionen sind dabei als Möglichkeit der Lebensdeutung und Lebensbewältigung ins Gespräch zu bringen. So wird Religionsunterricht zur Lebenshilfe. Die Frage an die Sonderpädagogik verändert sich dabei: wie kann ich die Schüler/innen in ihren jeweiligen Lebenssituationen verstehen (lernen), ihnen zuhören, ihre Bedürfnisse und ihre Möglichkeiten erkennen? Dieser Frage soll im Folgenden weiter nachgegangen werden.

Religionsunterricht – an Erfahrungen lernen

Der Blick auf vorliegende Konzeptionen und Entwürfe zum Religionsunterricht an der Schule für Lernbehinderte hat gezeigt: Eine eigenständige, sonderpädagogisch geprägte Konzeption religiöser Unterweisung gibt es nur in Ansätzen – auch wenn einige Autoren offensichtlich danach suchen. Als Ausnahme ist Kollmanns therapeutisch orientierte »kommunikative Religionsdidaktik« zu nennen, der sehr stringent versucht, sonderpädagogische Erkenntnisse umzusetzen. In welcher Richtung ist nun aber weiter zu denken? Soll oder darf es überhaupt eine »Sonder-Konzeption« für »Sonder-Schulen« geben? Was ist denn das »Besondere« an einer religionspädagogischen Konzeption für behinderte Menschen?

Diese Fragen und die Ergebnisse der sonderpädagogischen Diskussion weisen schon darauf hin, dass die Suche nach Antworten auf dieser Ebene in eine Sackgasse führen wird und muss. Religionsunterricht kann sich nicht daran beteiligen, zunächst die Abweichung eines Menschen von seiner als »normal« angesehenen Umgebung zu definieren – mit allen Konsequenzen, die diese Sichtweise hat. Es ist auch nicht das Ziel religiösen Lernens, Menschen mit einer Behinderung von einem persönlich oder gesellschaftlich verursachten Mangel oder Defizit her zu beschreiben und zu bewerten. Vielmehr geht es im Religionsunterricht in erster Linie darum, den jeweiligen Kindern und Jugendlichen Lebenshilfe anzubieten, Hilfe zum Verstehen, Annehmen und Bewältigen ihres je spezifischen, einmaligen Lebens. »Besonders« ist dieses Leben nicht wegen seiner Defizite und Einschränkungen, sondern weil Gott, der Schöpfer, es bejaht und schützt.

Nimmt man diese Überzeugung ernst, lässt sich an eine alte Forderung anknüpfen: »Der Religionsunterricht an Schulen für Lernbehinderte hat grundsätzlich keine andere Aufgabe als der Unterricht an Regelschulen«[194]. Auf dieser Grundlage ist weiter nachzudenken und nach einer Konzeption von Religionsunterricht zu suchen, die für alle Schüler/innen und alle Schulformen Geltung hat. Das bedeutet: allgemeine Religionspädagogik darf nicht von der Vorstellung eines scheinbar objektiv definierten Regelschülers ausgehen und dann für Sonderschüler/innen nach etwaigen Abweichungen und Besonderheiten fragen. Es kann auch nicht darum gehen, das Bild einer Regelschule mit ihren gesellschaftlich und pädagogisch bestimmten, ein- und ausgrenzenden Rahmenbedingungen als ausschlaggebende Orientierung gelten zu lassen und zu übernehmen. Vielmehr hat Religionspädagogik Unterricht zu konzipieren und beispielhaft zu praktizieren, der so »allgemein« ist, dass wirklich *alle* gemeint sind und sich angesprochen fühlen können. Dies soll im Folgenden ansatzweise versucht werden.

Ich gehe dabei in meinen Überlegungen von Kindern und Jugendlichen aus, die gegenwärtig eine Schule für Lernbehinderte besuchen. Das Motto dieses Buches »Vom Rand in die Mitte« signalisiert dabei einen Perspektivwechsel. Es geht nicht darum, eine allgemeine Konzeption so zu spezifizieren (oder zu reduzieren), dass sie auch für die Schüler/innen dieser Schule, für den Rand, zutreffen können. Vielmehr wird umgekehrt vorgegangen: Aussagen zum Religionsunterricht an der Schule für Lernbehinderte sollen so formuliert sein, dass sie grundsätzliche Bedeutung und Relevanz für Religionsunterricht insgesamt gewinnen. Der Ansatz ist also dadurch gekennzeichnet, dass Menschen mit und ohne Behinderungen, in ihren spezifischen Lebenssituationen und konkreten gesellschaftlichen und persönlichen Zusammenhängen in der Mitte stehen. Die Subjekte des Lernens, die Schüler/innen selbst sollen ernst genommen, von ihren Erfahrungen aus Unterricht konzipiert werden.

Die Sonderpädagogik, so haben wir oben gesehen, verzichtet inzwischen bewusst auf eine spezifische Beschreibung ihres Feldes und hat damit Ansatzpunkte gesetzt, die sich religionspädagogisch aufnehmen lassen. Man sucht nicht mehr nach allgemeinen Kriterien für eine Lern-Behinderung, sondern wendet sich statt dessen dem einzelnen Kind zu. Es wird gefragt: »Wo lebt das Kind? Welche Lebensgeschichte bringt es mit? Welche Wünsche oder Ängste bewegen sein Handeln? Was ist sein Thema? Womit ist es zur Zeit überfordert? Was soll es lernen? Und dann: Welche Möglichkeiten gibt es, für dieses Kind Lebens- und Entwicklungschancen zu schaffen«[195]? Im Mittelpunkt des Unterrichts steht dementsprechend die Lebensgeschichte und die Lebenssituation des individuellen Kindes. Die Lehrkräfte knüpfen daran an und machen Lernangebote

auf der Basis der jeweiligen Ausgangssituation, um das Kind in seinem eigenen Bemühen zu fördern.
In diesem Sinn muss es auch im Religionsunterricht darum gehen,

> »den Schüler entschieden in den Mittelpunkt aller Überlegungen zu stellen und gegenüber allen (gerade auch religions-)pädagogischen Konzeptionen zu schützen, die ihn nicht zum Subjekt, sondern zum Objekt ihrer Überlegungen machen. D. h. ..., daß solcher Religionsunterricht von den zentralen elementaren Erfahrungen (und Erfahrungsmöglichkeiten) im Alltag der Schüler ausgeht«[196].

Die Erfahrungen der Schüler/innen als Ausgangs- und Zielpunkt des Religionsunterrichts – dieser Grundsatz soll im Folgenden entfaltet und ausgeführt werden. Dies soll in drei Abschnitten geschehen. Zunächst wird der Bedeutung des Begriffs »Erfahrung« nachgegangen und im Besonderen nach der religiösen Dimension gefragt. Daraus ergeben sich erste Konsequenzen für einen an Erfahrungen orientierten Unterricht. Sodann werden die Erfahrungen beschrieben, um die es im Religionsunterricht geht. Dabei kommen die Alltagserfahrungen der Schüler/innen in den Blick, aber auch die Erfahrungen, die in den biblisch-christlichen Traditionen aufbewahrt werden. Es geht besonders um die Frage: Lassen sich die Erfahrungen der Schüler/innen und die religiösen Traditionen in Beziehung bringen und welche Folgerungen ergeben sich daraus für den Unterricht? Abschließend werden mit dem Stichwort »Dialog« Hinweise auf die Struktur und die Gestaltung des Unterrichts gegeben. Im anschließenden Kapitel sollen dann Überlegungen zu einer erfahrungsorientierten Didaktik diese Ergebnisse aufnehmen und für den Unterricht konkretisieren.

»Die Welt ist mir zur Auslegung aufgegeben« oder: Was Erfahrung bedeutet

In seiner ursprünglichen Bedeutung hat das Wort »Er-Fahrung« eine ganz konkrete Dimension. Es wurde gebraucht, wenn ein Mensch etwas »im gehen erreicht oder erlangt«[197] oder als Reisender eine unbekannte Gegend durchfährt, diese dabei erkundet und kennen lernt. Im Laufe der Zeit wird das Wort immer abstrakter, so spricht man von »erfahren«, wenn ein Menschen bestimmte Dinge oder Sachen erkennt und erprobt, eine reale Ortsveränderung ist dabei nicht mehr nötig. Bis in unseren heutigen Sprachgebrauch hinein hat sich aber die Erinnerung an die konkrete Fortbewegung erhalten. Wenn wir von einem erfahrenen Menschen sagen, er sei in einer Sache »bewandert«, dann zeigt dies: Jemand, der eine Erfahrung macht, ist an diesem Prozess mit seiner ganzen Person beteiligt und davon betroffen.

1. Jeder muss seine eigenen Erfahrungen machen, oder: Subjektives Erfassen der Wirklichkeit

Erfahrungen sind also immer eine subjektive Angelegenheit, jeder Mensch muss seine eigenen Erfahrungen machen, sonst sind es keine Erfahrungen. »Man kann von seinen Erfahrungen zwar einem anderen berichten, aber man kann sie ihm nicht übertragen. Sein Wissen von meiner Erfahrung wird nie zu seiner eigenen Erfahrung«[198]. Zugleich wird deutlich: wenn ich eine Erfahrung mache, dann bin ich immer mit meiner ganzen Person, mit meinen Sinnen und meinem Körper daran beteiligt. Ich nehme wahr, was mich umgibt, ich erlebe bestimmte Ereignisse, ich fühle und empfinde, was mir begegnet. Diesen Vorgang kann ich bewusst und aktiv gestalten, etwa indem ich neugierig eine unbekannte Sache erforsche oder mich in einer Fertigkeit übe und so in ihr erfahren werde. Die meisten Erfahrungen allerdings mache ich eher zufällig, positive oder negative Erlebnisse »widerfahren« mir, ohne dass ich sie absichtsvoll herbeiführe oder direkt beeinflussen kann. Krankheit, Schmerz, Einsamkeit und Tod und das Gefühl der Sinnlosigkeit prägen meine Erfahrungen ebenso wie Freude, Erfolg, Kraft und Stärke oder das Erleben, dass ich meine Umwelt beeinflussen und gestalten kann. In diesem Wechselspiel von aktiver Beteiligung an dem, was ich erlebe und mich prägt, und dem passiven »Erleiden« von Widerfahrnissen aller Art, werde ich erfahren. Letztlich ist also Erfahrung nicht »machbar«, auch wenn ich ständig Erfahrungen mache.

Damit nun aus den vielen Wahrnehmungen und Erlebnissen, die meinen Alltag bestimmen, Erfahrungen, »meine« Erfahrungen werden können, muss die denkende Verarbeitung dessen hinzukommen, was ich erlebe. »Erfahrungen erwachsen ... erst in der Art, wie der Mensch das ihm von außen her Begegnende sich auch innerlich anzueignen weiß, mit ihnen sich selber verwandelt und so zur Überlegenheit des an seinen Erfahrungen gereiften Menschen gelangt«[199].

Erst in der Reflexion, der Verbindung des Erlebten mit dem Lebenszusammenhang, gewinnt Erfahrung für mich Autorität. Es gibt also keine Erfahrung, die nicht gleichzeitig eine Deutung des Wahrgenommenen enthält. »Die Welt ist mir zur Auslegung aufgegeben«, so hat Alfred Schütz prägnant formuliert.

Damit dies gelingt, kommt es im alltäglichen Leben wesentlich darauf an, einen Wissensvorrat zu haben, der »als Bezugsschema für den jeweiligen Schritt meiner Weltauslegung dient«[200]. Dieses Wissen bestimmt den Horizont meiner Weltsicht und ermöglicht Handeln und Denken, das im Alltag ja nicht ständig hinterfragt und problematisiert werden kann. Obwohl ich nicht endgültig sicher sein kann, dass meine Sicht der Dinge die ›wahre‹ und angemessene Sicht ist, gehe ich in meinem alltäglichen Leben doch davon aus. Nur so lassen sich routiniert und schnell die zu meinem Lebensbereich gehörenden Aufgaben lösen.

Wenn nun Erlebnisse und Widerfahrnisse nicht in das bisherige Bezugsschema passen, entsteht Verunsicherung, das Schema wird fraglich. Ich muss die aktuelle Erfahrung und die dazugehörigen Horizonte neu auslegen und neu bestimmen. In diesem Prozess geschieht Lernen, Veränderung und Wachstum kann entstehen. Insofern verändern Erfahrungen den Menschen. Sie haben mit Lernen zu tun und zielen darauf, die Handlungsfähigkeit in der umgebenden Wirklichkeit zu erweitern. Im alltäglichen Bereich wird aber immer nur soweit gelernt, wie es zur Bewältigung der aktuellen Situation nötig ist – lebensweltliches Denken ist pragmatisch ausgerichtet.

Zwischen einzelnen Erfahrungen und dem Deuterahmen innerhalb dessen sie verarbeitet werden besteht eine fruchtbare Spannung. Beide bestimmen und beeinflussen sich gegenseitig. Der Deuterahmen dient der Sicherheit und der schnellen Orientierung im alltäglichen Leben. Blieben die Wahrnehmungen vereinzelt oder unverbunden nebeneinander stehen, so würde dies zu Verwirrung und schließlich zu Handlungsunfähigkeit führen. Einen ›erfahrenen‹ Menschen kann dagegen so leicht nichts erschüttern, er kann auch mit außergewöhnlichen Situationen gelassen umgehen, denn er kennt Verhaltens- und Handlungsmuster, mit denen solchen Situationen zu begegnen ist. Andererseits kann genau dieser notwendige stabilisierende Effekt auch zur Unbeweglichkeit führen. Die Vielfalt und Widersprüchlichkeit, und damit letztlich die Lebendigkeit des Lebens wird durch einen Deuterahmen immer auch reduziert und nivelliert. Wenn es also dem Einzelnen nicht gelingt, den Rahmen immer wieder auch zu verändern und zu erweitern, werden neue Erfahrungen und damit Wachstum letztlich nicht mehr möglich sein. Erlebnisse, die nicht in den Rahmen passen, werden dann ausgeblendet oder uminterpretiert, verdrängt oder verleugnet. Ein solcherart ›erfahrener‹ Mensch geht dann wie mit Scheuklappen durch sein Leben.

Es ist also wichtig, festzuhalten, dass jede Erkenntnis, die aus Erfahrung erwächst, vorläufig ist. »Erfahrung haben wir nie endgültig, um nun aus ihr heraus ein für allemal die Welt beurteilen und das Leben führen zu können. Erfahrung gewinnen wir immer wieder neu«[201]. Jede neue Erfahrung kann die früheren widerlegen, ist aber andererseits auch wieder die Voraussetzung für weitere Erfahrungen. Menschen brauchen eine Lebenswelt, die voller Erlebnisse und Eindrücke ist, die zur Entwicklung von vielfältigen Erfahrungen herausfordern. Zugleich brauchen sie die Möglichkeit, für ihre Alltagserfahrungen neue Deutungen kennenzulernen und zu erproben.

FOLGERUNGEN Erfahrung hat mit dem subjektiven Erfassen der Wirklichkeit und der Anwendung des Erfahrenen auf den Umgang mit der Wirklichkeit zu tun.

- Mit dieser Erkenntnis begründet sich die Subjektorientierung eines erfahrungsorientierten Unterrichts. Denn es ist klar: Seine Erfahrungen kann ein Kind nur selbst machen, deuten und mit anderen teilen. Niemand kann für das Kind Erfahrungen machen, niemand kann ihm aber auch seine Erfahrungen nehmen.

- (Religions-)Unterricht kann helfen, passiv gemachte Widerfahrnisse zu verarbeiten, unterstützend wirken bei der Einordnung von Erlebten in

Deutungsrahmen und durch entsprechendes Angebot dazu verlocken, sich aktiv auf neues Erleben und Erproben einzulassen.

- Weil am Prozess des Erfahrens immer der ganze Mensch beteiligt ist, muss Unterricht ganzheitliche Formen des Lernens bereithalten. Das Erfassen von Wirklichkeit mit kognitiven Methoden ist durch das Angebot emotionalen Lernens zu ergänzen, ebenso ist der Körper mit seinen Bedürfnissen und Möglichkeiten einzubeziehen.

- Aus Erfahrungen wird gelernt. Aufgabe des Unterrichts ist es, diesen Lernprozess bewusst zu machen und neue Erfahrungen durch die Präsentation von – auch religiösen – Deutungsmöglichkeiten anzuregen.

- Ziel erfahrungsorientierten Unterrichts ist es, Handlungsfähigkeit im Umgang mit der Wirklichkeit zu ermöglichen. Er wird also immer eine handlungsorientierte Dimension haben. Religionsunterricht vermittelt das Angebot zur Teilnahme und Anteilnahme.

2. Spielraum für Erfahrung, oder: Die Bedeutung gesellschaftlicher Bedingungen

Jeder Mensch lebt in einem sozialen Gefüge, einer Gemeinschaft, ist eingebunden in eine Gesellschaft und unterliegt damit sozialen und historischen Bedingungen. So sind auch seine Erfahrungen nicht ohne die konkrete Gesellschaft zu denken. Der Einfluss der Gesellschaft auf die Erfahrungen eines Individuums stellt sich auf zweierlei Weise dar.

Zunächst stellt mir die Gesellschaft die Räume zur Verfügung, innerhalb derer ich Erfahrungen machen kann – oder auch keine Erfahrungen machen kann. Das heißt: Der Spielraum, innerhalb dessen ein Mensch Wirklichkeit erfahren und deuten kann, wird immer auch von handfesten gesellschaftlichen, politischen und ökonomischen Interessen bestimmt. Je enger der angebotene Deuterahmen, je stringenter die gesellschaftlichen Regelungen, desto größer ist die Entfremdung des einzelnen Menschen von der Wirklichkeit – er kann den ohnehin kleinen Bereich der Wirklichkeit nicht voll erfassen und die Möglichkeiten, Erlebnisse zu verarbeiten, sind eingeschränkt. Die Deutungsmöglichkeiten reduzieren sich. Darauf hat schon Adorno überzeugend hingewiesen[202]. Kennzeichnend für die heutige Gesellschaft ist nach seiner Erkenntnis der Zerfall der

Erfahrungsfähigkeit. Menschen können ihre Eindrücke und Erlebnisse nicht mehr selbstständig zu Erfahrungen verarbeiten – weil ihnen die Erlebnisfähigkeit und -möglichkeit fehlt und/oder weil die Angebote der Deutung durch gesellschaftliche Interessen bestimmt sind und damit die Freiheit des Individuums eingeschränkt wird. Wenn aber »unsere Erfahrung zerstört ist, wird unser Verhalten zerstörerisch sein«[203].

Zum anderen ist, das erscheint nach dem Gesagten klar, auch der Deuterahmen gesellschaftlich geprägt, innerhalb dessen Erlebnisse und Widerfahrnisse vom jeweiligen Subjekt interpretiert und eingeordnet werden. Dabei spielen nicht nur die Medien eine entscheidende Rolle. Politische Entscheidungen und Meinungsbildungen wirken ebenso prägend. Der Einfluss wirtschaftlicher Kräfte ist etwa im Zusammenhang mit der Diskussion um Arbeitsplätze und die damit zusammenhängende Bewertung von Menschen deutlich erkennbar. Die Frage, wie in unserer Gesellschaft Menschen »Behinderung« erfahren und deuten, hängt von gesellschaftlich definierten Normen ab. Erfahrungen sind also immer geschichtlich bedingt und können nur im Zusammenhang mit der Zeit und den Gegebenheiten verstanden werden, in denen das jeweilige Individuum lebt. »Wir machen Erfahrungen immer innerhalb eines vorgegebenen Interpretationsrahmens, der … nichts anderes ist als die kumulative, persönliche und kollektive Erfahrung, eine Erfahrungstradition«[204]. Weil jeder Deuterahmen immer auch eine Reduzierung bedeutet, ist die Entfremdung des Menschen von der ihn umgebenden Wirklichkeit umso größer, je enger das Angebot zur Deutung ist und je stringenter dies gehandhabt wird. Darum »müssen unsere Erfahrungen unter der Voraussetzung von Freiheit stehen und auch institutionell Raum erhalten«[205].

FOLGERUNGEN Erfahrung sind gesellschaftlich geprägt.

- Im (Religions-)Unterricht sind gegenwärtige Erfahrungen und die Bedingungen zu hinterfragen, unter denen sie erworben und gedeutet werden. Spielräume für Erfahrungen müssen eröffnet werden, Deutungsangebote gemacht werden, die Erlebtes einzuordnen helfen; dabei ist auch zu fragen, wie andere Menschen ihre Erlebnisse und Widerfahrnisse deuten und verstehen.

- Der Austausch untereinander und mit der Geschichte wird bedeutsam. So kann Unterricht dazu beitragen, über den eigenen Tellerrand hinaus zu schauen und sich nicht vorschnell mit den erstbesten Erklärungen zufrieden zu geben. Adorno: »Erziehung zur Erfahrung und Erziehung zur Mündigkeit« sind »miteinander identisch«[206].

- (Religions-)Unterricht muss heute besonders dazu beitragen, die Erfahrungsfähigkeit wieder herzustellen und so die Handlungsfähigkeit der einzelnen Subjekte zu erweitern.

- (Religions-)Unterricht und Schule sind selber Teil des gesellschaftlichen Umfeldes, in dem ein Kind lebt und Erfahrungen macht. Unterrichtende müssen sich fragen, welche Deutungsangebote sie – gesellschaftlich bedingt – den Schüler/innen anbieten und ob diese deren Bedürfnisse treffen, zum Lernen anregen und ermuntern. Ein ideologiekritischer Aspekt darf in einem erfahrungsorientierten Unterricht nicht fehlen.

- Sich auf die Erfahrungen der Schüler/innen einzulassen bedeutet, sich dem zu stellen, was begegnet und anliegt. Dies gilt sowohl für den persönlichen, familiären Bereich als auch für den gesellschaftlichen Kontext, in dem die Schüler leben und aufwachsen. Gerade das Zusammenspiel beider Faktoren macht die tatsächliche Lebenswirklichkeit eines Menschen aus. Es kommt deshalb für einen Religionsunterricht, der an der Schülerin orientiert sein will, wesentlich darauf an, den persönlich-individuellen und den gesellschaftlichen Aspekt der Schülersituation zusammen zu sehen. Solch eine Verbindung ist möglich, wenn die »Alltagserfahrungen« von Schüler/innen und deren Deutungen in den Mittelpunkt des Religionsunterrichts rücken und dieser so »erfahrungsorientiert« wird.

3. Die Transzendenz des Alltäglichen, oder: Religiöse Erfahrungen

Wenn im Religionsunterricht – wie es dieser Ansatz vorsieht – Erfahrungen von Kindern und Jugendlichen in den Mittelpunkt rücken, wird es auch und im Besonderen um »religiöse Erfahrungen« gehen[207]. Was aber ist das Besondere an religiöser Erfahrung und in welcher Beziehung steht sie zu Alltagserfahrungen?
Vorauszuschicken ist der Hinweis auf die Gemeinsamkeit: Religiöse Erfahrungen sind Erfahrungen. Damit gelten für die religiöse Dimension des Lebens die genannten Strukturen: religiöse Erfahrungen sind an das Subjekt gebunden, werden von ihm selbst gemacht,

ihre Deutung geschieht in einem gesellschaftlich-geschichtlichen Kontext. Das Besondere und der Unterschied der religiösen Erfahrungen im Vergleich zu anderen ist im zugrundeliegenden Deutungsmuster zu sehen. Von ihrem spezifischen Deuterahmen her befragen religiöse Erfahrungen Alltagserfahrungen auf die Sehnsüchte und Grundbedürfnisse des Menschen. Durch das Angebot von Orientierung und Sinn wird Lebenserfahrung erweitert und vertieft. In diesem Prozess werden alltägliche Situationen aufgebrochen und überschritten. So werden alltägliche Erfahrungen zu religiösen Erfahrungen. Der einzelne Mensch gewinnt neue Möglichkeiten, Wirklichkeit wahrzunehmen und zu verstehen. In diesem Sinn betont Peter Biehl, dass religiöse Erfahrungen »Erschließungscharakter«[208] haben.
Man kann also sagen, dass religiöse Erfahrungen ihre spezifische Aufgabe an der »Grenze« haben: Sie transzendieren den Ort der alltäglichen Lebenswelt[209], indem sie in ihr eine andere Wirklichkeit aufscheinen lassen. Im religiösen Deuterahmen kommen Möglichkeiten und Bedingungen einer zukünftigen – ungebrochenen – Identität des Menschen in den Blick und die gegenwärtige Lebenssituation wird von der Vision einer »heilen« Existenz her gedeutet und verstanden. In diesem Licht lassen sich erlebte Entbehrungen, Leiden und Enttäuschungen, aber auch Erfahrungen von Liebe, Vertrauen und solidarischem Handeln verstehen. Der Mensch gewinnt neue Möglichkeiten, sich selbst und seine Umwelt zu begreifen und zu gestalten. So helfen religiöse Erfahrungen, sich selbst anzunehmen und zu akzeptieren, aber auch das Selbstverständnis und das eigene Handeln zu beurteilen. Gegenüber der vorhandenen Wirklichkeit geben sie die Möglichkeit zu kritischer Distanz und damit des Gewinns von neuen Handlungsmöglichkeiten. Zugleich initiieren sie einen Hoffnungsüberschuss, der hilft »erfahrenen Sinn immer wieder neu zu erwarten«[210].
Religiöse Erfahrungen brauchen – wie alle Erfahrung – eine konkrete Gemeinschaft. Sie stellt dem einzelnen Menschen Symbole, Sprachmuster, Bilder und rituelle Handlungen zur Verfügung, mit deren Hilfe er religiöse Erlebnisse und Eindrücke ausdrücken kann. Sie ermöglichen, die Grenzerfahrungen, die ein Individuum im Laufe seines Lebens macht, mitzuteilen und dabei auch in das eigene Leben, in das Selbst und Weltverständnis zu integrieren. In diesem Zusammenhang des Mitteilens und Austausches religiöser Erfahrun-

gen gewinnen Symbole eine hervorragende Funktion. Sie sind besonders angemessen, um die religiöse Dimension der Wirklichkeit zum Ausdruck zu bringen. Das liegt an ihrer Struktur: Symbole bauen auf sinnlicher Wahrnehmung auf, richten sich auf grundlegende Emotionen, beziehen das kognitive Verstehen mit ein und repräsentieren das Symbolisierte, ohne es zu ersetzen. So können sie religiöse Inhalte umfassend vergegenwärtigen. Die Handlungsebene wird besonders betont und hervorgehoben, wenn zum Austausch und zur Vergegenwärtigung von religiösen Inhalten lebendige Rituale zur Verfügung stehen. Im »symbolischen Handeln« entsteht Gemeinschaft, wird Vergewisserung und Orientierung ermöglicht. Die jeweiligen Kommunikations- und Handlungsvollzüge einer Gemeinschaft bilden also den Kontext, in dem ein Symbol seine Bedeutung, ein Ritual seine Geltung erhält. In diesem Kontext kann sich der einzelne Mensch diese Bedeutung aneignen und in sein Selbstverständnis einordnen[211].

Natürlich begegnet jeder Mensch auch unabhängig von der Gemeinschaft immer wieder Eindrücken und hat Erlebnisse, die ihn auf die transzendenten Elemente der Wirklichkeit hinweisen. Die individuelle, subjektive Grundlage von Erfahrung gilt auch hier. Damit diese Ereignisse aber nicht leer und wirkungslos bleiben, müssen Ausdrucksmöglichkeiten zur Verfügung stehen. Religiöse Erfahrungen sind darum immer bezogen auf eine konkrete religiöse Tradition, »in der man steht und die als sinngebender Interpretationsrahmen dient«[212]. Allerdings gilt auch »eine religiöse ›Botschaft‹ verliert ihre Evidenz in dem Maße, wie sie an den konkreten Erfahrungen vorbeigeht, die für Menschen in einer bestimmten Situation relevant sind, … (und) ihre Lebensgestaltung prägen«[213]. Wenn ein Mensch seine eigenen Alltagserfahrungen in den Symbolen, Ritualen und Sprachformen einer Gemeinschaft nicht wiederfindet, können sie für ihn nicht von Bedeutung sein.

Woher aber gewinnt eine Gemeinschaft ihre Ausdrucksformen? Zunächst einmal erwachsen diese im lebendigen Austausch einer Gruppe von Menschen. Gemeinsam wird versucht, Erlebnisse und Wahrnehmungen zu verarbeiten und zu deuten. Durch das Mitteilen wird auch das Erlebte geteilt, so können religiösen Erfahrungen für die beteiligten Personen bedeutsam werden. Der Gemeinschaft selber steht sodann in der Tradition ihrer konkreten geschichtlichen

Religion ein Repertoire an Symbolen und Ausdrucksformen zur Verfügung, auf die sie sich berufen kann und die sie in Anspruch nehmen kann. In den Traditionen und Überlieferungen stehen sozusagen die gesammelten Erfahrungen früherer Generationen zur Verfügung und können von den gegenwärtig Lebenden erprobt und weitergeschrieben werden.

Religiöse Erfahrung steht also immer im Kontext einer geschichtlichen Religion. In unserem Kulturkreis, der auch den Religionsunterricht an der öffentlichen Schule bestimmt, ist dies überwiegend die christliche Religion[214]. Sie stellt in ihrem Deutungsrahmen ein spezielles Repertoire an Symbolen und Ritualen zur Verfügung, mit denen gelernt wird, »Gott im Blick auf bestimmte Situationen und Erfahrungen beim Namen zu nennen und sich über solche Erfahrungen zu verständigen«[215]. Christlicher Glaube beruft sich im Besonderen auf Geschichten, in denen die Geschichte Gottes mit den Menschen erzählt und gehört wird. Darum sind in den Überlieferungen der »Alten« die Wurzeln des Glaubens zu erkennen. Aber diese Tradition kann nur lebendig wirken und ihre Bedeutung in die Gegenwart hinein entfalten, wenn die alten Geschichten jeweils neu geschrieben und in das eigene Leben hinein weiter erzählt werden. Überlieferung muss in die jeweilige Zeit hinein tradiert und dabei auch verändert werden, weil sie sonst wirkungslos und bedeutungsarm bleibt. Darum sind – übrigens nicht nur im Zusammenhang religionspädagogischer Überlegungen – immer beide Seiten wichtig: Die »Tradition« der Überlieferung und die »Situation« des heutigen Menschen in seinem konkreten und unverwechselbaren Leben. Religiöse Erfahrungen können für das jeweilige Individuum lebensbedeutsam sein, wenn beide Aspekte im Gleichgewicht sind.

Zuletzt noch ein – beinahe selbstverständlicher – Hinweis: Weil auch religiöse Erfahrungen gesellschaftlich bedingt sind, müssen ihre Entstehungsbedingungen und ihre Vermittlung kritisch bedacht werden. Gerade weil Religion immer auch im Interesse gesellschaftlicher Einflusskräfte ge- oder missbraucht wurde, ist zu fragen: Kommen befreiende, verändernde und transzendierende Impulse zum Tragen, oder wird Religion zur Stabilisierung bestehender Verhältnisse entfremdet?

FOLGERUNGEN Religiöses Lernen geschieht, indem ein Mensch sich auf den Dialog mit der Tradition einer geschichtlichen Religion einlässt und sich darüber in und mit einer lebendigen Gemeinschaft austauscht. In dieser Gemeinschaft lernt er die Symbole, Rituale und Handlungen kennen und anwenden, mit denen die Gemeinschaft ihre Erfahrungen ausdrückt und verarbeitet.

- Das Fragen nach Religion, nach transzendierenden Erfahrungen und Deutungen von Leben, gehört zum Menschsein. Darum gehört Religionsunterricht zum Bildungsauftrag der öffentlichen Schule.
- Religionsunterricht bezieht sich auf den Alltag der Schüler/innen und nimmt die Erfahrungen auf, die ihr Leben prägen und bestimmen. Sie werden angeregt, über ihr Leben nachzudenken und die Frage nach dem Sinn des eigenen Lebens und den Zusammenhängen in der Welt zu stellen.
- Zugleich wird der Unterricht die Schüler/innen einführen in die religiösen Sprach- und Handlungsmuster der jeweiligen geschichtlichen Religion. Dadurch erweitert sich ihre Kompetenz, religiöse Themen auszudrücken und mit anderen zu kommunizieren.
- Weil Religion gelebt und nicht nur durch Information gelernt werden kann und will, gehören Feiern und Rituale in gleicher Weise zum Unterricht wie der Dialog mit der eigenen Tradition.

»Ausgangspunkt und Ziel« oder: Der Stellenwert von Erfahrung im Religionsunterricht

Tradition und Situation stehen in einem Zusammenhang und beeinflussen sich gegenseitig – das haben wir oben gesehen. Einerseits bestimmt die historisch bedingte Tradition – durch die Bereitstellung bestimmter Symbole und Bilder auch den Inhalt der Erfahrung der Schüler/innen. Andererseits bestimmt der persönliche Anteil des Einzelnen, seine subjektive Erfahrung die Auswahl der bereitgestellten Symbole und verändert sie auf die gegenwärtige Situation hin.

In einer erfahrungsorientierten Konzeption von Religionsunterricht wird nun zunächst nach den Schüler/innen und ihren Alltagserfahrungen gefragt. Diese sind ja nicht nur »Anknüpfungspunkt« für die Vermittlung von bestimmten Inhalten, sondern Ausgangspunkt für religiöses Lernen im eigenen Lebensfeld. Für den Alltag der Schüler/innen bietet der Religionsunterricht Deutungsmöglichkeiten an, deren Inhalte und Sprache er auch aus der Tradition gewinnt. Darum werden im weiteren Verlauf Erfahrungen der biblischen Überlieferung dargestellt und Möglichkeiten ihrer Erschließung für die Schüler/innen bedacht und formuliert.

1. Religion im Alltag, oder: Die Erfahrungen der Schüler/innen

Fragt man nach den Erfahrungen der Schüler/innen in ihrem jeweiligen Alltag, ergibt sich eine methodische Schwierigkeit. Sie lassen sich nicht oder nur in ungenügender Weise allgemein formulieren. Als persönliche und individuelle Erfahrungen haben sie immer eine starke biografische Komponente. Es ist also unumgänglich, zunächst auf die Betroffenen selbst zu hören, auf Erzählungen und Darstellungen zurückzugreifen, in denen Schüler/innen über ihr Leben reflektieren, ihre Fragen und ihre Form der Sinnsuche darstellen. Daraus lassen sich dann allgemeine Hinweise ableiten und darlegen. Dieser Schritt ist wichtig und bedeutsam für die Gewinnung didaktischer Konsequenzen. Im konkreten Unterricht können und dürfen Verallgemeinerungen aber nicht das direkte Gespräch mit den jeweiligen Schüler/innen ersetzen. Hier ist der – manchmal mühselige – Weg zu gehen, die je besonderen und einmaligen Kinder einer Klasse oder Lerngruppe kennenzulernen, ihre Eigenschaften, Fähigkeiten und Begabungen wie auch ihre Verletzungen und Grenzen zu entdecken und in der Gestaltung des Unterrichts zu berücksichtigen. Zur Orientierung der Unterrichtenden und zur Einordnung können allgemeine Hinweise aber durchaus hilfreich und förderlich sein. In diesem Sinne sind die folgenden Darstellungen zu verstehen.
Dem Ansatz dieses Buches folgend, wird nun der Alltag von Schüler/innen beschrieben, die eine Schule für Lernbehinderte besuchen. Ihre Erfahrungen, ihre Fragen und ihre Deutungen dessen, was ihnen täglich begegnet, sollen im Mittelpunkt stehen. Dabei wird Bezug zu den in Kapitel 2 dargelegten Ergebnissen der sonderpädagogischen Forschung genommen und im besonderen nach Konsequenzen für

den Religionsunterricht gefragt. Ich stelle den allgemeinen Hinweisen jeweils kurze Äußerungen von Schüler/innen voran. Sie dienen der Konkretisierung des Gesagten und erinnern daran, dass Religionsunterricht es immer mit konkreten Menschen zu tun hat[216]. Indem sie selbst zu Wort kommen, geben sie uns Hinweise auf ihre Lebenswelt und die Art und Weise, wie sie mit dem Erlebten umgehen. Selbstverständlich geht es nicht darum, *den* lernbehinderten Schüler, *die* lernbehinderte Schülerin zu beschreiben. Alle Versuche, Lernbehinderung als Merkmal einer Person zu definieren, müssen – so hat die Sonderpädagogik gezeigt – als gescheitert angesehen werden. Dementsprechend werden auch keine Eigenschaften, Wesensmerkmale oder Verhaltensweisen benannt, die einen »lernbehinderten« Menschen in Vergleich zu einem »normalen« Schüler auszeichnen oder aussondern. Die zugrunde liegenden Fragen lauten vielmehr: Welche Lebenssituationen, welche Erfahrungen im häuslichen und gesellschaftlichen Alltag beeinflussen ein Kind in seiner Selbsteinschätzung? Wodurch wird sein Selbstbewusstsein beeinträchtigt, wie bewältigt es sein Leben mit allen Herausforderungen, welche Begleitung und Hilfe kann bei diesem Prozess Religionsunterricht geben und anbieten?

1.1 Nähe und Distanz

SITUATION Ein Mädchen erzählt im Unterricht von einem Selbstmordversuch, den es vor einem Jahr unternommen hat. Im Anschluss daran entwickelt sich in der Klasse folgendes Gespräch der Schüler/innen mit der Religionslehrerin:
»›Mich liebt wahrscheinlich niemand‹, überlegt Leo, ›ich könnte tot sein oder auch nicht. Noch ein paar Sachen so mit Liebe und Sex will ich ausprobieren. Aber sonst, null Bock.‹ ›Leben Sie denn gerne?‹ Gina fragt unvermittelt. ›Ja. Obwohl ich es manchmal auch schwer finde.‹ ›Wurden Sie von Ihrem Vater geprügelt?‹ ›Nein.‹ ›Waren Ihre Eltern geschieden?‹ ›Nein.‹ ›Arbeitslos?‹ ›Nein‹. ›Und Ausländerin sind Sie auch nicht. Da können Sie eigentlich gar nicht mitreden.‹
Wahrscheinlich hat sie recht«[217].

Die Lebenswelt, in der ein Kind der Schule für Lernbehinderte heranwächst und lebt, ist mit großer Wahrscheinlichkeit sehr verschiedenen von der Lebenswelt der Unterrichtenden. Bei dem

Versuch, die Alltagserfahrungen seiner Schüler/innen zu teilen, wird ein Lehrer darum oft an Grenzen stoßen – auch bei sich selbst. Eigene Normen und Werte werden in Frage gestellt, ihre »schichtspezifische« Gebundenheit tritt zutage. Diese Differenzen sind ernst zu nehmen und nicht vorschnell einzuebnen. Dann wird es vielleicht möglich, die Kinder zu verstehen, die ja im Bereich der Schule und in vielen Bereichen der Gesellschaft die Erfahrung des Nicht-Passens machen. Die damit verbundenen Gefühle der Verunsicherung und der Fremdheit können nachempfunden werden.
Religionsunterricht, der sich an den Alltagserfahrungen der Kinder orientiert, muss eine Lernumgebung bereitstellen, in der die Kinder ihre Erlebnisse und Erfahrungen auf ihre Weise ausdrücken können. Sie müssen ihre Sprache sprechen können, auch wenn diese in den Ohren der Lehrenden manchmal hart und obszön klingt und ihnen persönlich »gegen den Strich« geht. Die Kinder sollen ihre subjektiv sinnvollen Verhaltensweisen äußern dürfen, »ohne daß sie vorschnell als aufsässig, frech und faul stereotypisiert werden«[218]. Es kommt nicht in erster Linie darauf an, *wie* die Schüler/innen von ihren Erfahrungen erzählen, sondern *dass* sie es tun. Religionsunterricht gibt ihnen Gelegenheit, sich selbst wahrzunehmen, ihr Leben ernst zu nehmen und dabei zu merken: Es ist nicht gleichgültig, ob »ich tot bin oder auch nicht«. Wenn sie erleben: Ich werde so gehört und wahrgenommen, wie ich bin, mit meinen eigenen Worten und meinem Tun, können sie beginnen, die eigene Sprache zu erweitern und neue Handlungsmöglichkeiten zu erproben. Vielleicht können sie dann auch hören und verstehen, warum die Lehrerin gerne lebt, auch wenn sie es manchmal schwer findet.

1.2 Verletzung und Ermutigung

SITUATION Nach einer Stunde, in der ein Junge durch besonders störendes Verhalten und verbalen und tätlichen Angriffen gegenüber Mitschülern aufgefallen ist und er am Ende verzweifelt und wütend weinend an seinem Platz sitzt, bricht es aus ihm heraus:
»Ist doch ›ne Idiotenschule. Oder? Und darum ist mein Vater sauer auf mich. ... Weil, der kann Idioten nicht leiden. Und wer soll mal die Firma übernehmen, wenn ich zu blöd bin? Und darum schlägt er mich immer. ... Wissen Sie denn, was schlagen heißt? Mit dem Elektrokabel. Und dann muß ich die ganze Nacht auf dem Stuhl sitzen.«

Am nächsten Tag kommt er auf die Religionslehrerin zu und teilt seine Schokolade mit ihr: »Da, haben Sie auch was für die Pause. Ist schon ein bisschen weich, aber macht nichts«[219].

Die Lern- und Lebensgeschichte eines Kindes, das die Schule für Lernhilfe besucht, ist mit Sicherheit nicht frei von Erfahrungen des Scheiterns und der inneren und äußeren Verletzungen. Das schlechte Abschneiden ihres Kindes im Leistungsvergleich der Altersgruppe, die schulischen und organisatorischen Konsequenzen sind auch für die Eltern eines Kindes oft schwer zu ertragen und zu bewältigen. Misshandlungen körperlicher und seelischer Art sind häufig eine Folge davon, dass die Familie keine Hilfe zum Umgang mit der »Lernbehinderung« des Kindes findet. Für das Kind bringt das Verhalten der Eltern ein hohes Maß an Unsicherheit und Entmutigung mit sich. Zutrauen zur eigenen Fähigkeit und Mut zum Lernen lassen sich nur sehr bedingt gewinnen. Das Kind erlebt sich als missachtet, nicht erwünscht und unpassend: »So, wie ich bin, bin ich nicht in Ordnung«. Im Unterricht werden die Konsequenzen dieser Selbsteinschätzung spürbar und erlebbar: Wer nicht verstanden wird oder sich nicht verstanden fühlt, zieht sich zurück und verstummt. Wer gedemütigt ist, wird mit allen Mitteln versuchen, seine Kraft und Stärke zu demonstrieren. Zugleich sehnen sich Kinder nach Verlässlichkeit und Liebe. In aggressivem Verhalten kann sich diese Sehnsucht ebenso äußern wie in Verstummen oder scheinbarem Desinteresse.
Zugleich geben die Kinder immer wieder auch Hinweise darauf, wie sie selbst ihr Leben bewältigen, nach Kontakt suchen und Beziehung anbieten. Sie haben Kräfte und Energien, mit denen sie jeden Tag bestehen und aus denen der Mut zum nächsten Tag erwächst.
Religionsunterricht, der sich an den Alltagserfahrungen der Schüler/innen orientiert, wird diese Kräfte der Kinder wahrnehmen und stärken. Er wird versuchen, Sicherheit zu vermitteln und Zutrauen zu sich und anderen zu wecken, verletztes Selbstwertgefühl zu stärken. Gemeinsam kann nach Quellen der Kraft gesucht werden, daraus entstehen Hoffnung und Ermutigung. Eine Atmosphäre der Akzeptanz und der Zustimmung kann einen Raum schaffen, in dem vom Leben erzählt und geträumt wird.

1.3 Ausgrenzung und Integration

SITUATION »Als ich in die Förderschule musste, verlor ich alle meine alten Freunde« (Junge, 9 Jahre alt).
»Die anderen ärgern mich, nur weil ich in die Förderschule gehe. Ganz besonders ärgert mich, wenn Hauptschüler zu mir Sonderschwuler sagen« (Junge, 12 Jahre)[220].

Die Schule für Lernbehinderte selbst – so hat sich oben gezeigt – trägt zur gesellschaftlichen Randposition bei, in der sich das Kind erlebt. Nicht nur von den Eltern wird es darauf hingewiesen. Es spürt – und mit zunehmendem Alter wird dies schmerzlich bewusst – den Makel, mit dem diese Schule als »Dummenschule« behaftet ist und erlebt die gesellschaftliche Aussonderung, die mit dem Besuch dieser Schule verbunden ist. Zugleich fühlen sich die Schüler/innen in der Schule selbst oft geborgen und behütet – das ist besonders dann der Fall, wenn es den Unterrichtenden gelingt, sich auf die individuellen Schüler/innen einzustellen.
Religionsunterricht, der sich an den Alltagserfahrungen der Schüler/innen orientiert, wird immer auch das gesellschaftliche Umfeld der Schule bedenken und in seinen Auswirkungen ernst nehmen. Unterrichtende an der Schule für Lernbehinderte dürfen nicht beim individualisierten Ansatz stehen bleiben. Die Entlastungserfahrung, die die Schule für das individuelle Kind hat – in der Schule ist es schöner als zu Hause, angstfreier, verlässlicher – darf den Unterrichtenden nicht davon entlasten, sich als Anwalt des Kindes zu sehen in und gegenüber der Gesellschaft und der Position, die sie dem Kind zuweist. Er muss sich der gesellschaftlichen Bedingungen und der systemischen Zusammenhänge, die das Kind oft nur erlebt und erleidet, bewusst sein und sie in seiner Unterrichtsgestaltung berücksichtigen. Er leitet das Kind an, diese Zusammenhänge wahrzunehmen und sich nicht allein verantwortlich zu fühlen für sein Versagen.

1.4 Glück und Angst

SITUATION »Ich? Glücklich sein? Das geht doch nicht!« Diesen Satz erläutert Dragana ihrer Lehrerin in einem Gespräch über ein Bild von einem

wunderschönen Haus, das sie gemalt hat, als das Thema »Glück« auf dem Plan stand:
›Dein Haus ist prächtig … Aber es sieht aus, als wohne niemand darin.‹
›Wohnt auch niemand. Die Erwachsenen sind alle im Krieg…. Alle Kinder spielen im Garten … Krieg natürlich.‹ ›Und du? Bist du auch auf dem Bild?‹
›Ja. Nein. Man kann mich nicht sehen. Weil – ich hab mich im Keller versteckt. … Weil ich immer Angst habe.‹ … ›Du hast die ganze Zeit Angst?‹
›Nicht immer. Wenn ich in der Schule bin, habe ich keine Angst. Darum mag ich am liebsten hier in der Schule sein«[221].

Die Statistik belegt: in der Schule für Lernhilfe sind viele Kinder ausländischer Herkunft. Dazu gehören auch Kinder aus Kriegsgebieten, die als Flüchtlinge und Asylsuchende nach Deutschland in ein fremdes Land gekommen sind. Ihre Erfahrungen sind geprägt von tiefsitzender Unsicherheit und Angst. Sie erleben, dass auch ihre Eltern und andere erwachsene Familienangehörige von der Angst um ihr Leben erfasst und geprägt sind. Die Kinder tragen Erinnerungen an das Sterben und den Tod in der eigenen Familie in sich, sie sind erfüllt von tiefer Existenzangst. Sie sind zerrissen zwischen Heimweh und schrecklicher Erinnerung, dem Wunsch, »nach Hause« zu gehen und der Angst, abgeschoben zu werden. Sie suchen nach Sicherheit, Geborgenheit und Verlässlichkeit – auch und besonders in der Schule und bei den Unterrichtenden. Damit sie lernen können, brauchen sie eine verlässliche, strukturierte Umgebung. Sie brauchen angstfreie Räume und aufgeschlossene Lehrkräfte. Langsam können sie so ihre Erlebnisse mitteilen, von ihrer Angst sprechen oder malen und sie vielleicht ein kleines Stück loswerden.
Religionsunterricht, der sich an den Alltagserfahrungen der Kinder orientiert, wird diesem Mitteilen viel Zeit und Raum lassen. Geduld und Aufmerksamkeit sind dabei vonnöten. Hilfe zum Verstehen dessen, was geschehen ist, kann auch dadurch gegeben werden, dass gemeinsam nach Hintergründen für Kriege in der Welt gefragt wird. Die Auswirkungen von Gewalt – auch im täglichen Miteinander – auf Menschen werden bedacht und Möglichkeiten gewaltfreien Miteinanders konkret erprobt und erlebt.

SITUATION »Die Mädchen sind z.T. verheiratet, haben schon Kinder, wohnen aber z.T. auch noch bei ihren Eltern. Die meisten sind arbeitslos. Von den Jungen sind viele im Knast, oder sie waren schon drin. Weißt du, das ist bei denen so: Da lernen sie vielleicht ein Mädchen kennen, das will ein Kind von ihnen, und dann ist kein Geld da. Die ich kenne, die sind ja alle arbeitslos. Dann machen die halt einen Bruch, knacken irgendwas auf. Und schon sind sie im Knast.« (Jutta S. in einem Gespräch über ihre ehemaligen Klassenkameraden)[222].

Schüler/innen der Schule für Lernhilfe erwartet ein Leben am Rande der Gesellschaft. Ihre Aussichten, einen Beruf ergreifen zu können, der finanziell und ideell befriedigend ist, sind recht gering. Neben den finanziellen Einschränkungen bedeutet dies auch, dass die Schüler/innen immer wieder mit dem Bild eines erfolgreichen Menschen konfrontiert sind, dem sie nicht entsprechen (können). Gesellschaftliche Normen aber wirken sich in gravierender Weise auf das Selbstbild und das Selbstverständnis aus. Gerade heranwachsende junge Menschen orientieren sich an Leitbildern, die von Massenmedien produziert und verbreitet werden. Erfolgreich sein bedeutet: genügend Geld zu haben, ein schnelles Auto, eine schicke Freundin oder einen attraktiven Freund, sich exotische Urlaubsreisen und teure Hobbies leisten zu können[223]. Schüler/innen der Schule für Lernhilfe werden diesem Bild in der Regel nicht entsprechen können.

Religionsunterricht, der sich an den Alltagserfahrungen der Schüler/innen orientiert, kann diese Diskrepanz nicht leugnen oder übergehen. Darum wird er den Kindern zunächst Einsicht in die gesellschaftlichen Zusammenhänge ermöglichen, die zu ihrer Lebenssituation gehören: die Arbeitslosigkeit der Eltern und die damit verbundenen familiären Probleme, die soziale Randstellung der Familie und damit zusammenhängenden (Selbst-)Einschätzungen. Darüber hinaus aber muss der schwierige Versuch gewagt werden, den jungen Menschen zu einem Selbstwertgefühl zu helfen, das unabhängig von gängigen Normen Bestand hat und sich nicht an den gesellschaftlich definierten Erfolg bindet. Damit dies gelingen kann, braucht es ein hohes Maß an Sensibilität gegenüber den Sinn-Deutungen, die Kinder selbst ihrem Leben beilegen. Daran anknüpfend kann im Unterricht von Gott erzählt werden, der die

Menschen als seine Geschöpfe liebt und sie nicht nach Leistung, Schönheit oder gesellschaftlicher Brauchbarkeit bewertet. Konkret erfahrbar wird dies, wenn in und durch den Unterricht Kontakte zu Jugendgruppen von Kirchengemeinden angebahnt und Ausgrenzungen wenigstens ansatzweise überwunden werden können[224].
Religionsunterricht hilft den Schüler/innen, ihre Alltagserfahrungen zu verstehen und stellt ihnen Deutungsmöglichkeiten vor, die ihre bisherigen Erfahrungen überschreiten. Indem er Sinn und Orientierung anbietet, trägt er zur Identitätsbildung bei. Ausgangspunkt sind Schlüsselsituationen und Erfahrungen im Leben der Kinder, für die Sprach- und Ausdrucksmöglichkeiten gesucht werden. Wenn Erfahrungen keine Worte finden, bleiben die Schüler/innen sprachlos und können keinen Zugang zum eigenen Leben finden. Dann kann sich das Kind auch nicht auf neue Erfahrungen einlassen und Deutungsangebote aufnehmen, die Leben ermöglichen. In die eigenen Erfahrungen hinein hören die Schüler/innen im Religionsunterricht von den Lebensangeboten und -deutungen, wie sie in der biblisch-christlichen Tradition zu finden sind, und haben Gelegenheit, diese für sich selbst zu erproben.

2. Leben in Beziehung zu Gott, oder: Erfahrungen in biblisch-christlichen Traditionen

Religionsunterricht hilft den Schüler/innen, ihr Leben zu verstehen und nach Antwort auf ihre Fragen zu suchen. Christlicher Religionsunterricht, so stellten wir fest, findet dafür Anregung und Angebote in der biblisch-christlichen Tradition. In den Geschichten und Texten des Alten und Neuen Testaments haben Menschen zu verschiedenen Zeiten und aus verschiedenen Kulturen ihr Leben von Gott her und auf ihn hin gedeutet, verstanden und gelebt. Dieses Deutungsangebot soll den Schüler/innen nahe gebracht werden, damit sie es in das Gespräch, den Dialog mit den eigenen Erfahrungen aufnehmen können. Gestalten und Texte der Kirchengeschichte ergänzen dies, in der Auseinandersetzung mit ihren Lebensbildern und -geschichten lassen sich Anregungen zur eigenen Lebensgestaltung gewinnen.
Nun lassen sich die biblischen Texte und die in ihnen enthaltenen Erfahrungen aber nicht unvermittelt auf die heutige Lebenssituation

beziehen. Die historische Distanz zu den Texten, ihre Eigenständigkeit wie auch die Eigenständigkeit gegenwärtiger Situationen sperren sich gegen eine einfache Korrelation. Darum darf die biblische Tradition im Religionsunterricht nicht einfach »vorausgesetzt« und »tradiert« werden, vielmehr muss sie von den Beteiligten in einem wechselseitig kommunikativen Prozess je wieder neu kritisch angeeignet werden[225].

Dies ist für Unterrichtende und Lernende gleichermaßen eine hermeneutische Aufgabe und Herausforderung. Die Texte wollen in ihren jeweiligen historischen, sozialen und literarischen Zusammenhängen ernst genommen sein, zugleich soll eine Beziehung zu gegenwärtigen Lebenssituationen entstehen können. Damit dies gelingt, bietet die Bibelwissenschaft verschiedene Methoden und Zugangsweisen an. Die historisch-kritische Methode konzentriert sich auf die Erarbeitung der Aussage des Textes in seiner Entstehungssituation und schafft sozusagen die Verstehensvoraussetzungen. Indem sie seine Fremdheit und Eigenständigkeit betont, bewahrt sie den Text vor vorschneller und interessegeleiteter Vereinnahmung. Hinzu kommen weitere Auslegungsmethoden[226], die biblische Texte in besonderer Weise auf Erfahrung hin befragen. Geht man davon aus, dass sie in ganz konkreten historischen Situationen entstanden sind, lassen sich die Aussagen der Texte als je spezifische »Antworten des Glaubens« auf die »Provokation der Situation«[227] begreifen. Tradition und Situation stehen also schon in den biblischen Texten in einer fruchtbaren Beziehung. »Die spezifische Botschaft und Intention eines biblischen Textes wird … erst aus dem jeweiligen Kontext heraus verständlich, in dem er entstanden, tradiert, gehört wurde und wird. Der Text der Bibel beginnt erst im Kontext der Erfahrung zu sprechen«[228]. In gleicher Weise wie es die Texte selber tun, sind heutige Situationen in einen erfahrungsbezogenen Dialog mit der Tradition zu bringen.

Die Glaubensaussagen der biblischen Traditionen sind also keine ewigen, unwandelbaren Wahrheiten, die ein Lehrer kennt und die Schüler kennenzulernen haben. Die Texte selber sperren sich gegen die Form dogmatischer Lehrsätze. Vielmehr bringen sie ihre spezifische Bedeutung und Wahrheit immer nur im jeweiligen Kontext der »Lesenden« und Hörenden zum Vorschein. So und nicht anders können sie für die Schüler/innen in ihrer jeweiligen Lebenssituation bedeutsam werden. Die Auswahl der Inhalte ist darum nicht beliebig und kann nicht einfach einem festgelegten Bildungskanon überlassen bleiben. Religionsunterricht muss vielmehr solche Traditionen ins Gespräch bringen, die mit ihren Intentionen in den jeweiligen Lebenszusammenhang der Schüler/innen hineinreichen. Einige Linien sollen im Folgenden exemplarisch nachgezeichnet und auf die Alltagserfahrungen der Schüler/innen, wie sie im ersten Abschnitt beschrieben wurden, bezogen werden.

2.1 Der Mensch als Partner Gottes und des Menschen

An ihrem Anfang erzählt die Bibel in bildhafter Sprache und in zwei Geschichten von der Erschaffung des Menschen. Dabei geht es beiden Texten bei aller Verschiedenheit wesentlich um die Beschreibung der Beziehung des Menschen zu Gott, zum Mitmenschen und zur Welt[229].

> *Der ältere Text des Jahwisten formuliert ganz konkret:*
> *»Da machte Gott, der Herr den Menschen aus Erde vom Acker und blies ihm den Odem des Lebens in seine Nase. Und so ward der Mensch ein lebendiges Wesen« (1. Mose 2,7).*
> *Die Schöpfungsgeschichte der Priesterschrift (1. Mose 1,1–2,4a) drückt dies so aus:*
> *»Und Gott schuf den Menschen zu seinem Bilde, zum Bilde Gottes schuf er ihn, und schuf sie als Mann und Frau« (1. Mose 1,27).*

Gott hat den Menschen auf eine Weise geschaffen, dass etwas zwischen dem Geschöpf und dem Schöpfer geschehen kann. Er gibt ihm Anteil an sich, darum kann der Mensch Gott ent-›sprechen‹, in eine Beziehung zu ihm treten. Diese partnerschaftliche Beziehung zu Gott ist konstitutiver Teil des Menschseins und unabhängig von besonderen Eigenschaften und Verhaltensweisen eines Individuums oder einer Gruppe. Sie ist vielmehr genauso grundlegend für das Sein des Menschen wie seine Existenz in der Zweigeschlechtlichkeit als Frau und Mann und im Zusammenhang der Welt. Partnerschaft, Beziehung zum anderen Menschen, zu den Mitgeschöpfen *und* zu Gott sind nach der biblischen Auffassung für Menschsein konstitutiv. Mit dem Gedanken der fundamentalen Beziehung des Menschen zu

Gott wird die Würde und der besondere Wert eines jeden Menschen festgeschrieben. Sie gilt für alle Menschen ohne Ausnahme und jenseits aller Unterschiede, die in gesellschaftlichen Kategorisierungen und Bewertungen vorgenommen werden.
Immer wieder weisen biblische Texte auf diese Beziehung hin und sprechen von der besonderen Zuwendung Gottes zu den Menschen. Als Schöpfer allen Lebens hält Gott dem Menschen und seinen Geschöpfen einen Lebensraum bereit. Dies führt zur antwortenden Freude und zum Lob Gottes (wie es z.B. Psalm 8 tut), aber auch zum Wissen um die Verpflichtung, dem Willen Gottes entsprechend zu leben und die Welt zu gestalten. Die Erfahrung, dass Leben in und mit der Welt immer wieder scheitert und der Schöpfungswille Gottes von dem realen Umgang und den Verhältnissen in der Welt in Frage gestellt wird, versteht die Bibel als Entfremdung zwischen Gott und Mensch und beschreibt sie als Sünde. Gegen alle Erfahrung von Zerstörung und Herrschaft des Todes hält sie aber immer wieder daran fest, dass Gott der Freund des Lebens ist. So erinnert der Prophet Hesekiel seine Mitmenschen in aussichtsloser Situation an Gottes Schöpfung, die zum Leben führt:

»Und ich will meinen Odem in euch geben, dass ihr wieder leben sollt, und will euch in euer Land setzen, und ihr sollt erfahren, dass ich der Herr bin. Ich rede es und tue es auch, spricht der Herr« (Hesekiel 37,14).

In den Alltagserfahrungen der jungen Menschen kann diese Grundaussage ermutigende und aufbauende Bedeutung gewinnen. Gegen alle Erfahrung der Ausgrenzung und der Wertlosigkeit (»ich könnte tot sein oder auch nicht«) wird jedem Schüler, jeder Schülerin zugesagt: ›Gott hat dir seinen Atem gegeben, dich zu seinem Bild geschaffen, du bist einmalig und wertvoll, niemand hat das Recht, dein Leben und deine Existenz in Frage zu stellen‹. Diese »Erfahrung« soll dem Kind im Unterricht angeboten werden. Es versteht sich von selbst, dass dies nicht nur mit Worten geht, die unbedingte Akzeptanz soll es erleben und dabei spüren können, dass es persönlich gemeint ist.
Aus dieser Aussage gewinnt Unterricht auch die Motivation zum Widerstand und Protest gegen alle Erfahrungen in Familie und

Umwelt und gegen alle Strukturen in Schule und Gesellschaft, die die Würde des Subjekts einschränken wollen. Zusammen mit ihren Schüler/innen werden die Unterrichtenden zum Anwalt des Lebens.

2.2 Für das Recht der Armen

Die Ermutigung zum Widerspruch gegen ein- und ausgrenzende Verhältnisse und das Eintreten für Unterdrückte ist eine weitere Linie biblischer Überlieferung, die besonders in der Schule für Lernbehinderte an Bedeutung gewinnen kann. Beispielhaft soll dies am Propheten Amos beschrieben werden.
Amos lebt im 8. Jahrhundert v.Chr. im Nordreich Israels. Als Gerichtsprophet kündigt er den Untergang des Reiches an. Er sieht sich als von Gott Beauftragter, der das politische, gesellschaftliche und religiöse Leben seiner Zeit kritisiert. Dabei kommt vor allem die soziale Situation des Landes zur Sprache, die vom verantwortungslosen, selbstsicheren Verhalten der tonangebenden Oberschicht bestimmt ist. Deren Angehörige betrachten sich als die Vornehmen und Herren im Lande. In wirtschaftlichen und juristischen Belangen nutzen sie ihre Finanzkraft und den politischen Einfluss zu ihren Gunsten. Sie setzen sich über die Rechtsordnung hinweg, bestechen die Richter, sodass diese nach der Finanzkraft ihrer Klienten entscheiden. Ebenso wird im wirtschaftlichen Bereich verfahren. Schulden und Abgaben werden ohne Rücksicht auf persönliche Nöte der Betroffenen eingetrieben, um den eigenen Profit zu vermehren.

> *»Darum, weil ihr die Armen unterdrückt und nehmt von ihnen hohe Abgaben an Korn, so sollt ihr in euren Häusern nicht wohnen, die ihr von Quadersteinen gebaut habt. Ich kenne eure Freveltaten, die so viel sind, und eure Sünden, die so groß sind, wie ihr die Gerechten bedrängt und Bestechungsgeld nehmt und die Armen im Tor unterdrückt« (Amos 5,11f)*[230].

Die Habgier einiger weniger Machthaber zerstört in Israel die freiheitliche Ordnung aller, Macht wird rücksichtslos gegen Recht und gegen soziale Verantwortung ausgespielt. Diese Verhältnisse und die Einstellungen der Betroffenen bringt Amos mit der Gottvergessenheit der Menschen in Zusammenhang: »Suchet mich, so werdet

ihr leben« verkündet er als Spruch Jahwes (5,4), als dessen unmittelbares Wort. Gott hat seinem Volk gegenüber als Befreier gehandelt[231] und ihm mit den Geboten Lebensmöglichkeiten geschenkt. Wenn aber »die Befreiten und Beschenkten ihres Befreiers und Rechtslehrers nicht mehr eingedenk sind, werden sie zu Unterdrückern und Ausbeutern. ... Menschliche Gemeinschaft zerbricht, wo Gott vergessen wird«[232]. Gott wird von Amos als ein Gott vorgestellt, der im alltäglichen Zusammenleben der Menschen eine Rolle spielen will, dessen Wille das ganze Dasein der Menschen prägen und bestimmen soll.
Diese prophetische Tradition zieht sich wie ein roter Faden durch die ganze Bibel und weist unmissverständlich auf den kritischen Impuls der biblischen Botschaft hin. In den prophetischen Büchern des Alten Testaments ist dieser Aspekt ebenso zu erkennen wie z. B. in der Predigt Johannes des Täufers und dem Auftreten Jesu. Menschliches Handeln, Leben und Zusammenleben wird gemessen am Maßstab des Willens Gottes, wie er in den Geboten dargelegt ist und im Handeln Jesu erkennbar wurde. Der Mensch, so wurde im vorigen Abschnitt erkennbar, ist zum Gegenüber und Partner Gottes geschaffen. Diese Bestimmung erweist sich nun als Kriterium für die Beurteilung gesellschaftlicher Wirklichkeit: Trennung, Unterteilung von Menschen in Besitzende und Besitzlose, Machthabende und Unterdrückte entspricht nicht dem in Schöpfung, Geschichte und Gesetz zutage tretenden Willen Gottes. Der Prophet Amos zeigt beispielhaft, dass dies nicht eine allgemeine Floskel, sondern in die je konkrete politische, gesellschaftliche und wirtschaftliche Situation eines Landes hineinzusprechende, manchmal unangenehme und für den Sprecher lebensbedrohliche Wahrheit sein kann. Angesichts konkreter Missstände in seiner Gegenwart klagt er in der Erinnerung an das geschichtliche Handeln Gottes für seine Zeit Leben ein, wie Gott es will.
In der Lebenssituation der Schüler/innen der Schule für Lernbehinderte gewinnt dieser Aspekt biblischer Tradition existentielle Bedeutung. Sie können erkennen, dass und inwiefern sie zu den Unterdrückten und Entrechteten gehören. Sie erfahren, dass Gott sich bedingungslos auf ihre Seite stellt. In den prophetischen Worten gewinnen sie Stimme und Ausdruckskraft, ihre eigene Situation zu beschreiben. Ebenso lernen sie in den Geboten und dem Willen

Gottes ein Angebot kennen, ihr Zusammenleben in Schule und Familie so zu gestalten, dass es von der Rücksicht auf Schwache und der Achtung vor dem Leben und dem Anderen geprägt ist. Menschen, die sich der Macht des Stärkeren oft wehrlos und orientierungslos ausgesetzt fühlen, können in der Begegnung mit der prophetischen Tradition Maßstäbe zur Orientierung gewinnen, die eigenen Erfahrungen deuten und so ausdrucks- und urteilsfähig werden. In der Art und Weise, wie diese Linie biblischer Tradition z.B. in der Befreiungstheologie Lateinamerikas[233] aufgenommen wurde und wird, gewinnt Religionsunterricht an der Schule für Lernbehinderte ein Modell zur Arbeit an und mit solchen Texten und Überlieferungen.

2.3 Integration von Behinderten und Unmündigen

Jesus ist in der Tradition des Alten Testaments aufgewachsen und hat in ihr gelebt. Er geht von der Fürsorge Gottes, seiner ›Partnerschaft‹ mit den Menschen aus (vgl. das Wort von der Sorge, Mt 6,26ff). Diese will er in seinem Umgang mit den Menschen deutlich machen und zum Ausdruck bringen[234]. Er sucht sie an ihrem alltäglichen Lebensort auf und zeigt ihnen so, dass und wie Gott sich den Menschen zuwendet und Gemeinschaft untereinander will. Er spricht ihre Sprache: In den Gleichnissen und Bildreden gebraucht er Bilder aus dem Alltag der Menschen und erzählt ihnen so von der Herrschaft Gottes. Er malt seinen Zuhörern ein Bild von der »Königsherrschaft Gottes« (so der Evangelist Matthäus), in der bestehende Ordnungen und Verhältnisse umgewandelt sind, geltende Maßstäbe ›verkehrt‹ werden und eine Gerechtigkeit herrscht, die sich mit herkömmlichen Vorstellungen nicht vergleichen lässt (vgl. etwa Lk 13,18–21 oder Lk 15,8ff). Er nimmt ihre Lebenssituation ernst, indem er hilft, wo es nötig ist. In diesem Sinne sind auch seine Heilungen zu verstehen, sie dienen immer auch der (Wieder) Herstellung der Gemeinschaft von Menschen untereinander und mit Gott. Er wendet sich den Randgruppen der Gesellschaft seiner Zeit zu, ihnen besonders gilt die Botschaft von Gottes naher Herrschaft. Er will sie nicht vertrösten und zur duldenden Fügung in ihr Schicksal auffordern. Vielmehr nimmt er sie ganz unmittelbar in seine Gemeinschaft hinein – er isst mit ihnen, wählt seine engsten

Mitarbeiter aus ihrem Kreis (etwa Mk 2,13ff). Er kritisiert bestehende Vorstellungen und Verhältnisse, religiöse und politische, wenn sie Menschen ausgrenzen. Krankheit sieht er nicht, wie seine Umgebung, als Strafe Gottes und Trennung von der Gemeinschaft mit ihm; Gottes- und Menschengesetze werden unter dem Aspekt gewertet, ob sie dem Menschsein des Menschen helfen oder nicht; religiöse Praktiken und Vorstellungen unterliegen dem gleichen Maßstab (etwa Joh 9,1ff und Mk 3,4).
An einem kleinen Text des Matthäusevangeliums lässt sich dieses Handeln und Reden Jesu exemplarisch verdeutlichen:

> *»Und Jesus ging in den Tempel hinein und trieb heraus alle Verkäufer und Käufer und stieß die Tische der Geldwechsler um und die Stände der Taubenhändler ... Und es gingen zu ihm Blinde und Lahme im Tempel und er heilte sie. Als aber die Hohenpriester und Schriftgelehrten die Wunder sahen, die er tat und die Kinder, die im Tempel schrieen: Hosianna, dem Sohn Davids, da entrüsteten sie sich« (Mt 21,12.14f).*

Mit dem Bericht von der Tempelreinigung – Jesus verurteilt handgreiflich die Verbindung zwischen Anbetung Gottes und Geschäftemacherei – verbindet Matthäus diese interessante Szene: Blinde und Lahme kommen zu Jesus in den Tempel und werden dort geheilt. Kinder rufen ihn im Tempel als Davidssohn an[235]. Bei beiden Personengruppen handelt es sich um Menschen, die nach gängiger Auffassung zur Zeit Jesu mit einem Mangel behaftet sind. Krankheit und Behinderung zeigen nach alttestamentlich-jüdischer Auffassung eine Störung des Gottesverhältnisses an und werden allgemein als Strafe Gottes für begangene Schuld angesehen (vgl. Joh 9,2). Dies hat eine Stigmatisierung der Betroffenen zur Folge; in deren Konsequenz kommt es zu Einschränkungen der Sozialbeziehungen, zur sozialen und wirtschaftlichen Verelendung. Auf kultischem Gebiet disqualifiziert der körperliche Mangel, die Betroffenen sind nicht nur körperlich krank oder behindert, sondern auch in kultischer Hinsicht unrein. Kinder sind nach Auffassung der religiös-gesellschaftlichen Repräsentanten als Unmündige anzusehen, ein begründetes religiöses Urteil über Jesus, wie es in ihrem Lob zum Ausdruck kommt, steht ihnen nicht zu. So ist der Widerspruch der Schriftgelehrten und Priester verständlich und die Brisanz der Antwort Jesu wird erkennbar:

> *»Sie sprachen zu ihm: Hörst du auch, was diese sagen? Jesus antwortete ihnen: Ja! Habt ihr nie gelesen (Psalm 8,3): ›Aus dem Munde der Unmündigen und Säuglinge hast du dir Lob bereitet‹? Und er ließ sie stehen« (Mt 21,15–17a).*

Die knappe Antwort Jesu stellt klar: Wer Gott richtig versteht, so behauptet er unter Berufung auf ein Psalmwort, der weiß, dass Kinder mit ihrem Lob im Recht sind und dass gerade die Ausgestoßenen ihren Platz im Tempel, in der Nähe Gottes haben. Der Tempel ist der Ort, an dem von Gottes Herrschaft die Rede ist und Heil erfahrbar wird – und zwar gerade und besonders durch und für die Unmündigen. Gott wird als der Gott in Anspruch genommen, der Unmündigen Weisheit schenkt, sich gerade ihnen offenbart und sie beschützt. In diesem Sinne versteht Jesus sein Handeln und Reden, auf diesen Gott beruft er sich, wenn er trennende Unterschiede zwischen den Menschen aufhebt. Darin ist das Reich Gottes, die eschatologische Heilszeit[236] angebrochen. Ausgrenzende soziale und religiöse Regelungen gelten nicht mehr, und zwar nicht erst in einer fernen Zukunft, sondern jetzt und im konkreten Leben, zwischen konkreten Menschen.
Die Begegnung mit der Person Jesu im Religionsunterricht kann eine Hilfe sein, dass die Schüler/innen sich in ihrem Kindsein und der damit verbundenen »Entwertung« bewusst werden. Zugleich können sie ermutigt werden, ein realistisches Selbstwertgefühl zu entwickeln, das nicht allein abhängig ist von gesellschaftlichen Einschätzungen. In Jesus begegnen sie einem Menschen, der ihrem Bedürfnis nach Selbstachtung, Stolz und Eigenständigkeit entgegenkommt, der bereit ist, sie wachsen zu lassen. Das Lebensgefühl vieler Menschen, um die Jesus sich in erster Linie gekümmert hat, entsprach dem Grundgefühl: »Ich bin am Ende, ich weiß nicht mehr weiter, was bin ich eigentlich wert?« Gerade in fesselnde und abgeschnittene Lebensgeschichten, in Biografien ohne jede Aussicht auf Änderung, hat er befreiend eingegriffen und denen eine neue Zukunft gegeben, die nichts mehr zu erwarten hatten. Ihnen hat er einen möglichen Weg gezeigt, wie sie mit ihren belastenden Erfahrungen leben konnten.

Diesen Menschen hat er die besondere Nähe Gottes zugesagt und gezeigt. Wenn im Religionsunterricht von diesem Gott die Rede ist, können neue Erfahrungen von Lebendigkeit, Würde und Befreiung konkret geschaffen, vermittelt und erlebt werden.

2.4 Aufhebung aller Unterschiede zwischen Menschen

Die christliche Gemeinde hat in Jesus den Christus gesehen, den erwarteten Messias und Heilsbringer, und ihn damit in einzigartiger Weise mit Gott in Verbindung gebracht. Ihr Bekenntnis heißt: In Jesu Leben und Sterben, in seinem Reden und Handeln ist Gott zu erkennen, sein Wesen und seine Herrschaft. Und damit ist auch Entscheidendes über seine Beziehung zum Menschen ausgesagt: Gott steht in besonderer Nähe zu dem Schwachen, Kranken und Ausgesonderten. Dies bestätigt sich gerade in der Kreuzigung Jesu: Im Leiden und der Niederlage wird Gottes Nähe zu den leidenden und unterdrückten Menschen, den Ohnmächtigen und Ausgelieferten besonders erkennbar. So stellt Gott in Jesus bestehende Maßstäbe und Herrschaftsverhältnisse grundlegend in Frage. Nicht durch Gewalt und die Demonstration von Macht offenbart Gott seine Kraft, sondern paradoxerweise in der Ohnmacht und im Verzicht auf den Beweis von Stärke. Hinwendung und Nähe sind Charakteristika seiner Herrschaft, ebenso wie das Wahrnehmen von Hilfsbedürftigkeit und Einsamkeit. Der Glaube an diesen Gott verändert das Zusammenleben von Menschen, die sich als Nachfolger Jesu verstehen, grundlegend. Das lässt sich im Neuen Testament noch an mancher Stelle spüren, ein Beispiel dafür ist ein Text aus dem Brief des Paulus an die Galater:

> *»Ihr seid alle durch den Glauben Gottes Kinder in Christus Jesus. Denn ihr alle, die ihr auf Christus getauft seid, habt Christus angezogen. Hier ist nicht Jude noch Grieche, hier ist nicht Sklave noch Freier, hier ist nicht Mann noch Frau; denn ihr seid allesamt einer in Christus« (Gal 3,26–28).*

Der Apostel geht in seinem Brief auf ganz konkrete Anliegen der Gemeinden in Galatien ein und versucht, ausgehend von der Lebenssituation der Menschen dort, zu beschreiben, was Christsein heißt: Menschen, die sich auf Christus als den Grund ihres Lebens berufen, so argumentiert er, haben eine neue, andere Art von Wirklichkeit kennengelernt, die man als ›eschatologische Existenz‹ bezeichnen kann. Eschatologisch leben bedeutet aber nicht nur, auf eine von Gott qualifizierte Zukunft zu warten. Es geht vielmehr darum, jetzt schon von dieser erwarteten, erhofften Zukunft her sein Leben in der Gegenwart zu gestalten. Wenn Paulus in diesem Zusammenhang von der ›Kindschaft Gottes‹ spricht[237], betont er die Freiheit und Mündigkeit des Menschen gegenüber allen Bindungen, die versklaven und bevormunden wollen. Ihr alle seid Kinder Gottes, hält er den Galatern vor, wobei das Wort ›alle‹ hier wie in V. 28b durch die Stellung im Satz besonders unterstrichen ist. Darauf kommt es ihm an: In Christus gibt es keine Unterschiede (V. 27)! In der Taufe – Paulus gebraucht dafür das Bild des Gewandes[238] – habt ihr Christus angezogen und seid dadurch in eine neue Existenz »hineingeschlüpft«. Wie kann es da Unterschiede zwischen euch geben?

Die Verbindung mit Christus schafft eine Gemeinschaft, die bestehende Differenzen in der Gemeinde irrelevant macht und zu deren Aufhebung tendiert (V. 28). Und es gibt in der spezifischen Situation der Galater durchaus gravierende Unterschiede! Paulus nennt: religiöse (Juden – Griechen), soziale (Sklaven – Freie) und geschlechtliche Abgrenzungen (Mann – Frau). Natürlich geht es Paulus nicht darum, die Unterschiede zu leugnen, sehr wohl aber darum, ihre trennende, separierende Wirkung aufzuheben. Alle sind in gleicher Weise hineingenommen in die umgreifende Einheit in Christus. Darum kann es keine Bewertung der Differenzen, keine Ausgrenzung und keine Benachteiligung von Schwachen mehr geben – jedenfalls nicht im Namen Christi. Mit diesem Modell des Zusammenlebens hat die christliche Gemeinde – jedenfalls in ihren Anfängen – eine ungeheure Integrationskraft bewiesen und von Anfang an eine kulturelle Vielfalt bestehen lassen, die weder durch Spaltung noch durch Homogenisierung aufgehoben wurde. Die in Christus gegebene Gleichheit umgreift alle individuellen Unterschiede zwischen den Menschen. Darum versteht sich die christliche Gemeinde als eine »Gemeinschaft aus Ungleichen, die ihre Differenzen nicht mehr als gegenseitige Bedrohung, sondern als Bereicherung erfahren«[239].

Schüler/innen der Schule für Lernhilfe erleben sich in der Regel als ausgegrenzt und an den Rand geschoben. Sie hören von Paulus, dass Trennungen und Aussonderungen, an denen sie leiden und an denen sie sich auch selber beteiligen, nicht ›gottgewollt‹ und unabänderlich sind. Sie begegnen dem Modell einer Gemeinschaft, die Unterschiede bestehen lässt und dennoch die Gemeinsamkeit nicht preisgibt. Dies können sie im Miteinander in der Klasse erproben – und dabei auch erleben, wie schwer das fällt. Sie können es auch für sich in Anspruch nehmen und einklagen, wann immer sie die ausgrenzenden Wirkungen ihrer schulischen und/oder sozialen Situation empfinden. Im kritischen Blick auf die mittelschichtorientierte Lebensweise christlicher Gemeinden heute kann Religionsunterricht an der Schule für Lernbehinderte zu einem ›Ärgernis‹ werden, das zur Veränderung ruft und ermuntert. Ein solcher Unterricht hätte den Apostel Paulus auf seiner Seite!

2.5 Grunderfahrungen zur Sprache bringen

Im Religionsunterricht geht es darum, den Alltag der Schüler/innen mit seinen Erfahrungen zur Sprache bringen. Er ist zu thematisieren im Lichte und im Gegenüber zu biblisch-christlichen Traditionen und von daher zu deuten und zu befragen. Umgekehrt stehen auch biblische Überlieferungen und ihre Deutungen in der christlichen Tradition zur Diskussion und müssen sich auf ihre Relevanz für die Lebenssituation der Schüler/innen befragen lassen.
Es hat sich gezeigt, dass es gewisse »Grundmotive«[240] gibt, die sich wie ein roter Faden durch die biblische Überlieferung ziehen[241]. Gott wird als Schöpfer des Lebens beschrieben, der auch in ausweglosen Situationen neues Leben stiften will. Dieses geschenkte Leben qualifiziert den Menschen als unverwechselbar, einmalig und wertvoll. Es zeigt ihn gleichzeitig in der Kommunikation mit anderen Menschen und in Kontakt zur Welt, die als Schöpfung beschrieben ist. Insofern stehen Erfahrungen von Glück und Verzweiflung, von Erfolg und Scheitern, von Not und Hoffnung mit Gott in Verbindung. Die biblische Überlieferung zeigt ihn als einen mit-leidenden Gott und als Befreier aus Unterdrückung und Knechtschaft. Die Texte überliefern Modelle gelingenden Lebens, die im Geiste Gottes gegenwärtige Lebensverhältnisse überschreiten und transzendieren.

Insofern lehren sie Hoffnung und Widerstand im Blick auf scheinbar unabänderliche Verhältnisse. Solche Grunderfahrungen wurden »von Generation zu Generation weitergegeben, ... als ›gefährliche Erinnerungen‹, die etwas verändern, in Gang setzen wollen. Bei jedem Gebrauch haben sie sich mit neuen Erfahrungen und Erkenntnissen weiter angereichert, vertieft, schärfer profiliert«[242]. Darum lassen sie sich auch als Hinweise und Orientierung für heutige Situationen verstehen. Sie wollen weitergegeben werden, mit heutigen Erfahrungen und Ansichten angereichert, mit heutigen Worten ausgesprochen werden. Im lebendigen Auslegungsgeschehen sind sie unmittelbar zu entdecken und konkret neu auszusagen. Die Texte werden zur Sprach-Hilfe, zur Ausdrucksmöglichkeit für eigene Erfahrungen, die sich allein nicht in Worte fassen lassen. Dabei geht es – wie in biblischen Zeiten – darum, nach den »Erfahrungs- und Konfliktfeldern« zu fragen, »in denen heute biblische Texte zur Sprache und zur Sache kommen wollen«[243]. Es geht also nicht nur um Auslegung, Interpretation und Verständnis des Textes, sondern um ein betroffenes Fragen nach der Bedeutung und der Dringlichkeit für die Menschen der Gegenwart.
Nach dem Gesagten erscheint der Dialog als angemessene Form eines erfahrungsorientierten Religionsunterrichts, der die Lebenssituation junger Menschen und ihre Alltagserfahrung mit den auf Gott hin gedeuteten Lebenserfahrungen der biblischen Menschen in Verbindung bringen will. Er hält die Lebendigkeit des wechselseitigen Auslegungsprozesses aufrecht und ermöglicht, die Schüler/innen als Subjekte der Auslegung und Deutung ihres eigenen Lebens und der Auseinandersetzung mit den Deutungsangeboten religiöser Traditionen ernst zu nehmen.

3. Kommunikationsgemeinschaft, oder: Die dialogische Struktur des Religionsunterrichts

Religionsunterricht – so lässt sich aus den bisherigen Überlegungen folgern – kann sich in erster Linie als »Kommunikationsgemeinschaft zwischen Schüler und Lehrer«[244] darstellen und verstehen. Er bietet offene Gesprächsmöglichkeiten, in denen alle Beteiligten sich auf einen wirklichen Austausch einlassen. So wird den Schüler/innen geholfen, ihre Lebenserfahrungen auszudrücken und dabei zu entdecken, was und wie sie lernen können.

3.1 Dialog als Lernprozess

In diesem Zusammenhang soll an den Ansatz P. Freires erinnert werden, der in seiner »Pädagogik der Unterdrückten«[245] wichtige Grundlagen für ein subjektorientiertes, dialogisches Lernen entwickelt hat.

INFO Freire entwickelt diese Konzeption im Jahr 1971 im Zusammenhang einer Alphabetisierungskampagne in den Slums und Landarbeitersiedlungen in Brasilien als »Pädagogik der Unterdrückten«. Er beobachtet, dass diese Menschen im Rahmen der herkömmlichen Bildungssysteme praktisch bildungsunfähig sind und bezeichnet ihr Verhalten als »Kultur des Schweigens«. Die Ursache für das Schweigen der Betroffenen sieht er nun nicht in ihrer persönlichen Unfähigkeit oder besonderen charakterlichen Eigenschaften, sondern in der Struktur des Bildungssystems, innerhalb dessen die Betroffenen lernen sollen und müssen. Dieses Bildungssystem bezeichnet er als ein »Instrument ... (der) Domestizierung ... (und) Abrichtung für die Unterdrückung«[246]. Das Schweigen, die Lernverweigerung der »Unterdrückten« versteht er als deren Widerstand gegen Versuche der Vereinnahmung durch Bildung[247]. In der Folge entwickelt er einen pädagogischen Ansatz, der die Betroffenen selbst zu Wort kommen lässt und ihnen hilft, ihre Lernbedürfnisse zu erkennen und zu formulieren[248].

Erziehung, das ist Freires grundlegende Erkenntnis, kann nicht neutral sein, nicht an den jeweiligen Lebensbedingungen der Lernenden vorbeigehen. Sie dient der Befreiung des Menschen und wird darum immer auf der Seite der Lernenden stehen. Er propagiert eine ›problemformulierende Bildung‹, die die Lebenssituationen und Erfahrungen der Betroffenen zum Ausgangspunkt nimmt. Die erste Aufgabe von Bildung ist es, diese Ausgangslage bewusst zu machen. Dann können die Menschen durch ›richtiges Denken‹ und Handeln zur Veränderung befähigt werden. Das geschieht im ›Dialog‹ zwischen Unterrichtenden und Lernenden, in einem dynamischen Prozess, in dem Lehrende und Lernende eine ›Forschungsgemeinschaft‹ bilden und voneinander lernen. Der Lernprozess ist ein

wechselseitiger Erkenntnisprozess, an dem alle beteiligt sind, als ›Schüler – Lehrer‹ oder als ›Lehrer – Schüler‹. Der Unterschied zwischen den am Dialog Beteiligten wird nicht aufgehoben, kann aber in dieser Form der Kommunikation überwunden werden.
Im Dialog werden ›Schlüsselsituationen‹ oder ›generative Themen‹ gefunden, die für das Verstehen und Bewältigen der Lebenssituation der Lernenden Bedeutung haben. So entsteht im Lernprozess eine bewusste und kritische Haltung gegenüber der Wirklichkeit. Emanzipation und Autonomie des Subjekts werden als Bildungsziele erkannt. Zugleich können individuelle Bedürfnisse und Herausforderungen als Interessen einer ganzen Gruppe erkannt werden, das ermöglicht kooperatives, solidarisches Handeln.
Erfahrungsorientierter Religionsunterricht kann sich im Sinne Freires als »Forschungsgemeinschaft« verstehen, in der die Lebenszusammenhänge ernst genommen werden, in denen die Partner stehen. Der Unterrichtende lässt sich leiten von dem, was Schüler/innen als Fragestellung, als Problem und als Antwortversuch anbieten und bringt seine Erkenntnisse, Erfahrungen und Möglichkeiten in diesen Dialog ein.
Ein weiterer wichtiger Impuls aus der Theorie Freires ist die Erkenntnis, dass Erziehung nicht neutral sein kann. Für einen Ansatz, der »vom Rand in die Mitte« blickt, wird dieser Hinweis besonders bedeutsam. Religions- und Sonderpädagogen sind gleichermaßen aufgefordert, sich zu fragen und fragen zu lassen, wessen Interessen sie mit ihrer Pädagogik dienen, auf wessen Seite sie stehen: »Lehrer sind von Berufs wegen keine Richter, keine Polizisten, keine Jäger, die Fallen stellen. Sie haben nur ein Ziel zu verfolgen, daß sich alle Kinder entwickeln und lernen können«[249].
Im Religionsunterricht kommt die Diskrepanz zwischen befreiendem Inhalt und einengenden Strukturen vielleicht in besonderer Weise zum Vorschein. Wie oft und wie sehr gerade religiöse, christliche Erziehung zur Stabilisierung bestehender Verhältnisse beigetragen hat und beiträgt, braucht hier nicht im Einzelnen aufgewiesen werden[250]. Dass aber immer auch gerade in emanzipatorischen Prozessen der befreiende Impuls der christlichen Botschaft eine wesentliche Rolle gespielt hat, ist ebenfalls eine wichtige Erkenntnis. So ist der Religionsunterricht zu selbstkritischer Prüfung aufgefordert und zur Bereitschaft, die biblische Verheißungstradition und ihren kritischen

Impuls neu auch für sich selbst aufzunehmen. »Die Christenheit ist keine revolutionäre Bewegung, sondern eine Lernbewegung. Aber Lernen – wo es mehr ist als Fütterung – *ist* ein revolutionärer Vorgang. Aussicht auf Erhaltung des Status quo besteht hinfort nur noch da, wo man Menschen dazu bringt, das Lernen zu verlernen. Und eine Institution zum Verlernen des Lernens wird die Kirche niemals mehr sein dürfen, denn das wäre ihr Ende«[251].

3.2 Dialog als Parteinahme

Erfahrungsorientierter Religionsunterricht zielt auf Emanzipation der Schüler/innen, auf die Ermöglichung von Solidarität untereinander und hat so immer eine diakonische Dimension. Der Blick auf die Lebenswirklichkeit darf sich also nicht allein auf die Biografie des einzelnen Kindes richten, sonst besteht die Gefahr, »dass die Aufmerksamkeit für den Lebenslauf des einzelnen in unserer geschichtlich-gesellschaftlichen Lage zum Teil auch Symptom eines Rückzugs nach innen«[252] wird. Das könnte die Fähigkeit zur Auseinandersetzung mit objektiven Einschränkungen und Diskriminierungen lähmen.

Gegenüber der familiären und gesellschaftlichen Lebenswirklichkeit der Schüler/innen kann und darf Religionsunterricht also nicht neutral sein und sich distanziert geben. Sonst gerät er unversehens in die Position, bestehende Zuschreibungen von Lebensräumen und -möglichkeiten zu akzeptieren und zu verstärken. Darum wird er den Schüler/innen die Fähigkeit vermitteln wollen, sich mit den objektiven Einschränkungen ihrer Lebenssituation auseinanderzusetzen und die Diskriminierungen wahrzunehmen, denen sie gemeinsam ausgesetzt sind. Die Erfahrung einzelner Menschen und ganzer Gruppen wird durch familiäre, wirtschaftliche, schulische und soziokulturelle Aspekte mitbestimmt. Im Austausch und in der gemeinsamen Reflexion dieser Bedingungen lassen sich deren strukturelle, außengesteuerte Faktoren erkennen.

Religionsunterricht konfrontiert diese Erfahrungen mit dem befreienden und die gegenwärtige Wirklichkeit überschreitenden Impulsen aus der biblischen Tradition. Im Dialog und in der Begegnung mit diesen Überlieferungen wächst auch Kritik an bestehenden Verhältnissen, wo immer sie Menschen einengen und festlegen. Religionsunterricht wird zum Ort, der der Klage Raum gibt und Ausdruck verleiht und zum Widerstand und Protest ermutigt. Er hilft, gemeinsam befreiende Wege zu suchen, und bietet Gelegenheit, sie exemplarisch zu gehen. Erlebte Solidarität führt dazu, dass die Bereitschaft zum Mit-Leiden an den Erfahrungen der anderen geweckt und zum gemeinsamen Handeln, zum Widerstand und Protest ermuntert wird. Er hält Bilder vom Reich Gottes bereit, die die gegenwärtige Wirklichkeit transzendieren, und ermöglicht auch das Träumen und Erträumen einer anderen Welt, einer Welt, von der her und auf die hin es sich zu leben lohnt.

3.3 Dialog als Lebensbegleitung

Ohne den Bezug zum Lebenslauf des konkreten einzelnen Schülers und dessen persönlichen Erfahrungen aber können die gesamtgesellschaftlichen Bedingungen nicht wirklich in den Blick kommen. Darum hat erfahrungsorientierter Religionsunterricht immer auch eine zutiefst seelsorgerliche Dimension.

Er bietet den Heranwachsenden eine partnerschaftliche Hilfestellung bei ihrer Suche nach Identität und hat darin einen heilenden und heilsamen Anspruch. Selbstverständlich ist Religionsunterricht keine Therapie und kann sie auch nicht ersetzen. Aber die Schüler/innen können im Unterricht Erfahrungen machen, die therapeutischen Charakter haben, weil es heilsame Erfahrungen sind. Heilsam ist z.B. die Erfahrung, wahrgenommen zu werden mit der ganz eigenen Lebensgeschichte und mit den Gefühlen, die diese Geschichte begleiten. Kinder, die in der eigenen Familie verletzt und totgeschwiegen werden, warten in der Begegnung mit anderen Erwachsenen auf eine Gelegenheit, von sich erzählen zu können und ihren Verletzungen und Wünschen Ausdruck geben zu können. Sie brauchen die Möglichkeit, sich ihren Gefühlen zu nähern und sie auszudrücken, und sie brauchen Erwachsene mit der Bereitschaft zum Miterleben und Miterleiden dieser Gefühle von Trauer, Ohnmacht, Hoffnung oder Mut.

Die Schüler/innen lernen in diesem Dialog, ihre eigene Lebenssituation wahrzunehmen und zu erkennen. Dabei brauchen Schattenseiten und Grenzen nicht geleugnet, sondern können in das Selbstbild integriert werden. Sie lernen Ja zu sich zu sagen, weil sie sich als akzeptiert und angenommen erfahren. Sie üben den achtungsvollen Umgang mit sich selbst und lernen ihren besonderen Wert zu schätzen. »Gemeinsam erfahren wir, es gibt keine heile Welt, aber es gibt viel Heil in der Welt, und das aufzuspüren, das lohnt sich«[253].

»Dialog der Erfahrenen«, oder: Religionsunterricht für alle

Es ging in diesem Kapitel darum, ausgehend von der Schule für Lernbehinderte und ihren Schüler/innen nach einem Ansatz von Religionsunterricht zu fragen, der für alle gelten kann. Der Blick vom Rand in die Mitte hat dabei einige Aspekte freigelegt, die hier noch einmal zusammengefasst werden sollen. Im Mittelpunkt der Überlegungen stehen die Schüler/innen in ihrer jeweiligen Lebenssituation. Sie sind als Subjekte ihres Lernens – auch des religiösen Lernens – zu verstehen und ernst zu nehmen. Religionsunterricht bietet ihnen Gelegenheit, über ihr Leben zu reflektieren, es zu verstehen und zu gestalten.

Damit dies gelingt, wird sich der Unterricht an den Alltagserfahrungen der jeweiligen Schüler/innen orientieren. Er leistet Sprachhilfe, indem er die Kinder und Jugendlichen zu Wort kommen lässt, ihren Erfahrungen zum Ausdruck verhilft und ihnen Raum gibt. Er trägt zur Identitätsbildung bei, indem er die Schüler/innen in ihrem Bemühen begleitet, sich selbst zu verstehen und die individuellen Lebenserfahrungen zu deuten und in Zusammenhänge einzuordnen. Er trägt zur Handlungsfähigkeit bei, indem er zum aktiven Umgang mit anderen Menschen und der Umwelt motiviert.

In die Verstehensbemühungen des Kindes hinein bietet Religionsunterricht Raum und Gelegenheit, neue Erfahrungen zu machen und für Erlebtes neue Deutungsmöglichkeiten kennenzulernen. Dies geschieht auf dem Hintergrund und mit Hilfe der biblisch-christlichen Traditionen. Die Schüler/innen können sich selbst und ihr Leben in Beziehung zu Gott setzen. Sie lernen Sprach- und Handlungsmuster kennen, die ihnen helfen, ihr eigenes Leben zu begreifen und aufzubauen. Auf dem konkreten Hintergrund der Schüler/innen, die eine Schule für Lernbehinderte besuchen, sind entsprechende Linien der Tradition in den Vordergrund getreten. Sie geben vor

allem befreiende Impulse und wollen zur Akzeptanz des eigenen Lebens ermutigen. Sie zielen zugleich auf die individuell-persönliche Lebensgestaltung und politisch-soziale Konsequenzen.
Die Aneignung der Inhalte geschieht durch die Subjekte des Lernens, also die Schüler/innen selbst. Darum wird Religionsunterricht eine dialogische Struktur haben, in der Lebenssituation der Schüler/innen und biblisch-christliche Deutungsangebote in eine kommunikative Beziehung treten können. Im nächsten Kapitel sollen nun diese konzeptionellen Überlegungen in eine erfahrungsorientierte Didaktik übertragen werden. Auch hier wird das Prinzip vom Rand in die Mitte verfolgt, die Konkretionen für den Religionsunterricht an der Schule für Lernbehinderte sollen exemplarisch für eine allgemeine erfahrungsbezogene Didaktik des Religionsunterrichts verstanden werden.

Erfahrungsorientierte Didaktik

Religionsunterricht geht von der Einmaligkeit und Besonderheit jeder Schülerin, jedes Schülers aus. Das Feld, auf das er sich bezieht, ist die Lebenswirklichkeit der am konkreten Unterricht beteiligten Individuen. Ihr Alltag bildet den Rahmen, innerhalb dessen Lernen geschieht, religiöse Themen zur Sprache kommen.
Lehrer/innen und Schüler/innen sind in gleichem Maße Subjekte des Lernprozesses. Mit ihren unterschiedlichen Kompetenzen und Positionen kommen beide gleichberechtigt auf je eigene Weise zu Wort. Im Unterricht begegnen sie sich als Partner, die mit- und voneinander lernen.
So kann Religionsunterricht ein Ort sein, an dem exemplarisch Leben erprobt wird. Vorläufig und begrenzt bietet er ein Stück Beheimatung und damit zugleich auch den Raum an, zu anderen Lebensbereichen Distanz zu gewinnen.
Diese in den bisherigen Überlegungen gewonnenen Grundsätze gilt es nun auf den konkreten Unterricht anzuwenden. Das Nachdenken über Ziele des Unterrichts wird sich daran ausrichten. Auch die Suche nach angemessenen Inhalten wird sich an diesen Kriterien orientieren. Nicht zuletzt ist auch die Frage, welche Methoden im Unterricht angewendet werden sollen, unter erfahrungs- und subjektorientierter Perspektive zu behandeln. Darum soll es in diesem Kapitel gehen.
Von der Sache her erscheint es geboten, mehr als in den bisherigen Darstellungen zwischen Information, Argumentation und konkreten Beispielen zu unterscheiden. Darum werden notwendige Hintergrundinformationen zu einzelnen Begriffen durch eine entsprechende Umrahmung **HINTERGRUND** kenntlich gemacht. Praktische Hinweise zur Gestaltung von Unterricht oder auf praxisorientierte empfehlenswerte Literatur sind zur schnelleren Übersicht und besseren Unterscheidung ebenfalls gekennzeichnet **TIPP**.

Von Sachen und Subjekten, oder: Wie man zu Zielen und Inhalten kommt

Als ordentliches Lehrfach an der Schule ist auch der Religionsunterricht curricular zu begründen. Diese Feststellung braucht nach der ausführlichen Diskussion, die darüber in den 70er Jahren stattgefunden hat, keine besondere Rechtfertigung mehr[254].

HINTERGRUND Die Curriculumtheorie wurde in den USA entwickelt und dann Anfang der 60er Jahre von Saul B. Robinsohn nach Deutschland gebracht[255], was zu einer didaktischen ›Revolution‹ führte. Für die Begründung der Inhalte schulischen Unterrichts wurden wissenschaftlich orientierte Aussagen gefordert. Es reichte nicht mehr aus, auf Bildungstraditionen oder historische Bedeutsamkeit hinzuweisen. Vielmehr mussten sich alle Inhalte daraufhin befragen lassen, ob und wie sie dafür geeignet sind, den Schüler/innen ihre Gegenwart und Zukunft zu erschließen. Wolfgang Klafki schreibt in diesem Zusammenhang: »Allgemeinbildung bedeutet …, ein geschichtlich vermitteltes Bewußtsein von zentralen Problemen der Gegenwart und – soweit voraussehbar – der Zukunft zu gewinnen, Einsicht in die Mitverantwortlichkeit aller angesichts solcher Probleme und Bereitschaft, an ihrer Bewältigung mitzuwirken«[256] und nennt als »Schlüsselprobleme« die Friedensfrage, die Umweltfrage, die gesellschaftliche Ungleichheit, die Frage der neuen Kommunikationsmedien und die Gestaltung zwischenmenschlicher Beziehungen.
Obwohl in der allgemeinpädagogischen Debatte um Bildungsinhalte die Frage nach Religion keine bedeutende Rolle spielte[257], ging die mit dieser Diskussion einsetzende Verwissenschaftlichung schulischen Unterrichts auch am Religionsunterricht nicht spurlos vorüber. In einem aufsehenerregenden Vortrag stellte Hans Bernhard Kaufmann im Jahr 1966 nachdrücklich die Frage nach den Bildungsinhalten des Religionsunterrichts[258] und löste damit eine langanhaltende Debatte aus. Im Zusammenhang damit wird auch von der religionspädagogischen Theoriebildung gefordert, nach einem Anknüpfungspunkt der Inhalte bei den Schüler/innen zu suchen: »Evangelischer Religionsunterricht hat die Aufgabe, Erfahrung und Wirklichkeit im Horizont des christlichen Glaubens auszulegen und zu eröffnen«[259].

Auch für den Religionsunterricht sind Lernziele zu formulieren und zu begründen. Die Auswahl der Inhalte soll mit den Zielen in einem erkennbaren Zusammenhang stehen – diese Forderung muss jede Konzeption erfüllen, die für ein ordentliches Lehrfach an der öffentlichen Schule Geltung beansprucht. In diesem Kontext ist über Fähigkeiten, Fertigkeiten und Einsichten nachzudenken, zu denen Schüler/innen gelangen können, wenn sie am Unterricht beteiligt sind. Planung und Durchführung des Unterrichts müssen für alle am Unterrichtsgeschehen Beteiligten durchschaubar und nachvollziehbar sein, Flexibilität in der Gestaltung ist gefordert und die benannten Ziele sollen so formuliert werden, dass sie überprüfbar sind. Gerade auch eine Konzeption, die ihren Ausgangspunkt bei den Schüler/innen nimmt und deren individuelle Lebensgeschichten zum Gegenstand hat, darf und braucht auf eine wissenschaftliche, d.h. pädagogisch und theologisch diskutierte und diskutierbare Begründung nicht zu verzichten.

1. Worauf zielt der Religionsunterricht? oder: Schüler sind immer anders

Für die Frage nach den Zielen des Religionsunterrichts an der Schule für Lernbehinderte gelten die oben genannten Kriterien: ist der Unterricht erfahrungs- und subjektorientiert, so sind die Schüler/innen von Anfang an in den Prozess der Zielbestimmung einzubeziehen. Es ist Teil des Unterrichts selbst, gemeinsame Ziele zu entdecken und herauszufinden, welche Kompetenzen man dafür braucht. Erreichtes wird festgestellt und daraus ergeben sich neue Zielformulierungen. Natürlich sind die Vorgaben eines Rahmenplanes dabei nicht überflüssig. Sie stecken als Orientierungshilfe einen Rahmen ab und helfen, eigene Ziele einzuordnen und vielleicht auch zu finden. Darüber hinaus bieten sie die Möglichkeit, die jeweilige Lernsituation in einen größeren Zusammenhang einzuordnen. Selbstverständlich ist auch der Unterrichtende mit seiner religionspädagogischen Kompetenz, seiner Kenntnis der Klasse und seiner Erfahrung maßgeblich an der Zielfindung und -formulierung beteiligt. Aber wenn Unterricht die Fragestellungen und Lernbereitschaft der Schüler/innen erreichen will, müssen sie auch als Subjekte ihres eigenen Lernens ernst genommen und in die Planung einbezogen werden. Als lebendige Wesen und Individuen werden Schüler/innen sich nicht auf das festlegen und beschränken lassen, was ein auch noch so guter Lehrplan von ihnen berücksichtigt oder voraussetzt. Sie bringen immer ihre ganze Wirklichkeit mit in den Religionsunterricht – auch wenn sie dies nicht immer offen zeigen. Ob und wie weit das berücksichtigt wird, ist mit entscheidend für das Gelingen von Unterricht.

Im Prinzip ist das jedem Unterrichtenden einleuchtend, denn jeder hat wohl schon einmal die Erfahrung gemacht: »Mir wurde klar ... wie schwierig sich die Vorausplanung von Unterricht gestalten kann. Man setzt sich an den Schreibtisch, versucht zwar, die gegebenen Voraussetzungen zu berücksichtigen, und wenn man dann zu den Schülern kommt, muß man feststellen, daß sie eine ganz andere Position einnehmen, als man erwartet hat«[260]. Ziele sollen also offen formuliert sein, mit den Lernenden zusammen (weiter) entwickelt werden und sich den jeweiligen Besonderheiten der Unterrichtssituation anpassen.

TIPP Wie ergiebig eine solche Herangehensweise sein kann, zeigt sich an einem Projekt, das Gerlinde Ehrenfeuchter beschreibt. Die Absicht war, von den Kindern zu erfahren, »wie sie die Welt sehen und erleben«[261]. Ausgehend von den Ergebnissen sollte Unterricht schülerbezogen geplant werden. Das weite Thema wurde in fünf Fragestellungen konkretisiert:

1. *Ich liege im Bett und träume, was ich mir für diesen Tag wünsche. Ich liege im Bett und träume, was ich mir für diesen Tag nicht wünsche.*
2. *Tagesablauf: Was habe ich an dem Tag gestern erlebt? Was war gut für mich, was war nicht gut?*
3. *Was gefällt mir an meiner Schule? Was gefällt mir nicht?*
4. *Was gefällt Euch in Eurem Dorf/Stadt? Was würdet ihr verändern? (anders machen?)*
5. *Wie sieht die Welt aus, in der ich leben will?*

»Offene Fragen und Herangehensweisen gaben den Kindern Raum, ihren inneren Bildern und Vorstellungen zu begegnen. Auf unterschiedliche Weise – über gegenständliche Bilder, Farbkompositionen, über geschriebene und gesprochene Sprache – konnten die Kinder ausdrücken, was sie beschäftigt, erfreut und was ihnen Angst macht«[262]. Die Ergebnisse zeigen sehr eindrücklich, wie vielfältig und konkret sich Schüler/innen äußern, wenn sie dazu Gelegenheit erhalten. Wenn die beteiligten Unterrichtenden übereinstimmend Überraschung darüber äußerten, »wie viel sie über Wünsche, Vorstellungen, Bedürfnisse und Ängste ihrer Schülerinnen und Schüler erfuhren«[263], so kann dies nur als Ermunterung verstanden werden, die Kinder selber zu Wort kommen zu lassen.

Religionsunterricht ist ordentliches Lehrfach an der öffentlichen Schule. Als Unterricht unterliegt er – wie jedes andere Fach – der Notwendigkeit einer pädagogischen Begründung und Absicherung. Als *Religions*unterricht ist er aber auch theologisch zu verantworten. Das Sinn- und Deutungsangebot, das im Unterricht den Schüler/innen nahegebracht wird, hat immer auch eine eigenständige Dimension, die mit theologischen Kategorien zu fassen und zu beschreiben ist. »Personale und soziale Lebenshilfe zu geben, ist eine allgemeine pädagogische und zugleich eine besondere religionspädagogische Aufgabenstellung. Die Art ihrer Bewältigung ergibt sich einerseits aus der spezifischen Lebenssituation (individuell – gesellschaftlich) der Schüler und andererseits aus dem Beitrag christlicher Tradition, der zur Bewältigung der spezifischen Situation gegenwärtig und künftig geeignet erscheint«[264].
Insofern ist zu fragen, ob sich Religionsunterricht ausschließlich an den Normen orientieren darf und soll, die in der pädagogischen Diskussion entwickelt wurden. Innerhalb der allgemeinen Zielsetzung der Schule für Lernbehinderte, den Schüler/innen zur Identitätsbildung zu helfen und sie zur Gestaltung des eigenen Lebens zu befähigen, kommt dem Religionsunterricht in besonderem Maße auch die Aufgabe und Möglichkeit einer kritischen Wächterfunktion zu. Zwar ist er Teil der Institution Schule und der sie bestimmenden gesellschaftspolitischen Interessen, dennoch hat er von seinem Anliegen her auch die Möglichkeit der dafür notwendigen Distanz. Er kann zum Ort werden, an dem die gesellschaftliche Funktion von Schule (auch der eigenständigen Schule für Lernbehinderte) und deren Auswirkungen auf die Schüler/innen benannt werden können. Es wäre gut, wenn hier wenigstens ansatzweise das Bild einer Schule, einer Gesellschaft erkennbar würde, in der Menschen, die heute zur Unterschicht gerechnet werden, nicht mehr am Rand stehen, sondern im wahrsten Sinne des Wortes Teil-Haben. Dabei ist es durchaus angemessen, wenn Religionspädagogik sich daran erinnert, dass auch religiöse Erziehung und kirchliche Sozialisation lange Zeit dazu beigetragen haben, ›Stumme stumm zu halten‹[265] und ihnen das individuelle Erdulden gesellschaftlicher Bedingungen anzuraten. Eine selbstkritische Prüfung ist also angeraten, gerade auch weil »der Religionsunterricht in der Lernbehindertenschule in besonderer Weise an die integrative und emanzipatorische Kraft biblischer Tradition

zu erinnern und sie nach Möglichkeit nachvollziehbar zu gestalten (sc. hat). Damit weist in tieferem Sinne ›evangelischer‹ Unterricht deutlich über vorfindliche Gegebenheiten (der Schule und der Kirche als Ausschnitte der Gesellschaft) hinaus und kann sich darin als ›kritische Instanz‹ in ›kritischer Distanz und solidarischer Nähe‹ zum Faktum Sonderschule wie zur religiösen Institution Kirche erweisen«[266].

TIPP Schüler/innen der Schule für Lernhilfe – so hat sich gezeigt – haben in vieler Hinsicht das Gefühl, nicht dazuzugehören. In der Gesellschaft sind Leistung und beruflicher Erfolg hoch bewertet, von Beidem sind sie weitgehend ausgeschlossen. Die Tatsache, in einer »Sonderschule« zu sein, konfrontiert sie immer wieder mit ihrer gesellschaftlichen Sonderstellung. Geringes Selbstwertgefühl ist häufig die Folge.
Folgende Erfahrungen können im Unterricht aufmerksam wahrgenommen und thematisiert werden:

- *Ich bin in einer Sonderschule.*
- *Ich komme in der Schule mit, aber alle Leistungen kann ich nicht erbringen.*
- *Ich habe Stärken, kann etwas zustande bringen, anderen helfen.*
- *Mir wird etwas zugetraut. Misserfolge kann ich schlecht verkraften.*
- *Ich werde bewertet und ausgegrenzt – und tue das gleiche mit anderen.*
- *Wem kann ich vertrauen?*

Im Religionsunterricht geht es darum, auch schmerzliche Erfahrungen aufzunehmen, Trauer, Enttäuschung und Wut zuzulassen und so zu bearbeiten. Von der Überzeugung her, dass Gott jeden Menschen ohne Bedingungen akzeptiert, kann den Schüler/innen Vertrauen zu sich selbst und Annahme der eigenen Person vermittelt werden. Dazu gehört auch das Infragestellungen gesellschaftlicher Normen. Das Angebot des Religionsunterrichts kann lauten:

- *Gott sagt ja zu mir, so wie ich bin.*
- *Menschen in Angst und Verlassenheit vertrauen auf Gottes Nähe (Ps 23).*
- *Ich werde angenommen, kann Vertrauen wagen.*
- *Gottes Gebote helfen, tolerant miteinander umzugehen.*
- *Protest gegen Ausgrenzung – im Namen Gottes (der Profet Amos).*
- *Zusammen sind wir stark – wir wehren uns gegen Ausgrenzung.*

Damit sind auch schon die Inhalte des Religionsunterrichts an der Schule für Lernbehinderte angesprochen. Zunächst ist daran zu erinnern: »*Erfahrungen* sind ... religionspädagogisch nicht mehr bloß ›Anknüpfungspunkte‹ oder ›Einstiegsmöglichkeiten‹ hin auf das Eigentliche, sondern sie sind in einem fundamentalen Sinn *das ›Eigentliche‹ und also die ›Gegenstände‹ der Religionspädagogik.* Andere haben wir nicht«[267].

Diese Voraussetzung bedeutet zweierlei. Einmal ist damit gesagt: Inhalte des Religionsunterrichts ergeben sich konkret aus den Lebenserfahrungen der Schüler/innen. Sie müssen »ihre Sache« einbringen können, sie zum Ausdruck bringen und wahrgenommen werden. Daran braucht an dieser Stelle nur noch einmal erinnert zu werden – die Erfahrungszusammenhänge der Schüler/innen sind oben schon dargelegt. Die Aufgabe der Unterrichtenden ist es, dafür die zeitlichen und räumlichen Voraussetzungen bereitzustellen. In ihrer Unterrichtsgestaltung werden sie den Schüler/innen Möglichkeiten anbieten, sich zu äußern, ihre Interessen und Themen zu nennen. Dabei kommt es auch darauf an, die Themen wahrzunehmen, die im Verlauf des Unterrichts scheinbar ›nebenbei‹ zur Sprache kommen: auf dem Weg in die Pause, auf dem Schulhof, in »Nebengesprächen« während des Unterrichts, oder bei Einzelgesprächen mit der Lehrkraft.

Subjektorientierung des Unterrichts bedeutet aber auch: Alle Beteiligten gestalten das Unterrichtsgeschehen und das Lernen miteinander. Damit sind auch die Unterrichtenden als Partner im Lernprozess angesprochen. Auch sie bringen ihre Erfahrungen, ihre Kompetenzen und ihre Deutungsmuster ein. »Für die Erteilung von Unterricht und seine Wirkung ist die *Einstellung der Lehrkräfte* zu ihm von erheblicher Bedeutung«[268]. Diese Erkenntnis ist unumstritten, wenn auch die Beschreibung der Rolle und Aufgabe der Unterrichtenden im Religionsunterricht mit der jeweiligen Konzeption des Unterrichts wechselte[269]. Die soziale Ebene der Glaubensvermittlung spielt bei Heranwachsenden eine bedeutende Rolle in Bezug auf die Frage, ob sie mit ihrem Glauben erwachsen werden, oder religiöse Themen ablegen bzw. eine kindliche Zugangweise behalten[270]. Im Unterricht muss glaubhaft verbürgt werden wovon er handelt, Schüler/innen brauchen überzeugende Lebensbeispiele und Unterrichtende, die bereit sind, über sich selbst Auskunft zu geben. Das erfordert von den Lehrer/innen Offenheit, die Bereitschaft, sich über den eigenen Glauben und die Einstellung zur Religion Rechenschaft zu geben und auch eine Positionsklärung gegenüber der Kirche als der den Religionsunterricht mittragender Instanz. Das ist eine große Herausforderung und braucht immer auch Gelegenheiten zum Austausch der Religionslehrer/innen untereinander[271].

TIPP Hessische Sonderschullehrer/innen[272] wurden nach den Motiven befragt, aus denen sie Religion unterrichten. Ihre Antworten können – auch wenn sie nicht den Anspruch auf Repräsentativität erheben – zur eigenen Motivfindung beitragen und anregen:

- *Ich unterrichte aus der Hoffnung, doch wenigstens einem Bruchteil der Schüler etwas Lebenswichtiges sagen zu können.*
- *Ich bin gläubiger Christ. Es macht mir Freude, etwas davon weiterzugeben.*
- *Weil die übergreifenden Lebensfragen in anderen Fächern nur am Rande vorkommen, Kinder sollen in Zusammenhängen denken lernen.*
- *Rückbesinnung ist ein sehr wichtiger Faktor im menschlichen Leben.*
- *Ich möchte Mut machen, Hoffnung und Zuversicht ermöglichen.*
- *Ich finde es wichtig, dass sich jemand Zeit nimmt für religiöse und menschliche Fragen.*
- *Ich möchte, dass die Kinder einen Lebenssinn sehen und Geborgenheit fühlen, Verantwortung tragen.*
- *Glaubenshilfen geben, Lebenshaltung christlich beeinflussen, Alltagsmiteinander friedlicher gestalten.*
- *RU ist für die Kinder oft praktische Lebenshilfe, die sie sehr nötig haben.*
- *Ich finde Religion für mein, das menschliche Leben wichtig und möchte dies an Schüler/innen vermitteln.*
- *Es ist im Schulalltag zu wenig Zeit, an die eigentlichen, meist verborgenen Themen der Kinder zu kommen. RU ist ein geschützter Raum, der das eher zulässt.*

Angeregt durch diese Hinweise können sich Unterrichtende, allein oder besser im Gespräch mit Kolleg/innen fragen:

- Stimmen Sie mit der einen oder anderen Aussage überein?
- Haben Sie noch andere Motive?
- Wie wirkt sich die Antwort auf ihren Unterricht aus?

Unterrichtende bringen in den Unterricht die Themen und Inhalte der biblisch-christlichen Tradition ein und bieten diese aus ihrer Lebenserfahrung den Schüler/innen als Orientierung an. Gleichzeitig zeigen sie persönlich deren Bedeutung für ihre eigene Lebensgestaltung und Sinngebung auf. Sie stellen sich dabei auch auf den »Prüfstand« – die Schüler/innen können an ihren Lehrer/innen erkennen und spüren, welche Bedeutung die Lebensangebote der religiösen Tradition haben.
Zugleich wird in diesem Zusammenhang deutlich, wie wichtig der Dialog für den Religionsunterricht ist. Alle am Unterricht Beteiligten sind darauf angewiesen, sich auszutauschen und miteinander an den Themen und Inhalten zu arbeiten. Die Lehrer/innen brauchen dafür nicht perfekter in ihrer religiösen Lebensgestaltung zu sein als die Schüler/innen – das wäre eine Überforderung. Religiöses Lernen ist aber nicht in erster Linie Wissensvermittlung, sondern Austausch von Erfahrungen und Gedanken, von Deutungen und Fragen – daran sind alle gleichermaßen beteiligt. Lehrer/innen lernen von den Schüler/innen und umgekehrt, wenn sie sich auf die Deutungsangebote und die aus dem Dialog und der Begegnung erwachsenen Erkenntnisse einlassen.
Nun beklagen Unterrichtende häufig, dass die Kinder »ahnungslos, indifferent oder ablehnend« sind, »immer weniger Bezug und Erfahrungen mit ›Religion‹ haben« und in den Elternhäusern keine religiöse Erziehung mehr stattfindet[273]. Auch in der Literatur wird darauf hingewiesen, dass Religionsunterricht, jedenfalls in der Schule für Lernbehinderte, »die Schülerinnen und Schüler eher mit Fremdem und Neuem konfrontiert, wenn er traditionelle, institutionalisierte Formen von Religiosität zu seinem Inhalt macht«[274].

HINTERGRUND Diese Beobachtung des »Traditionsabbruchs« betrifft durchaus nicht nur die Schule für Lernbehinderte, sie gibt vielmehr eine allgemeine gesellschaftliche Veränderung wieder. »Religiöse Erziehung und Bildung haben nicht nur erheblich an allgemeiner Relevanz eingebüßt. Was ihre eigentlichen Ziele und Aufgaben sind, ist für viele Zeitgenossen ebenso fraglich geworden«[275].
Diese Feststellung verweist auf gesellschaftliche Veränderungen, die mit den Stichworten »Wertewandel« und »Wandel der Religiosität« beschrieben werden können. Die moderne Gesellschaft, in der wir leben, wird zutreffend

als ›pluralistische Gesellschaft‹ beschrieben[276]. Das bedeutet: Es ist eine hohe Ausdifferenzierung in eine Fülle von Teilsystemen zu beobachten, die z.T. unverbunden nebeneinander stehen und unterschiedliche Ansprüche, Normen und Werte verkörpern. Der einzelne Mensch muss sich in diesen jeweiligen Systemen bewegen und die Ansprüche in ein Gleichgewicht bringen. Tradition allein gilt nicht mehr als wertbegründend und kann keine Geltung an sich beanspruchen. Zusammen mit dem gewonnenen Entscheidungsspielraum muss das Individuum aber auch seine getroffenen Entscheidungen allein begründen und mit ihren Konsequenzen verantworten. Soziologen sprechen in diesem Zusammenhang von einer »Bastel-Biografie«.

In diesem Kontext wird auch die Frage nach Religion anders gestellt. Zunächst ist ein Relevanzverlust der traditionell durch die christlichen Kirchen repräsentierten Religion zu konstatieren[277]. Als ein Teilsystem unter anderen kann Kirche nicht mehr – wie vielleicht in früheren Zeiten – allgemeine Akzeptanz beanspruchen. Viele Menschen gehen auf Distanz zur Institution und der von ihr vertretenen »Lehre«. Es kommt auch zu einer Individualisierung der Religiosität: ›Ich habe meine eigene Weltanschauung‹, dieser Satz trifft in der heutigen Gesellschaft auf breite Zustimmung. Zugleich ist damit aber die Frage nach Religion, nach dem Selbstwert und dem Sinn des Lebens, nach dem, was trägt angesichts von Leid und Tod, nicht verstummt. Vielmehr lässt sich im Bereich der Religiosität ein vielfältiges Suchen und Experimentieren gerade auch bei Heranwachsenden feststellen. Ein lebensbegleitender Religionsunterricht soll und kann dafür Raum bieten.

Welche Konsequenzen sind daraus zu ziehen? Soll Religionsunterricht etwa auf das Angebot der biblisch-christlichen Tradition verzichten und sich eher sozialkundlich orientieren? Davor möchte ich warnen. Um Schüler/innen bei ihrer Identitätsfindung zu helfen, kann Religionsunterricht nicht an den in den biblischen Texten vorhandenen Erfahrungen vorbei gehen. Allerdings dürfen »Glaubensinformationen – ob es sich um biblische Texte, Gebete und Psalmen oder kirchliche Traditionen handelt – nicht um ihrer selbst willen unterrichtet werden, sondern nur soweit sie durchlässig werden für heilende Erfahrung. Kinder dort abzuholen, wo sie sich nicht befinden, außerhalb ihrer Ängste und Probleme, ist Zeitverschwendung«[278]. Religionslehrer/innen merken sehr wohl, dass Kinder – bei aller Distanz und Unwissenheit – auf der »Suche nach Antworten sind« und sich trotz nach außen gezeigten »Desinteresses« nach »Halt,

Geborgenheit und Lebensbewältigung überhaupt« sehnen[279]. Die elementaren Bedürfnisse des Menschen nach Verwurzelung, Orientierung, nach Anerkennung und Unverwechselbarkeit sind das Thema des Religionsunterrichts. Wenn er diese Bedürfnisse akzeptiert, weist er sie gleichzeitig als legitim aus und den Wunsch der Kinder nach deren Befriedigung als berechtigt. Zugleich ist der Unterricht auch der Ort, an dem Gott zur Sprache kommt als einer, der die menschliche Erfahrung von Sinn- und Wertlosigkeit kennt und zu neuen Möglichkeiten des Lebens einlädt. Die Schüler/innen hören und erleben, dass die christliche Botschaft eine wirksame Kraft der Hoffnung und der Liebe ist, die das Leben gerade mit seinen Konflikten tragen kann. Sie können lernen, dass es sinnvoll ist, jetzt und im weiteren Lebenslauf ihre Fragen und Bedürfnisse auch unter religiöser Perspektive zu verstehen und nach Lösungen auf dieser Ebene zu suchen. In den Unterrichtenden begegnen die Kinder Erwachsenen, die ihr Leben in dieser Perspektive gestalten und deuten, und die mit ihren Erfahrungen, Kompetenzen, mit ihrem Gelingen und Scheitern, mit Hoffen und Zweifeln an der Seite der Kinder stehen. Aufgabe des Religionsunterrichts ist es also, damit ernst zu machen, dass biblische Texte von der Sympathie Gottes zu den Menschen sprechen.

TIPP Die Schüler/innen da abholen, wo sie stehen – das bedeutet an erster Stelle: die Schüler/innen in ihren Einstellungen und Voreinstellungen kennen zu lernen. Als Beispiel und Anregung soll die Untersuchung einer Religionslehrerin vorgestellt werden, die in ihrer Schule für Lern- und Erziehungshilfe Schüler/innen der zweiten und der neunten Klasse nach ihren Gottesvorstellungen befragt hat[280].

Die Schüler/innen der zweiten Klasse wurden gebeten, ein Bild zu malen, wie sie sich Gott vorstellen, und dazu gefragt: ›Bist du auch auf dem Bild?‹ – So sollte die Möglichkeit gegeben werden, dass die Kinder sich selbst zu Gott in Beziehung setzen. In einem zweiten Schritt wurden die Kinder mit einer kleinen Geschichte angeregt, Fragen zu formulieren, die mit Gott in Zusammenhang stehen.

Die Schüler/innen der neunten Klasse wurden zunächst gebeten, zwei offene Sätze zuende zu bringen: ›Wenn ich das Wort Gott höre, denke ich an …‹; ›Ich stelle mir Gott vor wie …‹. Anschließend nahmen sie zu 15 ausgewählten Aussagen über Gott Stellung. Die Sätze waren so gewählt, dass bei der Auswertung der Stellungnahmen die Gottesvorstellung der Jugendlichen erkennbar wurde.

Das Ergebnis ist vielschichtig und kann hier nur in groben Zügen wiedergegeben werden:

– Die Zweitklässler stellen meist einen freundlichen, fröhlichen und den Menschen zugewandten Gott dar. Sie fragen sich aber auch, ob er hilft, beobachtet oder übermenschliche Fähigkeiten habe. Auch die Frage, ob er existiert und ob er ›hier‹ ist, lässt sich erkennen.

– Die Schüler/innen der neunten Klasse bringen zum Ausdruck, dass sie sich Gott nur schwer vorstellen können. Obwohl einige verschiedenen positiven Aussagen in ihren Stellungnahmen zustimmen, kommt in ihren Kommentaren doch deutlich ihre persönliche Enttäuschung zum Ausdruck: Gott verhindere und beende eigenes und fremdes Leid nicht, er höre nicht zu und antworte nicht, es gibt ihn nur für einige (andere) Menschen – ›für mich nicht‹, ›mich liebt er nicht‹. Die Ambivalenz zeigt sich deutlich in der Position einer 15-jährigen Schülerin: »Ich glaube, dass er versucht, allen zu helfen, aber wenn es ihn wirklich gäbe, würde er mehr für die Welt, wo wir leben, tun«.

Religionsunterricht, der auf Fragen und Einsichten der Schüler/innen eingehen will, wird sich ihren Aussagen stellen müssen. Er wird von Anfang an Angebote machen, die Orientierung ermöglichen und mit ihnen zusammen nach der Existenz Gottes und seiner Bedeutung für das persönliche Leben fragen. Dabei wird er auch an der Theodizeefrage nicht vorbeigehen und eigenes sowie fremdes Leid mit ihm in Verbindung bringen. Gerade die Jugendlichen zeigen in ihren Aussagen, wie dringend sie in diesem Zusammenhang Hilfestellung brauchen und suchen.

Aber können Schüler/innen der Schule für Lernbehinderte aufgrund ihrer Lebensgeschichte und mit ihren Lebenserfahrungen diese Inhalte überhaupt aufnehmen und für sich in Anspruch nehmen? Sprechen nicht alle entwicklungspsychologischen Erkenntnisse dagegen?

Die Entwicklung eines positiven Gottesbildes und die Grundlage für ein Leben im Vertrauen auf Gott beginnt schon in der frühesten Kindheit. Dabei spielen die Aufwachsbedingungen des Kindes und vor allem die Erfahrung verlässlicher Bindungen an seine Bezugspersonen eine wichtige Rolle. Vor allem der amerikanische Psychoanalytiker Erik Erikson[281] hat eindrücklich darauf hingewiesen, wie bedeutsam und unabdingbar die Ausbildung des Urvertrauens in den ersten Lebensmonaten eines Menschen für dessen gesundes psychisches Wachstum ist. Dieses ›Urvertrauen‹ und die Geborgenheit der ersten Lebensmonate und -jahre erscheinen – in religionspädagogischer Hinsicht – als eine wichtige Voraussetzung für die Ausbildung eines vertrauensvollen Glaubens an Gott.

HINTERGRUND In Verbindung mit den Veränderungen in der Gesellschaft und der Individualisierung religiöser Themen wurde für die Religionspädagogik die Frage immer dringlicher, welche positiven oder negativen Einflüsse die religiöse Entwicklung eines Menschen beeinflussen. Sollen die Angebote des Religionsunterrichts ihre Adressaten nicht verfehlen, sind entwicklungspsychologische Grundkenntnisse erforderlich. In diesem Zusammenhang gewannen die Forschungen von Erik H. Erikson[282] zur religiösen Entwicklung und die auf Jean Piagets Untersuchungen fußenden Arbeiten von James Fowler und Fritz Oser für die religionspädagogische Diskussion zunehmend an Bedeutung[283].

Zur Frage nach der religiösen Entwicklung hat vor allem Eriksons Theorie beigetragen. Menschliche Entwicklung ist ein lebenslanger Prozess, dessen Wachstum wesentlich davon abhängt, dass in bestimmten Wende- oder Krisenpunkte der Ausgleich zwischen zwei Polen gelingt. Für die religiöse Entwicklung sind nach Erikson besonders die beiden in der frühen Kindheit liegenden Phasen der Spannung zwischen Grundvertrauen und Grundmisstrauen, sowie Autonomie gegen Scham und Zweifel bedeutsam. Das Gelingen dieses Ausgleichs ist Voraussetzung für die Identitätsbildung im Jugendalter, die auf ein orientierendes, sinnstiftendes Bezugssystem oder Weltbild zurückgreifen können muss.

Die Frage, wie Kinder und Heranwachsende Erfahrungen denkend verarbeiten und ein für sie tragendes Sinnsystem entwickeln, wurde vor allem von Jean Piaget gestellt und beantwortet. Auf diesen Erkenntnissen aufbauend haben Fowler sowie Oser und Paul Gmünder die religiöse Entwicklung beschrieben. Sie betonen, dass die Art und Weise, wie Kinder religiöse Themen bearbeiten und verstehen, eng mit ihrer kognitiven Entwicklung in Verbindung steht.

Die religiöse Entwicklung wird aufgrund dieser Erkenntnisse als ein »umfassender Lernprozess« verstanden, »in den das bewusste erzieherische Handeln ebenso einfließt wie die Erfahrungen, die Kinder und Jugendliche in einer Gesellschaft machen«[284]. Die Aufgabe besteht darin, die lebensgeschichtlichen Erfahrungen mit religiösen Lernprozessen zu verknüpfen. Das heißt auch, dass »Lernangebote lebensgeschichtlich gesehen *zu früh* oder *zu spät* kommen können«[285], sie also noch nicht im Blick der Heranwachsenden sind oder hinter ihren Fragen und Themen zurückbleiben. In beiden Fällen werden sie die Bedeutung und Relevanz des Lernangebots nicht erkennen. Religionsunterricht muss also sein Lernangebot den jeweiligen Verstehensmöglichkeiten und Erfahrungshorizonten der Kinder anpassen und sie dabei zugleich herausfordern, sich zu öffnen und weiter zu entwickeln.

Im Zusammenhang dieser Überlegungen ist auch über entwicklungsstörende und/oder -verhindernde Formen religiöser Erziehung nachgedacht worden. Zwar ist die »religiöse Entwicklung der Kinder und Jugendlichen … in sich selbst krisenhaft und enthält das Risiko fehlgehender Entwicklung«, doch kann Erziehung dies entscheidend mit beeinflussen. »Von entwicklungsstörenden Formen der religiösen Erziehung wird man sprechen müssen, wenn Kinder und Jugendliche durch Überforderung, Enttäuschung, Drohung oder Strafe in ihrer Entwicklung so eingeschränkt werden, daß der Fortgang dieser Entwicklung behindert oder überhaupt in Frage gestellt wird«[286], dies wirkt sich am nachhaltigsten in der Kindheit aus. Das legt für Wolfgang Esser die Folgerung nahe:

> »Wie dem späteren christlichen Gottesglauben eines Menschen ohne das in frühester Kindheit gewonnene Welt- und Lebensvertrauen der fruchtbare Boden fehlt, in dem es Wurzeln schlagen kann, so wird einer eigenen persönlichen Glaubensgestalt … später das Vertrauen und der Mut fehlen, eigene Schritte zu wagen, um Gottglauben wirklich zu machen. … Der spätere Glaube an den mich selbst schöpferisch befreienden Gott, der mich und alles Leben liebend durchwirkt in dem Maße, wie ich die Beziehung zu ihm zulasse, d.h. mich ihr öffne und auf sie einlasse, statt mich zu sperren, bedarf solcher Früh- und Vorerfahrungen, um dem Glauben widerstehen zu können, das Heil liege draußen außerhalb meiner selbst«[287].

Aus der Perspektive der Schüler/innen der Schule für Lernbehinderte lässt sich deutlich erkennen, dass hier eine fundamentale Frage angesprochen ist. Es zeigt sich aber ebenso, wie problematisch die Konsequenzen sein können, wenn sie so formuliert werden, wie Esser dies tut. Viele Kinder dieser Schulform haben gerade nicht die frühkindlichen Erfahrungen machen können, die zum Aufbau eines

gesunden Selbstvertrauens gebraucht werden. Die zarten Ansätze eines Urvertrauens werden nur allzu oft erschüttert und zerbrochen. Fehlt ihnen damit auch der »fruchtbare Boden für einen christlichen Gottesglauben?«
Aus der Perspektive »vom Rand in die Mitte«, die dieses Buch bewusst einnimmt, muss betont werden: Religionsunterricht hat die Aufgabe und den berechtigten Anspruch, gerade den Menschen Lebenshilfe und Lebensbewältigung anzubieten, die nicht auf positive Grunderfahrungen wie Vertrauen, Liebe und Angenommensein, Geborgenheit und Sicherheit zurückgreifen können. Er kann dazu beitragen und die Kinder ermuntern, ihre eigene Person und ihre persönliche Lebensgeschichte anzunehmen. Die Festlegung eines Menschen auf seine Kindheitserfahrungen erscheint aus dem Blickwinkel der Schüler/innen der Schule für Lernbehinderte unmenschlich. Selbstverständlich kann Religionsunterricht vermutete Defizite an Geborgenheit und Angenommensein in ihrem familiären Umfeld nicht ungeschehen machen. Es wird aber deutlich, wozu er herausgefordert ist und was seine Sache ist: Er kann und muss ans Licht und zur Sprache bringen, worunter die Schüler/innen leiden, ihnen helfen, die Gefühle der Hoffnungslosigkeit und der eigenen Wertlosigkeit darzustellen, die sie möglicherweise belasten. Wenn sie Ausdruck finden, bietet sich die Chance, sich von den Gefühlen zu distanzieren, sie in einem anderen Licht zu sehen. Die Kinder können und müssen erfahren: die familiären Erfahrungen sind nicht alles, nicht ihre ganze Wirklichkeit und auch nicht ihre ganze Zukunft. In biblischen Texten ist immer wieder von Neuanfängen die Rede und von der Möglichkeit, sich mit der eigenen belasteten Vergangenheit zu versöhnen – solche Erfahrungen dürfen den Schüler/innen nicht vorenthalten werden. Billige oder unsinnige Antworten auf ernste Fragen werden von ihnen allerdings schnell als solche erkannt. Aber sie spüren auch, wenn eine Lehrerin ihnen anbietet: »Ich bin bereit, mit dir in deine dunklen Erfahrungen zu gehen, ich halte die Hilflosigkeit aus, auch wenn ich nicht helfen kann. … Neben dein fehlendes Urvertrauen setze ich mein Vertrauen in deine Einmaligkeit und Kostbarkeit. Neben die Realität deiner Verzweiflung halte ich die Realität von Gottes Liebe«[288].

TIPP Für die Schüler/innen der Schule für Lernbehinderte ist es in diesem Zusammenhang besonders bedeutsam, dass das Evangelium ein Evangelium der »kleinen Leute«[289] ist. Die Tatsache, dass Jesus sich den Ausgegrenzten und den Randgruppen ganz gezielt zugewandt hat, gewinnt für sie eine existentielle Bedeutung, sie können und sollen sich in den biblischen Gestalten entdecken und ihre eigene Lebenserfahrung dort wiederfinden. Die Texte enthalten sowohl die Erfahrung: Ich werde ausgegrenzt, verraten, verachtet, verstoßen – als auch die Zusage: Gott liebt mich, er findet mich auch am Rande und in der Verlassenheit, wendet sich mir zu und will mich aufrichten. Die Identifikation bietet Bewältigungsmöglichkeiten. Eine Lehrerin fasst ihre Erfahrungen so zusammen: »Manchmal bin ich wirklich froh, dass die Bibel nicht nur ›heilige‹ Schriften enthält: Brudermord, Verrat, Sklaverei, Krieg, Angst und Tod. Diese Geschichten interessieren die Kinder nämlich, in dem ausweglosen Elend finden sie sich. ... Wenn es mir gelingt, dass sie die Tür zu ihrem dunklen Verließ ein wenig öffnen, dass sie beginnen über ihre schlimmen Erfahrungen zu sprechen, dann kann ein Prozess in Gang kommen ... im Sprechen über das Leid (sc. werden) heilenden Kräfte frei«[290]. Weil das Alte und Neue Testament alle Erfahrungen menschlichen Lebens in die Nähe Gottes rücken, kann sich ein Kind auch in seiner Verlorenheit hier finden.

Vielleicht ist das eine Hauptaufgabe des Religionsunterrichts – nicht nur an der Schule für Lernbehinderte: Dem sprachlos gehaltenen Leid von Kindern Sprache zu verleihen, ihnen Geschichten anzubieten, in denen sie ihre Geschichte wieder entdecken können. Dabei wird die Art und Weise, wie Unterricht gestaltet ist, viel dazu beitragen, ob diese Aufgabe gelingt. Schüler/innen zu helfen, ihre Erfahrungen des Glücks und der Freude am Leben, aber auch solche des Leids und der Sprachlosigkeit auszudrücken, diese Aufgabe stellt hohe Ansprüche an die Methoden, die im Unterricht angewandt werden.

Erfahrungen entfalten, oder: Die Methoden des Religionsunterrichts

Auch die Überlegungen zu den Methoden eines »erfahrungsorientierten Religionsunterrichts« stehen im Dienst und im Zusammenhang des bisher Gesagten. Methoden müssen demnach geeignet sein,

- Schüler/innen Erfahrungen im religiösen Bereich zu ermöglichen,
- die Alltagserfahrungen auf religiöse Aspekte hin zu erschließen und
- die in der biblisch-christlichen Tradition enthaltenen Erfahrungen für den Alltag der Schüler/innen zu entfalten.

Dabei können und müssen Unterrichtende die Schüler/innen in ihrer Eigenverantwortung ernst nehmen und bestärken. »Wir können … eine andere Person nicht direkt etwas lehren, wir können nur ihr Lernen fördern. Eine Person lernt nur die Dinge, die sie als für die Erhaltung oder Erhöhung der Struktur ihres Selbst in Frage kommend wahrnimmt«[291]. Neue Lernangebote werden also immer in den biografischen Lebensbezug eingepasst und dort entweder aufbewahrt, umgedeutet oder zurückgewiesen. Unterricht geht von diesen Kompetenzen aus, traut und mutet den Schüler/innen zu, ihr Lernen selbst zu gestalten. Methoden dienen also nicht dazu, den Schüler/innen eine ihnen an sich fremde Sache schmackhaft zu machen, Lehrer/innen brauchen nicht nach »Tricks« auszuschauen, um ihren Stoff an die Schüler/innen zu bringen. Vielmehr legen sie sehr große Sorgfalt auf die Gestaltung der Lernumgebung und bleiben konsequent mit Kindern und Jugendlichen auf deren Entwicklungsstand und bei ihren Fragen und Bedürfnissen. Auch die Vermittlung von Wissen und die Information über Zusammenhänge steht im Dienst des eigenständigen Lernens der Schüler/innen, ist auf ihren Lebenstext bezogen. Äußere Aktivität kann persönliche Betroffenheit nicht gewährleisten. Vielmehr muss die »Sache« selbst, die im Religionsunterricht angeboten wird, für die Schüler/innen lebensbedeutsam sein, sie sollen sich mit ihr auseinandersetzen (können und wollen). Der Unterrichtende kann also auch seiner »Sache« etwas zutrauen und etwa der biblisch-christlichen Tradition die Bedeutsamkeit zumuten, die sie von ihrem eigenen Anspruch her hat[292].

Im Folgenden werden drei Prinzipien des Unterrichts beschrieben, die den genannten Kriterien entsprechen: das Erzählen, die symbolische und rituelle Gestaltung des Unterrichts und das offene Arbeiten. Damit ist klar, dass hier von einem weiten Methodenverständnis ausgegangen wird. Es geht in der Darstellung nicht um einzelne Methoden wie z.B. Rollenspiel, freies Schreiben oder kreatives Gestalten. Vielmehr kommen im Rahmen dieses didaktischen Kapitels Methoden mehr als Gestaltungsformen eines Unterrichts in den Blick, in dem religiöses Lernen in dem beschriebenen und hier vorgeschlagenen Sinne möglich werden kann. Der Abschnitt zum Erzählen geht dabei vor allem auf die Frage ein, wie Erfahrungen – die Grundlage des Religionsunterrichts – überhaupt ausgetauscht werden können, und betont den kommunikativ-dialogischen Schwerpunkt. Die Überlegungen zu Symbolen und Ritualen thematisieren die Frage, wie die in Alltagserfahrungen enthaltene religiöse Dimension erschlossen und in den Unterricht eingebracht werden kann. Mit den Hinweisen zum offenen Unterricht schließlich wird die Subjektorientierung des Unterrichts hervorgehoben, die nach Angeboten zur eigenständigen Gestaltung des Lernprozesses verlangt. Mit diesen drei Schwerpunkten sind also drei unterschiedliche Dimensionen von Unterricht angesprochen, die erst im konkreten Miteinander ihre Bedeutung gewinnen. Es geht nicht darum, etwa das Erzählen gegen den offenen Unterricht auszuspielen oder die Beschäftigung mit Symbolen dem Austausch von Erfahrungen vorzuordnen. Alle drei Aspekte sind für den konkreten Unterricht gleichermaßen bedeutend und gewinnen ihre Kraft erst im Miteinander. Dabei ist die Reihenfolge der folgenden Darstellung sachlogisch gewählt und darf nicht unbedingt auf die Häufigkeit und Präsenz der einzelnen Aspekte im tatsächlichen Unterricht übertragen werden.

1. Von Erfahrungen kann man nur erzählen, oder: Die Aktualität einer alten Methode

1.1 Was beim Erzählen geschieht

Erfahrungen werden individuell gemacht, lassen sich von außen nicht beobachten oder messen und auch nicht neutral oder gar objektiv erfassen. Subjektive Erfahrungen lassen sich von anderen Menschen überhaupt nicht unmittelbar und direkt verstehen. Damit ein anderer davon »erfährt«, muss ihm Anteil gegeben werden. Das geschieht, wenn und indem von Erfahrungen erzählt wird. Das Erzählen[293] transportiert gleichsam das Erfahrene und ermöglicht die Begegnung mit dem Erzählenden. Es sind seine Geschichten von Freude und Leid, seine Erlebnisse im Alltag, von denen er erzählt. Erzählend können Kinder und Jugendliche ihre Erlebnisse mitteilen und diese dabei mit den anderen – auch mit dem Unterrichtenden – teilen, einander teilhaben lassen. Die Präsentation der eigenen Gedanken verhilft zu der Erfahrung: Ich werde ernst genommen, was ich erlebe und fühle, ist wichtig und bedeutsam; andere erleben ähnliches, wir können einander zuhören und uns gegenseitig Be-Achtung schenken. Dazu gibt es im Verlauf des Unterrichts viele kleine und große Gelegenheiten.

So wächst eine gemeinsame Welt. Teilnahme, Gemeinsamkeit und Solidarität werden möglich. Die Zuhörenden werden in die erzählte Welt integriert. Im gemeinsamen Hören und Erzählen entsteht ein Stück Lebens-Geschichte. Sie ist einmalig und besonders, die Zuhörenden, auch der Unterrichtende, wissen davon nicht mehr als das erzählende Kind. Es kann von freudigen und traurigen Erlebnissen erzählen, von seiner Angst und Mut, von Fragen und Antworten. Das Kind erzählt von Freude und Glück, von neuen Anfängen und vom Staunen. Erzählt wird auch von Scheitern, Verlust, Schuld und Versagen, von versagten Wünschen, von Krankheit und Tod, von Krieg und Zerstörung. So gibt der Religionsunterricht der Freude und der Trauer Raum, so kann er ermuntern zum Klagen und zum Danken. Vielleicht kommen im Erzählen auch die Träume zum Ausdruck, Vorstellungen vom eigenen Leben, wie es sein könnte und sollte. Auch für das Nachdenken über die eigene Zukunft bietet Religionsunterricht Raum und Zeit. In den erzählten Geschichten kommt die Erfahrung zur Sprache und ruft bei den Zuhörenden Erfahrung hervor. In alledem laden sie zur Erfahrung ein, zur Identifikation mit dem Erzählenden oder dem Erzählten und bieten zugleich die Möglichkeit, das Gehörte mit den eigenen Erfahrungen anzureichern. Erzählen und Hören gehören also zusammen. Wer erzählt, will sich einem anderen, einem Gegenüber mitteilen. Wer hört und dabei zuhört, will sich dem anderen öffnen, sich auf ihn einlassen. Der Austausch von Erfahrungen ist immer auf den Dialog aus. »Im Dialog sein bedeutet, mit größter Aufmerksamkeit aber ohne Einmischung den Gesprächspartner ernst zu nehmen, gewahr zu werden, was er aussagen will, und einsichtig zu sein«[294].

Im Dialog wechseln auch die Rollen, so wird der Zuhörer zum Erzähler und bringt seine Erfahrungen in die gemeinsame Welt ein, das

Gespräch beginnt. Dabei werden eigene Deutungen des Erlebten zur Disposition gestellt, auch in Frage gestellt, und können sich so erweitern und verändern.

HINTERGRUND Für den Religionsunterricht hat das Erzählen schon immer eine große Bedeutung gehabt[295]. Bis in die 60er Jahre des 20. Jahrhunderts hinein kann es als die bevorzugte Methode gelten: Die Lehrerin erzählte den Kindern eine biblische Geschichte, diese wurde anschließend gemalt und vielleicht noch ein Merksatz dazu aufgeschrieben (man vergleiche nur die entsprechenden Unterrichtsbücher[296] aus dieser Zeit). Mit der Kritik an der Konzeption der »Evangelischen Unterweisung« und der damit verbundenen Diskussion um die Stellung der Bibel im Religionsunterricht[297] wurde dann auch das Erzählen als Methode des Religionsunterrichts hinterfragt: Es wurde auf die Gefahr der Manipulation hingewiesen, die gegeben sei, wenn die Lehrkraft im Erzählen unkritisch und unkritisierbar Deutungen und Traditionen überliefere; der Unterricht bleibe notwendigerweise lehrerzentriert und die Schüler/innen würden in die Rolle von passiven Rezipienten gedrängt.

Trotz dieser berechtigten Anfragen konnte auch in späterer Zeit auf das Erzählen im Religionsunterricht nicht verzichtet werden. Das zeigt sich ganz praktisch schon an der großen Zahl der Erzählbücher, die es gibt[298]. Neben die biblischen Geschichten treten – je nach religionspädagogischer Konzeption – auch Geschichten aus dem Alltag, die bestimmte Probleme, Fragestellungen und Situationen aus der Gegenwart thematisieren.

Die Weiter-Entwicklung des Erzählens biblischer Geschichten ist vor allem mit den Namen Dietrich Steinwede und Walter Neidhart verbunden. Ihre kontroversen Erzählpositionen sind bis heute prägend. Steinwede geht es um die Identifikation des Zuhörers mit dem Erzählten. Sie wird dadurch möglich, »daß die Erzählung ins Bild setzt … In inneren Bildern wird Wirklichkeit erfahren. Sie senken sich ein. Sie wirken tiefer als jede intellektuelle Einsicht«[299]. Zugleich hebt er die Bedeutung der Texttreue hervor, der Erzählende ist in die »Pflicht der Texte« genommen: »Ohne daß man sich im einzelnen an Worte oder Sätze des Bibeltextes klammern muß, kann der sachliche und sprachliche Grundbestand der biblischen Überlieferung erhalten bleiben«[300]. Neidhart vertritt demgegenüber eine Konzeption, die Erzählen als Spiel und Arbeit mit der Phantasie versteht. Es kommt dabei auf die Beteiligung der Erzählenden mit ihrer Phantasie und ihrem Glauben an. Eine Erzählung ist »nicht am Kriterium zu messen, ob sie die Meinung des biblischen Erzählers richtig wiedergibt. Nur das Kriterium gilt, ob ich selber verantworten kann, was durch meine Geschichte beim Hörer ausgelöst wird«[301].

Beide geben für das Erarbeiten eigener Erzählungen ganz bestimmte Regeln an, die sich als hilfreich erwiesen haben. Sie beziehen sich auf den Erzählstil, die Regeln der Textgestaltung und die verschiedenen Formen des entfaltenden Erzählens[302].

1.2 Die Bibel – ein Geschichtenbuch

In das Erzählen von Lebensgeschichten gehören auch die Geschichten der Bibel. Auch sie handeln vom Leben, von guten und schlechten Erfahrungen. Es ist in diesem Zusammenhang nicht unbedeutend, dass die ganze Bibel von Geschichten durchzogen ist, die die Heilstaten Gottes erinnern und weitergeben. Das Erzählen der erlebten Geschichte, der Erfahrungen mit Gott ist wie ein roter Faden in der ganzen Bibel zu erkennen: Jahwe ist für Israel ein Gott, von dem man erzählen kann, zu dem man eine Beziehung hat, die gelingen kann, die manches Mal gefährdet ist, aber immer wieder neu beginnt und sich in den unterschiedlichen Lebenssituationen verschieden darstellt. Jesus steht in der Erzähltradition Israels, darum ist auch seine bevorzugte Form der »Predigt« das Erzählen von Geschichten. Vom Reich Gottes spricht er nicht abstrakt oder dogmatisch, sondern in Geschichten, die dem Alltagsleben seiner Zuhörer/innen nahe stehen. Indem er deren Lebenswelt aufnimmt und teilt, lädt er ein, seine Botschaft vom Reich Gottes als Lebensangebot zu hören und zu verstehen. Die frühen Christen erzählen Jesu Geschichten und seine Geschichte weiter und erkennen darin die frohe und heilmachende Botschaft von Gott. Dabei unterscheiden die Evangelisten nicht zwischen Geschichte und Theologie – vielmehr sind die erzählten Geschichten als solche transparent für Einsichten des Glaubens und theologische Reflexion. Der Glaube hat etwas zu erzählen, er erkennt in den Geschichten der Menschen die Geschichte Gottes und erzählt von diesem Gott, indem er von Menschen erzählt. Erzählend sprechen biblische Geschichten Grundfragen des Menschseins an und sind dabei keineswegs »Heile Welt«-Geschichten. Im Gegenteil, häufig handeln sie vom Scheitern von Lebensentwürfen, vom Verstummen, von Ungerechtigkeit und Un-Heil. Aber sie erzählen immer auch davon, dass Menschen in solchen Situationen erfahren: Einer wendet sich mir zu, er reicht mir die Hand, öffnet mir die Augen, hört mein Schreien, nimmt mich an[303].

Als erzählte Geschichten fordern sie zum Dialog, zum gemeinsamen Gespräch heraus, zielen darauf, dass die Zuhörenden ihre eigene

Lebenssituation mit den in den Texten angebotenen Deutungen verbinden. In diesem Dialog eröffnen biblische Texte den Schüler/innen Ansatzmöglichkeiten, sich auch mit den Krisen des eigenen Lebens und dessen Grenzen auseinanderzusetzen. So können sie zur Sprach-Hilfe werden, wenn für das eigene Leid und die eigenen Hoffnungen keine Worte zur Verfügung stehen.

TIPP Ein gutes Beispiel dafür, wie biblische Texte zur Sprach-Hilfe für eigene Erfahrungen der Schüler/innen werden können, ist die Psalmwort-Kartei von Rainer Oberthür und Alois Mayer[304]. Das Freiarbeitsmaterial besteht aus 120 Karteikarten, auf denen ausgewählte Psalmworte stehen. Sie lassen sich in sieben Grunderfahrungen einteilen: Traurig und allein sein; Angst haben und erschrocken sein; Schmerzen haben und tot sein wollen; mutlos sein und sich nichts zutrauen; wütend sein und sich beklagen; angenommen sein und vertrauen; sich freuen und glücklich sein. Passend zu den Textkarten gibt es eine Fotoserie. Sie enthält sieben Bilder, die ein Kind in dem jeweiligen Gefühlszustand zeigen. Methodenkarten enthalten Hinweise darauf, wie Kinder mit den Materialien arbeiten können.
Die Konzeption dieses Materials geht davon aus, dass Kinder »sich von den Psalmworten unmittelbar ansprechen lassen«[305], in denen sich Grund- und Lebenserfahrungen widerspiegeln. Die Texte sollen dazu helfen, dass Kinder sich mit ihren Lebenserfahrungen in den alten Worten der Bibel wiederfinden können und sich von ihnen anregen lassen, eigenes Erleben in ähnlicher Weise auszudrücken und mit Gott in Verbindung zu bringen.
Leider ist das Material sehr stark mit Text- und Schreibarbeit verbunden und setzt eine gute Lese- und Schreibfähigkeit der Schüler/innen voraus. Es wird überwiegend mit Texten und Bildern gearbeitet, Schreiben und Malen sind die bevorzugten Methoden. Handlungsorientierte Zugänge treten in den Hintergrund, auch fehlt weitgehend die Orientierung an allen Sinnen. Aus der Perspektive der Schüler/innen der Schule für Lernbehinderte wird die Notwendigkeit einer Überarbeitung erkennbar, die sich auf den ganzen Menschen mit seinen Lern- und Ausdrucksmöglichkeiten bezieht. So sollten die Aufgabenkarten mit Symbolen ergänzt werden, lange Texte können auf Band gesprochen, die Anregungen zur eigenen Arbeit mit den Psalmworten durch handlungsorientierte und gestalterische Methoden ergänzt werden. Eine durchgehende Anleitung zur Partnerarbeit kann ebenso die gegenseitige Hilfeleistung fördern wie den Austausch der Schüler/innen untereinander anregen.

Die erzählten biblischen Texte gewinnen ihre konkrete Bedeutsamkeit und ihre spezifische »Wahrheit« immer nur im Kontext der jeweils »Hörenden« und/oder Lesenden[306]. Sie werden zur Deutungshilfe und leiten zum Leben an in dem Maß, wie die Schüler/innen sich selbst und ihre Geschichte darin wieder entdecken. Damit die im Text enthaltene Grunderfahrung lebendig werden und fruchtbare Verknüpfungen zum Leben und den Erfahrungen der Schüler/innen ermöglichen kann, muss diesen selbst Auslegungs- und Gesprächskompetenz zugetraut und zugebilligt werden. Sie sind als Subjekte an dem Prozess der Begegnung von Situation und Tradition beteiligt, gestalten ihn aktiv mit. Es ist klar, dass für diesen Dialog die Texte nicht auf ihre kognitiv zu erfassende Dimension reduziert werden können, das wäre eine unzulässige Verkürzung. Selbstverständlich müssen aber Informationen, die zum verstehenden Dialog notwendig sind, zur Verfügung stehen und je nach Bedarf abrufbar sein.

TIPP Auch die Erarbeitung und Bereitstellung von Informationsmaterial kann Teil des Unterrichts sein. Aus der Begegnung mit den Geschichten wird gefragt: Wie ist denn das zu verstehen, welche Informationen brauchen wir, was müssen wir über den Kontext der Geschichte wissen, der wir begegnet sind? Und wie machen wir uns die Informationen zugänglich, bereiten sie so auf, dass wir sie auch später zur Verfügung haben? Vielleicht entsteht bei solchem Fragen eine Info-Kartei, die wichtige Stichworte enthält und für alle verfügbar macht.

Ein Beispiel hierfür ist die Lernkartei »So lebten die Menschen zur Zeit Jesu« mit dem dazugehörigen Buch »Benjamin und Julius«[307]. Zu den Themen: Landwirtschaft, Tägliches Leben, Berufe, Gesellschaft, Politik, Land der Bibel und Jüdische Religion werden Hintergrundinformationen zum Leben in Palästina zur Zeit Jesu angeboten und mit einigen Bildern illustriert. Viele biblische Texte werden dadurch verständlicher. Das Buch »Benjamin und Julius« erzählt die Geschichte einer Freundschaft zwischen einem jüdischen und einem römischen Jungen und illustriert das Freiarbeitsmaterial. Jesusgeschichten sind eingeschlossen, Hinweise auf das Leben zur Zeit Jesu werden gegeben.

Für den unmittelbaren Einsatz in der Schule für Lernbehinderte ist auch dieses Material nur bedingt zu empfehlen. Wegen der überwiegend auf Wissensvermittlung ausgerichteten Zielsetzung dominiert die kognitive Ebene. Für diesen Zweck sind die Texte aber häufig zu lang und zu kompliziert geschrieben. Die Lernkartei kann aber als gutes Beispiel für eine in und mit der Klasse selbst zu erstellende Info-Kartei dienen. Vielleicht können auch Schüler/innen der Abschlussklassen aus und mit der Lernkartei ein für Grund- und Mittelstufenschüler/innen geeignetes Material erstellen – das wäre eine klassenübergreifende Aufgabe[308].

1.3 Erzählen – mehr als nur Worte

Erfahrungsorientierter Unterricht betrifft immer den ganzen Menschen. Darum ist auch das »Erzählen« nicht auf die verbale Sprachform beschränkt. Vielmehr lassen sich Erfahrungen dann am besten entfalten, wenn die Schüler/innen ganz verschiedene Ausdrucksformen kennen lernen und selber erproben, wie vielfältig sie sich ausdrücken können. Auch die in biblischen Texten enthaltenen Erfahrungen lassen sich vielfältig und handlungsorientiert am besten erschließen. Die Begegnung mit den Erfahrungen, die in den Texten gesammelt sind, geschieht natürlich im Hören, aber viel elementarer im Erleben und Ausprobieren. Schon die mündliche Kommunikation besteht aus einer Fülle von Zeichensystemen, Mimik, Gestik und die Gestaltung mit der Stimme gehören dazu und können eingesetzt werden, um Texte in ihrer Vielfalt erlebbar werden zu lassen. Daneben aber gibt es auch andere Erzählformen: das Malen, das freie Schreiben, das Weiterführen angefangener Sätze[309]. Erzählen lässt sich darüber hinaus auch mit Bildern, im Spiel, mit Musik, Bewegung und Tanz. Religionsunterricht wird Schüler/innen ermutigen, auf vielfältige Weise zum Ausdruck zu bringen, was sie bewegt und was sie denken und fühlen. Das folgende Schema zeigt dies besonders gut[310]:

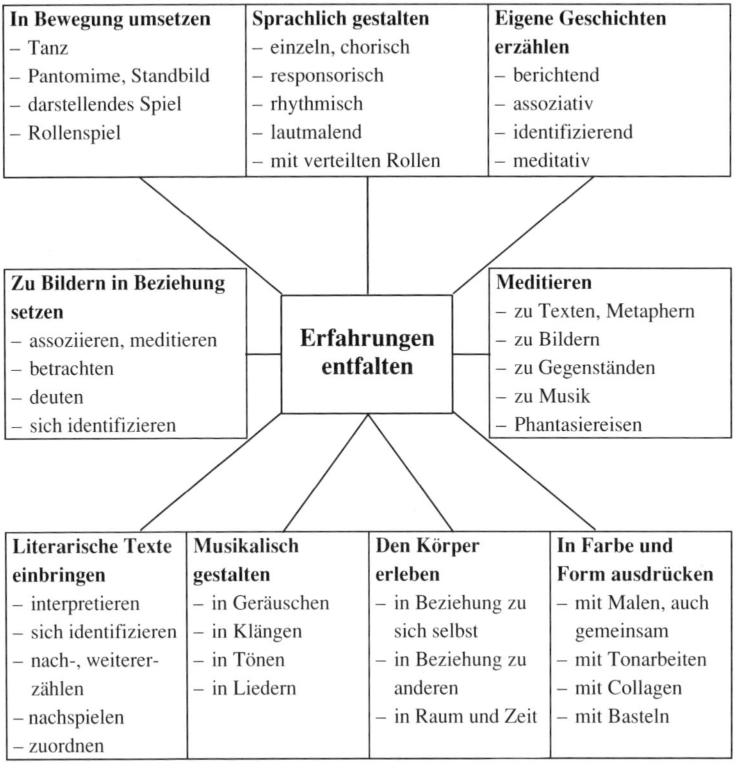

Bei der Verwendung dieser verschiedenen Methoden geht es nicht nur darum, möglichst abwechslungsreich und vielfältig zu sein. Die unterschiedlichen Zugangsweisen ermöglichen vielmehr je spezifische Annäherungen und Ausdrucksmöglichkeiten. Wenn ein Kind seine Erfahrungen mit Worten ausdrückt oder Musikinstrumente und Farben verwendet, werden sich jeweils andere Aspekte des eigenen Lebens darstellen. Ebenso gestaltet sich die Annäherung an Texte der Überlieferung durch Meditation anders als durch das Lesen oder Hören eines Textes, und im Nacherleben mit dem eigenen Körper werden sich noch einmal andere Beziehungen ergeben. Darum ist das vielgestaltige Angebot von der »Sache« und von den »Subjekten« des Religionsunterrichts her dringend geboten.

TIPP Das Unterrichtswerk »Spuren«[311] versucht eine solche vielfältige methodische Annäherung. In dieser Reihe werden fortlaufend Unterrichtskonkretionen zum Fachplan katholische Religion des Bildungsplans der Förderschule in Baden-Württemberg erarbeitet. Nach knappen Vorüberlegungen bietet das Werk Gestaltungselemente zum jeweiligen Thema an, die hervorragend aufgearbeitet sind und sich durch eine handlungsorientierte und ganzheitliche Zugangsweise auszeichnen.
Eine gute Übersicht über die methodischen Zugänge, wie sie hier angedeutet sind, bietet auch das Buch »Ganzheitliche Methoden im Religionsunterricht«[312]. Hier sind Verfahren gesammelt und beschrieben, die helfen, Erfahrungen nicht nur zum Ausdruck zu bringen, sondern im Unterricht selber zu machen. Beispiele aus dem Unterricht machen die verschiedenen Zugangsweisen anschaulich. Insofern kann dieses Buch wie eine Illustration des oben angegebenen Schemas angesehen werden.

1.4 Erzählen braucht Ermutigung

Realistischerweise kann nun allerdings nicht ohne Weiteres davon ausgegangen werden, dass Kinder und Jugendliche nur darauf warten, im Religionsunterricht aus ihrem Leben erzählen zu dürfen. Je nach Lebens- und Schulerfahrung werden sie vielleicht sehr zurückhaltend oder sogar stumm geworden sein. Auch das Zuhören will gelernt sein, die Schüler/innen sollen sich selbst und die anderen ernst nehmen. »Still sein heißt noch nicht, zuhören zu können. Zuhören muß jeder lernen. Das Zuhören lernen wir nur von jemandem, der uns zuhört, nicht von jemandem, der zu uns sagt: ›Sei still!‹«[313].
Darum ist der Atmosphäre des Unterrichts besondere Beachtung zu schenken. Nur in einer Stimmung des Vertrauens und des Zutrauens können Geschichten ans Licht kommen. Wie begegnet der Unterrichtende den Schüler/innen, wie offen tritt er ihnen gegenüber? Wie bringt er sich auch selbst ehrlich in das Unterrichtsgeschehen ein? Wie wird der Raum gestaltet, das »Arrangement« gewählt, in dem man miteinander spricht? Eine klare Struktur des Unterrichts bietet die besten Voraussetzungen dafür, dass sich die Schüler/innen orientieren können, Sicherheit gewinnen. Verlässlichkeit aber ist eine Grundvoraussetzung für Vertrauen – und Vertrauen ist Voraussetzung für einen Unterricht, der den Schüler/innen Selbstvertrauen vermitteln will.

EXKURS: DIE SPRACHE

Eines der größten Probleme des Religionsunterrichts an der Schule für Lernbehinderte ist vielleicht das Sprachproblem. »Die Kirchen sprechen kaum die Sprache jener, die von der Schichtung her betrachtet der Unterschicht oder gar der unteren Unterschicht zuzurechnen sind«[314]. Untersuchungen haben ergeben, dass es durchaus schichtspezifische Sprachformen und -stile gibt; und in der herkömmlichen Bewertung wird die Sprachform der Unterschicht als restringiert bezeichnet. Begemann bezeichnet es im Blick auf die »Sprache der Sonderschüler« als »mehr als fraglich, ob man die Sprache … einfach als defizitär bezeichnen darf«[315]. Untersuchungen haben ergeben, dass lernbehinderte Schüler »nicht einfach einen geringeren Wortschatz haben als Regelschüler, sondern daneben in denselben Situationen einen eigenen Wortschatz benutzen. Ihre Sprache zeigt also inhaltlich spezifische Strukturen«[316]. Speck fordert in diesem Zusammenhang folgerichtig, dass im Unterricht Sprache und situativer Kontext zusammenpassen müssen[317].

Für die Unterrichtenden wird es zunächst darauf ankommen, die Fixierung auf den eigenen Sprachcode zu erkennen und die Sprache der Schüler/innen nicht von vornherein als defizitär zu betrachten oder ihnen gar die Fähigkeit zu Sinndeutungen und religiösen Fragen abzusprechen, weil diese nicht in gewohnter Weise oder in den traditionellen religiösen Formulierungen begegnen. Vielmehr muss der Religionsunterricht ihre besonderen Sprachformen aufnehmen. Und zwar nicht »erst einmal«, wie Pfeffer/Rogge empfehlen[318], sondern als Teil der Schülersituation und ihrer Art Leben zu erfahren und auszudrücken: »Inzwischen vergeude ich auch keine Zeit mehr damit, die Kinder sprachlich umzuerziehen. Ihre Sprache ist nicht prüde. … (als) ich erkannte, dass hinter den unflätigsten Formulierungen entweder besonders schlimme Leiderfahrungen oder tiefe existentielle Fragen stecken … konnte ich darauf verzichten, auf gepflegter Ausdrucksweise zu bestehen«[319].

Schon im Jahr 1971 hat Gottfried G. Hiller darauf aufmerksam gemacht, dass neutestamentliche Evangelientexte eine besondere Nähe zu Unterschichtserfahrungen und damit auch eine besondere Affinität zur Lernbehindertensprache haben. »Die Kernstücke der neutestamentlichen Evangelien gehen von Situationen und Erfahrungen aus, knüpfen daran an, die den Situationen und Erfahrungen von heutigen Unterschichtangehörigen strukturverwandt sind. … Allerdings ist die Sprachstruktur zugleich durch den Versuch bestimmt, diese Situationen in einem Verständnishorizont auszulegen, der neues, produktives Handeln ermöglicht … Wenn der Nachweis gelingt, dass diese Texte aus den Evangelien beides umfassen: Sprachstrukturen, die mit unterschichtspezifischen Sprachspielen identisch sind und solche, die über

diese Sprachmuster hinausweisen, dann zählen diese Texte zu jenen unterrichtlichen Angeboten, die den soziokulturell Benachteiligten an der Stelle abholen, an der er sich befindet; die ihn ernst nehmen und ihm helfen, seine Möglichkeiten zu begreifen, zu artikulieren und die ihm zugleich immer schon weit voraus sind«[320]. Religionsunterricht, »der mit Hilfe neutestamentlicher Texte sich gerade nicht an die Verhaltensformen und Sprachmuster der mittleren und oberen sozialen Schichten anpassen muss«, leistet einen wichtigen »Beitrag zur Einführung in politisches Handeln«[321]. Leider ist sein Vorschlag einer vergleichenden Untersuchung von neutestamentlichen Materialien mit Sprachmaterial der Unterschicht bis heute nicht in Angriff genommen worden. Es fehlt in Deutschland eine theologische Diskussion, »die die gesellschaftlichen Leidenserfahrungen der Menschen heute zum Anlaß nimmt, mit davon Betroffenen theologische Theoriebildung zu treiben, die von diesem Leidenden auch als Evangelium, als befreiende Gute Nachricht verstanden und gehandhabt werden kann«[322], auch wenn z. B. sozialkritische Exegese dafür Ansätze bietet. Die gesamte Theologie könnte m. E. davon profitieren.
Eine eindrucksvolle Illustration der These Hillers findet sich bei den Bauern von Solentiname, einem mittelamerikanischen Dorf, die in ihren Gottesdiensten in kommunikativem Dialog Evangelientexte lesen und in ihre Lebenssituation hinein auslegen. Alejandro, einer der Bauern, sagt in einem dieser Gottesdienste: »Die Gleichnisse Jesu sind für die einfachen Leute vollkommen einleuchtend, aber den Hochmütigen sagen sie überhaupt nichts ... Weil die Botschaft Jesu so einfach ist, verstehen sie nur die einfachen Leute«[323]. Vielleicht sollte Religionsunterricht den einfachen Leuten und der einfachen Botschaft einfach mehr zutrauen und sie ermuntern, sich in ihrer Art zu sprechen Worte und Ausdrucksformen zu verschaffen.

2. Hinter die Dinge schauen, oder: Die Bedeutung von Symbolen und Ritualen

Religionsunterricht hat es in besonderer Weise mit der religiösen Dimension von Alltagserfahrungen zu tun. Er thematisiert die Frage nach dem Sinn der eigenen Existenz, dem »Woher« und »Wohin« des Individuums und die Gestaltung seiner Beziehungen in der Gemeinschaft und zu Gott. So kommt in den Alltagserfahrungen die religiöse Dimension des Lebens in den Blick. Diese weist auf eine Wirklichkeit, die mit den Sinnen oder auch durch Nachdenken nicht mehr direkt und unmittelbar zu erfassen ist. Sie lässt sich nur indirekt erfassen und mittelbar kommunizieren. Dies ist der Grund, warum die symbolische Rede und das rituelle Handeln die angemessene Ausdrucksform der Religion ist. »Jedes wahre Symbol konfrontiert mit Sinn. … Religiöse Symbole enthalten eine Dimension der Lebenserfahrung, die grundsätzlich das Außen und das Innen vereint«[324]. Symbole und Rituale helfen, sich über die religiöse Dimension zu verständigen, in ihr zu handeln, die vorfindliche Alltagswelt zu transzendieren. Religiöse Gemeinschaften bieten ihren Mitgliedern eine Fülle von Symbolen, Bildern und Handlungen an, mit denen sie sich der Ebene des Religiösen annähern, sich im religiösen Bereich verständigen und miteinander kommunizieren, reden und handeln. Auch für den Religionsunterricht ist es aus diesem Grund unerlässlich, in Symbolen zu sprechen und in Ritualen zu handeln und den Schüler/innen Angebote zu machen, sich in dieser Ausdrucksform zu üben.

EXKURS: WAS IST EIN SYMBOL?

Der Begriff »Symbol« lässt sich etymologisch auf das griechische Wort ›symballein‹ zurückführen und bedeutet von daher wörtlich das »Zusammengefügte«. In diesem Zusammenhang wird meist auf den antiken Brauch hingewiesen, als Zeichen des Vertragsschlusses einen Ring zu zerbrechen; der Besitz eines der Teile wies den Inhaber als rechtmäßigen Partner aus. Ebenso wird das Freundschaftsritual beschrieben, bei dem ein zerbrochenes Tontäfelchen die Trennung zweier Freunde »symbolisierte« und gleichzeitig Überbringern von vertraulichen Nachrichten als Berechtigungsnachweis diente. Das Zusammenfügen galt als Erkennungsgeste[325]. Äußere Zeichen und sichtbare Gegenstände werden zum Erkennungszeichen, zum Symbol für einen Sachverhalt oder einen ideellen Wert.
Allgemein anerkannt sind bestimmte Merkmale von Symbolen, sie finden sich in der Literatur immer wieder in ähnlicher Weise zusammengestellt[326].

- »Symbole haben einen *Hinweis-Charakter*«. Sie verweisen auf eine Wirklichkeit, die außerhalb der empirischen Wirklichkeit liegt und deshalb nicht unmittelbar zugänglich ist.
- »Das Symbol verweist nicht nur auf eine andere Wirklichkeit, sondern läßt sie gegenwärtig sein; *es repräsentiert sie*«. Es markiert gleichsam den Schnittpunkt von zwei Seinsebenen, hat an beiden teil. Darum kann es nicht vom eigentlich Gemeinten getrennt werden. Bezogen auf eine vergangene Wirklichkeit vollzieht sich die Repräsentanz als Erinnerung, in Bezug auf die Zukunft als Vorgriff, Antizipation.

- Dadurch erschließen Symbole *»tiefere Dimensionen der inneren Wirklichkeit* und eröffnen damit zugleich neue Möglichkeiten des Umgangs mit äußerer Wirklichkeit«. Sie verweisen auf Unsagbares, Geheimnisvolles und zeigen so, dass Leben nicht eindimensional und oberflächlich ist.
- »Symbole werden erst zu Symbolen, wenn sie *von einer Gemeinschaft anerkannt* werden und damit *sozial eingebettet* sind«. Sie sind auf die Erfahrungen einer Gemeinschaft bezogen, verdichten und bündeln diese, und stiften so Kommunikation. Sie helfen den Einzelnen, sich zu integrieren und zu orientieren. Darum sind Symbole immer auch *»geschichtlich und gesellschaftlich bedingt«*. Jede Gesellschaft ist darauf angewiesen, Symbole auszubilden und damit ihre Identität zu rechtfertigen; schwindet die soziale Akzeptanz, so verlieren die Symbole ihre Kraft. Unabhängig davon gibt es auch ganz persönliche, individuelle Symbole, die ein Mensch im Laufe seines Lebens ausbildet und verwendet. Manchmal sind diese nur zwischen zwei Personen wirksam und bedeutsam, manchmal sogar nur für ein einzelnes Individuum. Dieses Symbol ist dann aber nicht mehr unmittelbar kommunizierbar.
- *»Symbole haben schließlich eine ambivalente Wirkung*, sie können lebendig machen, und sie können Lebendigkeit blockieren; sie können ermutigen und Angst erzeugen«. Welche Wirkung ein Symbol erzeugt, ob es erfreut oder ängstigt, Hoffnung schöpfen lässt oder deprimiert, hängt entscheidend von einer Person und der konkreten Lebenssituation ab, in der ihr das Symbol begegnet. Trotz aller geschichtlichen und gesellschaftlichen Bedingtheit ist die Wirkung eines Symbols also individuell sehr verschieden.

Diese allgemeinen Merkmale von Symbolen gelten nicht ausschließlich und nicht einmal vor allem für den religiösen Bereich. In der heutigen Gesellschaft sind es überwiegend andere Zusammenhänge, in denen Symbole Geltung beanspruchen und wirken. Neben politischen und nationalen Symbolen treffen Schüler/innen heute vor allem in der Werbung mit ihnen zusammen. Auch bestimmte »Statussymbole«, wie Autos einer ganz besonderen Marke, Kleidung, Outfit und musikalischer Geschmack spezieller Prägung, Urlaub und/oder der Besitz von Immobilien prägen ihr Leben und das ihrer Eltern. Modernität, In-Sein und Einfluss werden durch bestimmte äußere Zeichen demonstriert. In diesem Zusammenhang zeigt sich in besonderer Weise die Ambivalenz von Symbolen. Sie können zum Zweck der Manipulation verwendet werden und dann die Freiheit des

Menschen eingrenzen. Sie konnten und können die Funktion haben, eine Wirklichkeit vorzutäuschen, vorzuspiegeln und vorzugaukeln, die es gar nicht gibt. So versuchen Menschen immer wieder, fehlenden Erfolg im Leben, fehlende Anerkennung in der Gesellschaft oder der Gemeinschaft durch die Präsentation von Symbolen des Erfolgs und der Anerkennung zu verdecken. Die Werbung vermittelt dabei den Eindruck, durch den Kauf bestimmter Artikel könne entsprechende Anerkennung gleichsam mit erworben werden. Dieser Aspekt weist auf die Notwendigkeit hin, Symbolerziehung immer auch als »kritische« Erziehung zu verstehen und Heranwachsenden zu helfen, zwischen Leben fördernden und Leben begrenzenden Symbolen zu differenzieren.

2.1 Symbolisch von Gott reden

Religiöse Symbole unterscheiden sich in ihrer Funktion nicht von den allgemeinen Symbolen. Der Unterschied besteht allerdings darin, dass die von ihnen repräsentierte Wirklichkeit als göttliche Wirklichkeit zu beschreiben ist. Insofern transzendieren Symbole den Alltag mit all seinen Aspekten und lassen im alltäglichen Leben die Dimension Gottes durchscheinen. Paul Tillich hat überzeugend dargelegt, dass wir anders als ›symbolisch‹ von den Hoffnungen unseres Lebens, von dem, was hinter allem Seienden liegt, nicht reden können. Religiöse Symbole

> »sind von den übrigen dadurch ausgezeichnet, daß sie Veranschaulichungen dessen sind, was die Sphäre der Anschauung unbedingt übersteigt, des im religiösen Akt Letztgemeinten, des Unbedingt-Transzendenten. (Sc. Sie) … haben einen Gegenstand auszudrücken, der wesensmäßig jede Gegenständlichkeit transzendiert, der aber ebensowenig durch einen geistigen Akt Gegenständlichkeit erhalten kann. Die religiösen Symbole sind weder gegenständlich noch geistig-sinnhaft fundiert, sie sind unfundiert, religiös gesprochen, sie sind Gegenstand des Glaubens. Sie haben kein anderes Recht als das der *Vertretung* des Unanschaubar-Transzendenten, das ihrer nicht bedarf, um zur Existenz zu kommen«[327].

Tillich differenziert im Rahmen seiner Überlegungen zwei Ebenen religiöser Symbole. Die erste, grundlegende Schicht nennt er Gegenstandssymbole, sie setzen die religiöse Gegenständlichkeit und sind selbst unfundiert. Hier lassen sich wiederum verschiedene

Stufen unterscheiden: »Die erste, grundlegende Schicht der religiösen Gegenstandssymbole ist … das *Höchste Wesen*: Gott«, die zweite Gruppe »enthält die Bestimmungen über Wesen und Handlungen Gottes« und die dritte Gruppe schließlich »sind die natürlichen und historischen Objekte, die als heilige in die Sphäre der religiösen Gegenstände einbezogen und dadurch zu religiösen Symbolen werden«[328]. Damit ist die Ebene der Hinweissymbole erreicht, »die breite Schicht der Zeichen und Ausdruckshandlungen, die einen Hinweis auf die religiösen Gegenstände der ersten Schicht enthalten«[329].

Ähnlich sieht Paul Ricœur in religiösen Symbolen die »Manifestation eines Inhalts, … die Offenbarung des Heiligen«[330], sie sind die Sprache des Sakralen und haben als solche immer einen Doppelsinn. »Im Symbol gibt es etwas zu enthüllen, zu entflechten, gerade der Doppelsinn, die intentionale Ausrichtung des zweitens Sinns innerhalb und vermittels des ersten Sinns, ruft das Verständnis hervor … Deshalb gibt es kein Symbol ohne einen Anfang von Interpretation«[331]. Prägnant formuliert er: »das Symbol gibt zu denken«[332]. Religiöse Symbole sprechen vom »Absolut-Anderen«, das durch menschliche Bemühungen nicht zu erkennen und zu erfassen ist. Aber

> »natürlich spreche ich vom Absolut-Anderen nur, insofern es sich an mich richtet; und das Kerygma, die frohe Botschaft besteht gerade darin, daß sie sich an mich wendet und aufhört, das Absolut-Andere zu sein. Von einem Absolut-Anderen könnte ich nichts wissen. Aber gerade durch die Art, wie es sich nähert, kündigt es sich … an als das Absolut-Andere, indem es seine radikale Andersheit zunichte macht«[333].

Insofern kann ich das Absolut-Andere in meinem Leben und in der Reflexion meiner Ursprünge und meiner Hoffnungen erkennen und darin zugleich über mich selbst hinaus gelangen. Religiöse Symbole haben also immer einen Bezug zum Menschen und zugleich einen Sinn- und Bedeutungsüberschuss. Sie verschließen sich jedem Versuch des Menschen, sich des Absolut-Anderen zu bemächtigen, es im Symbol zu verobjektivieren und damit darüber verfügen zu können. Wenn das geschieht, werden die ›Zeichen‹ des Heiligen zu heiligen Objekten, Religion wird entfremdet und verdinglicht und damit zur Illusion. In dieser Sphäre der Illusion werden Symbole zu

Idolen. Das geschieht auch, wenn mythische Erzählungen als Berichte über faktisch Geschehenes angesehen werden oder wenn Menschen so über messianische Bilder und eschatologische Symbole verfügen, dass sie zur Bestätigung ihres Status quo dienen. Um das zu verhindern, braucht es die Ideologiekritik und den Zugang zu verschiedenen Symbolen, die sich gegenseitig interpretieren und so Idolisierungen korrigieren können.

HINTERGRUND In der Religionspädagogik hat sich die Symboldidaktik in den 80er Jahren des 20. Jahrhunderts zu einem »Renner« entwickelt. Die Tradierungskrise des christlichen Glaubens und der damit verbundene Symbolverlust sowie das zunehmende Unbehagen an einem stark kognitiv ausgerichteten (Religions-)Unterricht führten dazu, nach neuen, umfassenderen Möglichkeiten zu suchen.

Die Konzeption ist vor allem von den beiden Religionspädagogen Hubertus Halbfas und Peter Biehl entwickelt und verbreitet worden, die bei vielen Übereinstimmungen doch charakteristische Unterschiede aufweisen[334].

Halbfas betont vor allem die Aufgabe einer »Wiedereröffnung des Zugangs zum Symbol«[335], er will bei den Schüler/innen den verloren geglaubten »symbolischen Sinn« wecken und ihnen damit die orientierende und integrierende Funktion der Symbole nahe bringen. Religionsunterricht soll in erster Linie in den Umgang mit Symbolen einüben. Es geht ihm nicht um einen Unterricht über Symbole, sondern um ein unterrichtliches Prinzip, um symbolisches Sprechen im Unterricht und die Einführung in eine »religiöse Sprachlehre«.

Biehl sieht die »Gesamtaufgabe der Symbolkunde … darin, die Symbole der Lebenswelt der Schüler … mit biblisch-christlichen Symbolen zu konfrontieren«[336]. Damit soll ein »Streit um die Auslegung der Wirklichkeit ausgelöst« und der »Wahrnehmungshorizont für das Verständnis des Evangeliums« eröffnet werden. Er hebt dabei die Vermittlungsfunktion der Symbole hervor, die den »Kindern und Jugendlichen die Möglichkeit eröffnen, ihrem Leben Ausdruck, Deutung und Intensität zu geben«[337].

Bezogen auf den Religionsunterricht an der Schule für Lernbehinderte wertet Ingeborg Hegeler diese beiden Ansätze aus und fragt, »welche Perspektiven die Symboldidaktik im RU der Sonderschule für Schüler und Lehrer unter den spezifischen Bedingungen der religionspädagogischen Arbeit in der SfL (sc: Schule für Lernbehinderte) eröffnen kann«[338].

Symbole können also »Tiefendimensionen des Glaubens erschließen und ganzheitlich erfahrbar machen. Sie können vielschichtige

Erfahrungen aufeinander beziehen, ordnen, differenzieren, klären«[339]. Insofern sind sie als übergreifendes Prinzip der Unterrichtsgestaltung des Religionsunterrichts anzusehen. Es geht also weniger darum, in einer besonderen Unterrichtseinheit ein Symbol mit den Schüler/innen zu erarbeiten, auch kann es nicht in erster Linie darum gehen, über Symbole als solche zu informieren und zu reflektieren. Vielmehr wird Religionsunterricht, wie er hier beschrieben ist, symbolisches Reden und Handeln als die angemessene Ausdrucks- und Kommunikationsform des Unterrichts praktizieren und dabei die religiöse Dimension des Alltags erfahrbar machen. Weil Symbole nicht gewusst, sondern erfahren werden wollen (Halbfas), können sie nicht einfach zum Unterrichtsthema werden. Symboldidaktik ist vielmehr ein »ganzheitlicher Prozeß, der Schweigen und Handeln, Erzählen und Spielen, Arbeiten und Feiern, Text, Bild und Musik umgreift«[340].

2.2 Symbole erleben

In diesem umfassenden Sinn geht es im Unterricht zunächst einmal darum, dass Symbole erlebt werden können[341], Schüler/innen begegnen dem Symbol in direkter Form im Unterricht. So wird beispielsweise über »Wasser« nicht nur gesprochen und gelesen, sondern das Wasser selbst wird innerhalb und außerhalb des Klassenzimmers als Element des Lebens erlebt. Der Symbolgehalt dieser Sache erschließt sich, wenn das Erlebte in Sinnzusammenhänge gebracht und die umfassende Bedeutung erfasst und reflektiert wird. Erleben und erfahren von Symbolen wird nur möglich, wenn sie auch unmittelbar ausgedrückt, kreativ gestaltet und geformt werden, sodass die Schüler/innen sich den Gehalt der Symbole im eigenen Tun aneignen können. Nicht zu vergessen ist der Hinweis Ricœurs, dass Symbole zu denken geben, sie drängen auf Interpretation und Austausch über das von ihnen Symbolisierte. In dieser eher rationalen Auseinandersetzung hat auch die kritische Symbolkunde ihren Ort. Im Sinne Biehls soll es im Unterricht auch darum gehen, einen Streit darüber zu führen, welche Symbole tragen und zum Leben helfen, welche einengen und verführen. In diesen Zusammenhang gehört ebenfalls die Auseinandersetzung mit den nichtreligiösen Symbolen der Lebenswelt der Schüler/innen.

TIPP Hilfen zur Erschließung religiöser Symbole finden sich in der Literatur in großer Fülle. Für den Unterricht an der Schule für Lernbehinderte ist Klaus Schillings kleines Buch »Symbole erleben«[342] hier zu erwähnen. Nach einem informativen allgemeinen Teil gibt er praktische Hinweise zu einem erfahrungsbezogenen, ganzheitlichen Umgang mit den Symbolen Wasser, Stein, Kreis und Hand.
Eine Fundgrube ganz unterschiedlicher methodischer Zugänge zu diversen Symbolen bieten die Bücher von Elsbeth Bihler[343]. Sie sind nach einzelnen Symbolen gegliedert. Einer kurzen Einführung in das Symbol folgen theologische und anthropologische Aspekte und Hinweise auf biblische Bezüge. Mit Geschichten und Texten, Liedern, Tänzen, Bildern und Anregungen zum kreativen Gestalten wird dem Unterrichtenden eine Fülle von Material zum jeweiligen Symbol angeboten.

2.3 Rituale helfen handeln

Wie das Wort zur Tat, so gehört zum Symbol das Ritual. Tillich hat das Symbol als die Sprache der Religion bezeichnet – entsprechend lassen sich Rituale als »darstellende symbolische Handlungen« beschreiben, »deren ›symbolischer Mehrwert‹ (Jetter) durch Mitvollzug und Interpretation entbunden wird«[344].
Der Begriff »Ritus« ist lateinischen Ursprungs und meint wörtlich: »das recht Gezählte«; und darüber hinaus auch »Angemessenes, Gewohnheit, Brauch«[345]. Er wurde ebenso für die geordnete feierliche Handlung in der römischen Religion gebraucht. Ritualis bedeutet von daher: »den religiösen Gebrauch betreffend«. Sprechen wir heute vom Ritual, gehen in das Verständnis des Begriffes religionswissenschaftliche, kulturanthropologische Zusammenhänge ebenso ein wie tiefen-, entwicklungs- und sozialpsychologische Theoriefragmente. Rituale gehören zum menschlichen Leben, das Bedürfnis nach einer regelmäßigen Bestätigung und Sicherung ist uns angeboren. Der bekannte Psychologe Erik H. Erikson hat nachgewiesen, dass ein Kind von Geburt an fähig ist, sein Verhalten zu ritualisieren, im Verlauf der Entwicklung nimmt diese Fähigkeit immer mehr zu und erweitert sich um viele Aspekte – Identitätsbildung geschieht auch durch Ritualisierung. Ein Ritual, so definiert Erikson, ist ein

> »in gegenseitigem Einverständnis stattfindendes Wechselspiel zwischen wenigstens zwei Personen und (sc. wird) von diesen in sinnvollen

Intervallen und wiederkehrenden Kontexten wiederholt«. Dadurch hat es »für das Ich beider Partner einen Anpassungswert«[346].

Bestätigt und ergänzt werden diese Ergebnisse u.a. von dem Sozialwissenschaftler Erwin Goffman[347]. Seine Studien des Alltagsverhaltens von Menschen haben gezeigt, wie weitgehend dieses von der Einhaltung ungeschriebener und unausgesprochener ritueller Verabredungen abhängt (man denke nur an Begrüßungsrituale oder die Ritualisierung im Sport). Im Laufe seiner Sozialisation erwirbt jeder Mensch ein »Muster« von stereotypen Verhaltensweisen, deren erfolgreiche Anwendung er durch Erfahrung lernt. Die Einhaltung dieser rituellen Ordnungen macht einerseits das Leben der Gemeinschaft zu einer klaren, geordneten Angelegenheit. Andererseits sind die Rituale auch für den einzelnen von großer Bedeutung: mit ihnen kann er nämlich Einfluss nehmen auf seine Umwelt, seine sozialen Begegnungen regulieren und sein »Image« beeinflussen. So prägen Rituale das Selbstbild und das Selbstwertgefühl von Menschen.
Auch das Leben in der Schule ist von einer Fülle von Symbolhandlungen geprägt. Hier treffen die Rituale der Institution (die mit Stichworten wie Unterrichtsablauf, Notengebung oder Leistungsorientierung beschrieben werden können) und die Rituale der Kinder- und Jugendkultur aufeinander und müssen miteinander in Beziehung gesetzt werden.

HINTERGRUND Der Berufsschullehrer Martin Autschbach beschreibt aus der Beobachtung seiner Unterrichtspraxis einige solcher Rituale und versucht eine Definition[348]:

- Jugendrituale sind »typische Gesten, standardisierte Handlungsabläufe und komplexe Verhaltensmuster«. Als Subjekte agieren »einzelne Kids oder ihre informellen Gruppen«. Wesentliche Elemente sind »Outfit, Körperkonzept; Musikstil; Sprachmuster; Erlebnisparadigmen, Genussschemata«.
- Jugendrituale dienen der »Demonstration des eigenen Lebensgefühls sowie des persönlichen Lebensstils«. Als »Form der Selbstinszenierung« sind sie bestimmt durch die Suche nach Sinn, Ganzheit und Gemeinschaft. Sie distanzieren von alltäglich erfahrener Entfremdung, stellen zugleich Intimität und Öffentlichkeit her.
- Jugendrituale können »kreative, offene und spielerische Inszenierungen« sein, die Teilnahme erlauben, den Alltag strukturieren und zu neuen

Umgangsformen ermutigen. Sie können aber auch »fremde Stile, andere Kulturen und Andersdenkende ausgrenzen«.

- Jugendrituale sind besonders abhängig von den »offensiven Strategien der Konsumindustrie« und werden durch Werbung transportiert. In diesem Zusammenhang transportieren sie häufig Träume und Visionen »aus zweiter Hand« und wirken so manipulativ und indoktrinierend.

2.4 Religion und Ritual

In besonderer Weise sind Rituale eine Ausdrucksform der Religionen: »Lange bevor Menschen reflektieren konnten, ließen sie sich auf archetypische, paradigmatische Figuren ein, die sie rituell begingen um durch die heilige Wirklichkeit dieses Geschehens gewandelt zu werden. So ist jedes Ritual ein ›begangenes‹ Symbol, das mit der Ganzheit des Leibes und der Seele vollzogen wird«[349].

Bis heute stellen sich religiöse Glaubensgemeinschaften in Ritualen dar, mit denen sie sich gegenüber anderen Gruppen profilieren und untereinander verständigen. Das gilt auch für die christliche Religion. Auch und gerade in der biblischen Überlieferung finden sich immer wieder Hinweise auf Rituale. So wird Mose, als er den brennenden Dornbusch entdeckt, aufgefordert, an diesem heiligen Ort seine Schuhe auszuziehen (Ex 3,5). Offensichtlich kann ein Mensch sich nicht ohne Vorbereitung und ›rituelle Gesten‹ dem Heiligen nähern, es ist immer eine hilfreiche und zugleich gefährliche Sache, wenn Gott den Menschen nahe kommt. Jesus hat seiner gepredigten Botschaft das überzeugende Handeln parallel gesetzt. Er hat das neue Leben, das er versprochen hat, auch gelebt und damit ›inszeniert‹. Er hat »nicht nur Freundschaft gestiftet, sondern auch Gesten dieser Freundschaft erfunden und ihr Zeichen gesetzt: Brot und Wein, Öl und Wasser, Segnungen und Umarmungen, Fasten und Trinken wurden zu neuen Gesten des Lebens«[350]. Wenn christliche Gemeinden bis heute ihren Glauben feiern, wissen sie, dass es durchaus ein qualitativer Unterschied ist, ob Menschen mit Worten erklären und erläutern, dass und warum sie zusammengehören, oder ob sie miteinander essen und trinken, feiern und damit ihre Gemeinschaft umfassend ausdrücken und erlebbar machen.

HINTERGRUND In der neueren Religionspädagogik wurden Rituale lange Zeit mit großer Zurückhaltung behandelt. Das hat im Wesentlichen zwei Gründe, die nicht unterschätzt werden dürfen. Zum einen unterliegen auch religiöse Rituale der Gefahr der Stereotypisierung. Der Vollzug wird zum Selbstzweck, die Inhalte werden bedeutungslos, das Ritual ist entleert und bloße Form[351]. Zum andern kann gerade das Ritual wegen seiner Unmittelbarkeit zur Indoktrination, zur Legitimierung und Stabilisierung von Herrschaft missbraucht werden.
Im gleichen Maß aber, wie im Religionsunterricht neben die kritische Interpretation von Welt und Glaube die Orientierung am ganzen Menschen und seinen Lebenserfahrungen trat, wurde auch die unaufgebbare Funktion von Ritualen wieder neu erkannt. Schon 1988 hat Hans Günter Heimbrock in einem Grundsatzaufsatz dies überzeugend dargelegt[352]. Hubertus Halbfas schreibt: »Ein befreiendes Ritual ... ist immer wie ein Gefäß, in das alle Teilnehmer ihre persönlichen und zugleich kreativen Beiträge zusammenlegen können. Es inspiriert die Phantasie, ermutigt zum eigenen Tun und ordnet doch zugleich eines jeden Beitrag zum überindividuellen Ganzen«[353]; und Peter Biehl zählt »die Dimension der Deutung der gemeinsamen Lebenswelt mit Hilfe von Symbolen, Ritualen und Metaphern und Erzählungen unter der Perspektive der Verheißung Gottes« zu den Grundaufgaben der Religionspädagogik[354].

2.5 Rituale im Religionsunterricht

Für den Religionsunterricht sind Rituale also unverzichtbar. Im Zusammenhang eines erfahrungs- und subjektorientierten Unterrichts, wie er hier beschrieben wird, übernehmen sie besonders folgende Funktionen:
Weil Rituale von der Wiederholung und der Regelmäßigkeit leben, können sie Halt und Sicherheit vermitteln. Sie helfen bei der Strukturierung der täglichen Zeit und bringen so Ordnung in das gemeinsame Arbeiten.
Aber auch für die Gliederung von Lebenszeiten, in Zeiten der Krisen und Veränderung und bei der Gestaltung von Lebensübergängen haben Rituale einen besondere Bedeutung. Solche Zeiten sind für die Betroffenen häufig mit Unsicherheit und Angst verbunden. Rituale bieten einen festen Rahmen, innerhalb dessen sich der Übergang vollzieht, das Individuum kann seine alte Rolle aufgeben und eine neue Identität erproben. Für die Bewältigung von Lebensübergängen sind religiöse Rituale seit jeher besonders wichtig[355]. Die heutige

Lebenssituation bringt es nun mit sich, dass Kinder und Heranwachsende nicht mehr nur drei oder viermal im Leben ihre Rolle wechseln, sondern im Alltag immer wieder herausgefordert sind, unterschiedlichen Rollenerwartungen zu entsprechen. In der Familie, der Schule, der Peer-Group oder anderen Systemen, zu denen sie gehören, gelten jeweils eigene, teilweise widersprüchliche Strukturen, Normen und Werte. So müssen sie ihre Identität im ständigen Wechsel ausbilden und bewahren. Kinder brauchen Rituale, die ihnen die Gestaltung ihres Lebens im Überschreiten von Grenzen ermöglichen[356]. Religionsunterricht kann Rituale bereitstellen, die helfen, Diskontinuität auszuhalten, Unterbrechung zu gestalten, Mut zur Veränderung zu gewinnen und dabei Sicherheit und Selbstbewusstsein nicht aufzugeben.
Durch ihre feste Struktur bieten Rituale in hervorragender Weise Ordnung(en) an. So erleichtern sie das Zusammenleben und bestimmen das Verhalten der Einzelnen und der Gruppe. Wer an einem Ritual teilnimmt, weiß, wann und wie er was zu tun oder zu lassen hat – und was die anderen tun und lassen. Das entlastet von der Notwendigkeit, ständig neu über angemessene Verhaltensweisen nachzudenken. Zugehörigkeit vermittelt Halt und Identität, und die damit verbundene Erfahrung, einen Platz in der Gemeinschaft zu haben, gibt Sicherheit.
Im Ritual werden Rollen durch Ausprobieren gelernt, sie üben in Verhalten ein und überliefern dabei zugleich Traditionen. Im Vollzug des Rituals wird nun aber nicht über Rollen, Regeln, Beziehungen und Weltbilder gesprochen, sondern in diesen gehandelt. Dadurch haben Rituale ein hohes Maß an Unmittelbarkeit und Direktheit. Darum geht ihre Wirkung so tief. Religiöse Rituale bieten auf eine intensive emotionale Weise Orientierung, indem sie Antworten bereithalten auf die Frage »Woher komme ich?« und Vertrauen in Gegenwart und Zukunft durch die unmittelbare Vergewisserung schaffen »Ich bin und werde gehalten«. Dies geschieht gleichsam ohne Worte, unmittelbar im Vollzug, im Erleben und Teilhaben. Durch Beschreiben, Analysieren oder Gesagt-Bekommen ist eine solche Sicherheit nicht zu erlangen. Das macht religiöse Rituale so bedeutsam für den Menschen.
Allerdings liegt hier auch die Gefahr, die mit Ritualen gegeben ist. Leicht können sie zur Indoktrination und Manipulation missbraucht

werden – und gerade der Religionsunterricht hat hier eine z.T. leidvolle Geschichte. Zur Ausbildung eines wachen, kritischen Glaubens gehört immer das Zusammenspiel von Feier und Lehre, Nachdenken und Spielen. Lebendige Rituale sind darauf angewiesen, mit den Menschen verändert und erweitert zu werden, sollen sie nicht zu inhaltsleeren Formalismen verkümmern. Darum gehört in den Unterricht immer auch das Gespräch über verborgene und offensichtliche ritualisierte Abläufe und die gemeinsame Entscheidung, wie man damit umgehen will.

Als symbolische Handlungen weisen auch Rituale in ihrer Bedeutung immer über sich selbst hinaus. Für die Darstellung religiöser Inhalte, die ja nur symbolisch repräsentiert werden können, sind sie damit unverzichtbar. Wer an einem religiösen Ritual teilnimmt, kann unmittelbar erfahren, dass seine Identität von Gott her bestimmt und garantiert ist; er kann sich aus den alltäglich erfahrenen Entfremdungen und Begrenzungen lösen und im rituellen »Spiel« das »Reich Gottes« phantasievoll vorwegnehmen. Im Glauben und der Hoffnung der Christen wird immer mehr erwartet und versprochen, als vor Augen und scheinbare Realität ist. Darum braucht Religionsunterricht rituelle Ausdrucksformen. Die Lebenshoffnungen von Menschen kommen mit Argumenten und Erklärungen allein nicht aus. Das Ritual vergewissert uns – auch gegen den Augenschein alltäglicher Zwänge und Bedrohungen: es wird gelingen, das Leben wird gut gehen. Wie dringend nicht nur Schüler/innen der Schule für Lernbehinderte solche Vergewisserung brauchen, ist im Verlauf der Darstellung immer wieder deutlich geworden.

Religionsunterricht, der die Schüler/innen als Subjekte ihres Lernens ernst nimmt, wird ihnen Raum und Gelegenheit bieten, ihre eigenen Rituale kreativ in den Unterrichtsprozess einzubringen. Ihre rituellen Strategien zur Alltagsbewältigung werden Gegenstand des Unterrichts. Sie haben einen eigenen Sinngehalt, den es zu respektieren gilt. Für den Unterricht bedeutet das: »Der ganze Beziehungsreichtum und Krisengehalt, der Phantasieüberschuß wie die Frusterfahrung jugendlicher Alltagszyklen muß zum Medium des RU werden, zu dem Stoff, aus dem etwas Neues entsteht. Offene, von der Lerngruppe selbst gestiftete Rituale können hier die notwendige Nähe und Distanz schaffen, ganz eigene oder gemeinsame Wege anzubahnen«[357].

TIPP Im Religionsunterricht gibt es viele Gelegenheiten, rituelle Handlungen miteinander zu vollziehen. Zeitstrukturierend wirken sie hilfreich zum Stundenbeginn und -ende.

Hierher gehören Formen der persönlichen Begrüßung, ein Lied, in dem die Schüler/innen mit ihrem Namen genannt werden und die Beziehung zu Gott zum Ausdruck kommt. Ein (meditativer) Tanz oder eine Bewegungsfolge vermitteln besonders das Gefühl der Zusammengehörigkeit. Auch das Ende der Stunde kann mit festen Formen hervorgehoben werden, die den Abschied durch ein Wort oder ein gemeinsames Zeichen zum Inhalt haben. Das Schlussritual kann auch ein Segen sein: »Kinder, deren Familienleben von pädagogischer Beliebigkeit und einem durchsäkularisierten Alltag geprägt ist, spüren, dass es … im Segen nicht nur um bestimmte Worte, sondern wirklich um die Nähe Gottes geht. In den ängstigenden Abgrund von Orientierungslosigkeit und fehlendem Urvertrauen scheint für Sekunden ein heilender Strahl«[358].

Daneben sind Rituale von Bedeutung, die die Erfahrung der Gemeinschaft verstärken und die Orientierung ermöglichen.

Das kann die gemeinsame Vorbereitung des Raumes zum Erzählen von Geschichten sein; das Vorstellen von Arbeitsergebnissen hat ebenfalls einen ritualisierten Ort und wird entsprechend umrahmt.

Eine besondere Bedeutung haben Rituale im spirituellen Bereich.

Ein Stuhl- oder Sitzkreis um eine ansprechend gestaltete Mitte, das Entzünden einer Kerze verbunden mit einem gemeinsam gesprochenen Text; Lieder und Gebete, eine Stilleübung, ein meditativer Tanz oder gemeinsame Handlungen sind weit mehr als äußere Zeichen.

In jedem Fall ist der Versuchung zu widerstehen, möglichst oft etwas Neues zu präsentieren – Rituale brauchen die ständige Wiederholung und Einübung, um Verlässlichkeit und Sicherheit zu ermöglichen. Alle Beteiligten müssen sich in das Ritual »fallen lassen« können und sich so – ohne große Anstrengung – in den Religionsunterricht einfinden. Dabei gilt das oben genannte Kriterium: Bei der Gestaltung und Ausbildung der Rituale sind die Schüler/innen zu beteiligen und zu ermutigen, ihre eigenen Formen zu finden und zu praktizieren.

Eine besondere Form des Rituals ist das Fest. Ebenso wie die Arbeit gehört auch das Feiern zum Leben in Schule und Gesellschaft. Die gemeinsame Vorbereitung und Durchführung eines Festes vertieft die Gemeinschaft. Nun sind Festtraditionen aus dem religiösen Bereich im Allgemeinen weithin ausgehöhlt und leer geworden. Religionsunterricht kann mit seinem Angebot diese Rituale wieder neu mit

Inhalt füllen. Schüler/innen und Lehrer/innen spüren die Verbundenheit untereinander, die durch einen gemeinsamen ›Inhalt‹ entstehen.

Festzeiten sind besondere Zeiten. Alltägliche Regeln und Gewohnheiten werden außer Kraft gesetzt und gelten für begrenzte Zeit nicht mehr. Andere Regeln und Verhaltensweisen treten in Kraft. Darin liegt ihre befreiende Wirkung. Darin liegt aber auch die Grenze. Es darf nicht nur gefeiert werden. Für die Praxis gilt: Weniger ist mehr! Andererseits muss ein Fest auch wirklich den Alltag sprengen. Feiern in der Schule soll sich deutlich vom schulischen Allerlei unterscheiden.

Religionsunterricht kann lebensbegleitende Feste feiern, wie z. B. den Geburtstag eines Kindes, aber auch den Umzug, Veränderungen in der Familie oder andere biografische Daten. Daneben bietet sich, vor allem im Rahmen von fächerübergreifenden Projekten, die Gestaltung von jahreszeitlichen Feiern an, bei denen die Erfahrung von Rhythmus und Wiederkehr betont wird. Selbstverständlich hat Religionsunterricht auch die genuine Aufgabe, den Kirchenjahreskreis festlich zu gestalten und dabei grundlegende Daten des christlichen Glaubens feiernd zu vergegenwärtigen[359].

TIPP Die praktische Durchführung der Feier wird mit der Klasse gemeinsam bedacht und geplant. Dabei geht es zunächst um die Einordnung:

Warum feiern wir dieses Fest überhaupt? Die Antwort auf diese Frage muss vor allem in der Gestaltung und Durchführung der Feier erfahrbar werden, sie darf auf keinen Fall in einem informativen Vorbereitungsteil verkümmern. Sodann wird gefragt und festgelegt:

Was gehört alles zu unserem Fest? Wie können wir es im Rahmen unserer Klasse, Schule gestalten? Sollen wir Einladungen schreiben und verteilen? Essen vorbereiten und durchführen? Wie soll unser Raum geschmückt und gestaltet werden? Welche Rollen werden übernommen?

Was machen wir nach dem Fest? Wie beenden wir unsere Feier und kehren in den Alltag zurück?

Es reicht aus, zu besonderen Gelegenheiten ein oder zweimal im Schuljahr größere »Festprojekte« zu planen. Kleinere Feste erhalten eine feste Struktur (Ritual) und können in überschaubaren Abständen in der Klasse gefeiert werden.

---

3. »Die Welt des Glaubens erschließen«, oder: Freiarbeit im Religionsunterricht

In einem erfahrungsorientierten Religionsunterricht, der die Schüler/innen als Subjekte ihres Lernens ernstnimmt, muss insbesondere danach gefragt werden, wie der Unterricht die Heranwachsenden zum Lernen ermuntern, ermutigen und befähigen kann. Damit das Lernangebot und der Unterrichtende glaubwürdig erscheinen, ist es besonders bedeutsam, dass Inhalt und Form übereinstimmen: »Der Schüler muß im Dialog mit dem Lehrer seinen Wert und seine Würde als Mensch erleben können durch Mitbestimmung der Inhalte, durch Selbstorganisation des Unterrichtsprozesses, denn wer man ist, erfährt man dadurch, wie man behandelt wird und was man tun soll, lernt man daran, was einem selbst angetan wird«[360].
Deshalb liegt es nahe, neben das Erzählen als Dialogform, neben Symbole und Rituale als Ausdrucks- und Handlungsform religiösen Lernens nun in einem dritten Schritt über die angemessene Form des Lernens selbst nachzudenken. Hier ist im Besonderen die Freiarbeit zu nennen, diese Arbeitsform entspricht den hier dargelegten Voraussetzungen in besonderer Weise.

3.1 Was ist »freie Arbeit«?

Freiarbeit – freies Arbeiten – Wochenplan – offener Unterricht – Lernstraßen – Arbeiten an Stationen ... diese Begriffe wechseln, sie tauchen in der Diskussion häufig nebeneinander auf und werden teilweise synonym gebraucht[361]. Die meisten haben ihren Ursprung in einer pädagogischen Bewegung, die um 1900 entstand und in verschiedenen Ansätzen die Erneuerung von Schule und Erziehung zum Ziel hatte. Sie wird allgemein – trotz der z.T. sehr unterschiedlichen Theorieansätze – mit dem Sammelbegriff »Reformpädagogik«[362] beschrieben.

HINTERGRUND Ein wesentliches Anliegen aller Reformpädagogen ist es, ihre Pädagogik »vom Kind aus« zu entwickeln und das schulische Lernen dementsprechend zu gestalten. »Anstelle des zuvor ausschließlich rezeptiven Aufnehmens abstrakter Lerninhalte stand in der Reformpädagogik Lernen

im Sinne von Lebensnähe, Selbsttätigkeit und Individualisierung im Vordergrund«[363].
Der Begriff *Freiarbeit* wurde aus dem Ansatz *Maria Montessoris* gebildet, für die vor allem die Selbstentwicklung des Kindes im Vordergrund stand. Eine vorbereitete Umgebung ermöglicht dem Kind in Ruhe und Sammlung selbständig mit frei wählbarem Material zu arbeiten und dabei innere Sicherheit, Selbstbewusstsein und neue Kräfte zu entfalten.
Peter Petersen spricht von *»freiem Arbeiten«*, es dient in seiner Konzeption vor allem dem sozialen Lernen in der Gemeinschaft. Die Kinder lernen in altersgemischten Gruppen und können in der Phase freien Arbeitens miteinander Probleme und Fragen lösen, die für sie außerhalb des vorgegebenen Unterrichtsstoffs von Interesse sind.
Bei *Celestin Freinet* werden durch das *»freie Schaffen«* vor allem die kreativen und schöpferischen Kräfte des Kindes entfaltet. In einer anregenden Lernumgebung können sie eigene Texte schreiben oder experimentieren. In der Kooperation mit anderen entwickeln sie eigene Arbeitsmittel und nehmen Kontakt nach außen auf.
In der gegenwärtigen Pädagogik ist die hier angelegte Form des Lernens wieder besonders interessant und aktuell. Dafür sprechen einige Gründe: Die heutige Schule muss sich auf die Lernvoraussetzungen heutiger Kinder einstellen[364], wenn Unterricht gelingen soll. Mit dem Stichwort »veränderte Kindheit«, die durch eine mediatisierte Umwelt, den Vorrang von Bildern, kurze Konzentrationsfähigkeit, Vereinzelung und mangelnde Kommunikationsfähigkeit gekennzeichnet ist, werden diese Voraussetzungen in der Regel beschrieben. Die moderne Gesellschaft – das ist ein weiterer Aspekt – stellt an die Schule die Anforderung, mit ihrem Bildungsangebot »Schlüsselqualifikationen« zu vermitteln. Sie soll die Schüler/innen befähigen, lebenslang zu lernen und sich immer neu auf veränderte Anforderungen im Bereich von Leistung und Arbeit einzustellen.
Darum muss Schule also aus pädagogischen Gründen versuchen, der Vielfalt der individuellen Besonderheiten unter den Schüler/innen gerecht zu werden und Lernen als einen vielgestaltigen und mehrdimensionalen Prozess zu verstehen, der »Kopf, Herz und Hand« erreicht und umfasst.

Voraussetzung des freien Arbeitens ist die Prämisse, dass jedes einzelne Kind ein Bedürfnis nach Selbsttätigkeit und Selbständigkeit hat und sich lernend entfalten will und kann. Freiarbeit wird als eine Möglichkeit angesehen, dieser Eigentätigkeit des Kindes angemessen Rechnung zu tragen. Heranwachsende können die Fähigkeit erwerben, ihr eigenes Lernen zu bestimmen und zu strukturieren, sich Ziele zu setzen und die zu ihrer Erreichung nötigen Schritte zu gehen. Motivation, Interesse, Ausdrucks- und Abstraktionsvermögen werden nicht vorausgesetzt, vielmehr wird deren Ausbildung durch ein entsprechendes Lernarrangement angeregt und ermöglicht. Die Unterrichtenden leisten dabei individuelle Hilfe, z.B. bei der Auswahl des Materials und der Bestimmung des Schwierigkeitsgrades oder bei der Planung der Arbeit. Vor allem aber stellen sie den Schüler/innen eine Lernumgebung bereit, in der diese ihr Lernen weitgehend selbst gestalten können. Zu einer angemessenen Lernumgebung gehört in erster Linie gut präsentiertes und angemessenes Material, das ausreichend vorhanden sein muss. Aber auch das Arbeitsklima und die Arbeitsbedingungen müssen zum Lernen ermuntern.

Die Freiheit der Lernenden besteht im Idealfall darin, dass die Schüler/innen unter verschiedenen inhaltlichen Angeboten wählen können. Sie können innerhalb eines Themenangebotes unterschiedliche Aspekte, Schwierigkeitsstufen, Zugangswege und Arbeitsweisen aussuchen; sie entscheiden, wie ausführlich sie sich mit einem Thema befassen wollen; sie bestimmen selbst, mit wem sie arbeiten und wie sie ihre Arbeitsergebnisse zusammenfassen. Auch wenn in der Praxis oft nicht alle diese Wahlmöglichkeiten zur Verfügung stehen, ist es doch wichtig, dass Schüler/innen hier als Subjekte ihres Lernen ernst genommen sind und ihnen dies zugetraut wird. Sie lernen im Prozess der freien Arbeit mehr als nur den jeweiligen Inhalt, den das Material anbietet. Sie lernen ebenfalls die Einteilung der eigenen Zeit, das Einschätzen der eigenen Möglichkeiten und Grenzen, die Rücksicht auf Mitlernende und den aufmerksamen und zugleich oft mühsamen Umgang mit der eigenen Freiheit, die ihre Grenzen in der Freiheit des anderen findet und zum behutsamen und offenen Miteinander führt. Auch freies Lernen geschieht in einer Lerngruppe, mit anderen zusammen – so wird zugleich die soziale Verantwortung geschult, es kann miteinander und voneinander gelernt werden[365].

Die Arbeit der Unterrichtenden bei dieser Form des Lernens besteht zunächst in der Vorbereitung des Materials. Im Fortgang des Lernens leiten sie die Schüler/innen an und begleiten deren Arbeit. Montessoris Prinzip »Hilf mir, es selbst zu tun« drückt diese Aufgabe der Lehrer/innen in besonders prägnanter Weise aus. Sie lernen im Prozess der freien Arbeit ihre Schüler/innen als Subjekte ihres eigenen

Lernens kennen und können deren Fähigkeiten und Grenzen im Umgang mit sich selbst, der Sache und den anderen einschätzen[366].

3.2 Freies Arbeit im Religionsunterricht

In der Religionspädagogik wird die Diskussion über Freiarbeit seit Mitte der 80er Jahre geführt. Ähnlich wie in der Pädagogik werden auch hier unter dem Sammelbegriff »Freiarbeit« verschiedene Formen selbständiger Arbeit zusammengefasst, oder die unterschiedlichen Begriffe nebeneinander gestellt.

Als einer der Ersten hat Hubertus Halbfas 1985 die Diskussion um die Reformpädagogik aufgegriffen und zur Freiarbeit in der Grundschule Stellung genommen[367]. In seinem Gesamtkonzept kindgerechten Lernens gewinnt freies Arbeiten einen bedeutenden Stellenwert. Halbfas hebt besonders hervor, dass Freiarbeit die Schüler/innen zum Lernen des Lernens befähigt und ihr soziales Verhalten durch Helfen und gegenseitige Rücksichtnahme fördert. Sie ermöglicht die Einbettung des Unterrichts »in vielfältige Formen kindgemäßer Selbsttätigkeit« und gibt so als Element der »Schulkultur … dem Unterricht erst Halt, innere Spannung und Zuträglichkeit«[368].

Dieser Bezug zum allgemeinen Unterricht ist auch für Dietlind Fischer ein wichtiger Aspekt. Sie bezieht die Freiarbeit im Religionsunterricht ausdrücklich auf die aktuellen Bestrebungen zur Öffnung des Unterrichts insgesamt. Selbsttätiges Lernen zielt auf Individualisierung und Differenzierung und überträgt den Schüler/innen »Verantwortung für ihr Lernen«[369]. Freiarbeit gestattet den Kindern das eigenständige Üben von Gelerntem, die Erarbeitung und den individuellen Zugang zu Themen. Wenn sie projektartig gestaltet ist, wird solidarisches Lernen ermöglicht.

Birgit Menke schreibt im Jahr 1992 wohl die erste umfassende Abhandlung zum Thema. Sie sieht Freiarbeit als eine »Chance für den Religionsunterricht«[370] an. Auch Menke knüpft an die aktuellen Entwicklungen im Schulsystem an und fordert für den Religionsunterricht, dass er sich diesen Tendenzen stellen muss. Freiarbeit gibt den Lernenden »die Möglichkeit zur selbständigen Organisation und Planung ihrer Arbeit«[371] durch die Wahl des Arbeitsmaterials, der Zeiteinteilung und der Sozialform. In ihrer theologisch-religionspädagogischen Begründung bezieht sie sich auf den die katholische

Religionspädagogik maßgeblich prägenden Synodenbeschluss zum Religionsunterricht aus dem Jahr 1974 und formuliert: Freiarbeit ist eine »sinnvolle Arbeitsform im Religionsunterricht ... da sie grundlegende Ziele des Synodenbeschlusses wie Korrelation von Glaubenserfahrung und Glaubensüberlieferung, Schülermitbestimmung, prozessorientiertes Lernen und die gemeinsame Suche von Lehrern und Schülern in besonderer Form verwirklichen kann«[372].
In einem unterrichtspraktischen Teil hebt sie vor allem die Bedeutung der Materialien[373] für die Freiarbeit hervor. Sie unterscheidet und präsentiert exemplarisch Materialien zur kognitiven Wissensvermittlung, zur gestalterischen Umsetzung und zum spielerischen Umgang mit religiösen Lerninhalten.
In den Jahren 1994 und 1997 legt Horst Klaus Berg eine Konzeption von Freiarbeit für den Religionsunterricht an Regelschulen vor, die sich von den vorausgegangenen wesentlich unterscheidet[374]. Zum einen bezieht Berg sich ausdrücklich und ausschließlich auf die Pädagogik Maria Montessoris, die er kritisch rezipiert und zum Ausgangspunkt seiner Überlegungen macht. Zum andern versucht er eine Weiterentwicklung dieses reformpädagogischen Ansatzes unter religionspädagogischer Perspektive, begründet Freiarbeit also auch theologisch.

> »Grundlegend ist die Achtung vor der Würde des Kindes, die in der Gottebenbildlichkeit wurzelt: Diese Achtung findet ihren Ausdruck in dem Bestreben, die Heranwachsenden in ihrer freien, spontanen Arbeit an ihrer Person helfend zu begleiten. ... Biblische Anthropologie hat den mündigen Menschen im Blick, wie er dem Ebenbild Gottes gemäß und immer auf der Spur von Freiheit ist«[375].

Berg hebt vier Aspekte von Freiheit hervor, die den Lernprozess bestimmen: Freiheit im Blick auf die Aneignung von Religion, im Blick auf die sensible Wahrnehmung der Welt und der eigenen Person, im Blick auf die freie Wahl der Arbeit und auf den Erwerb von »Schlüsseln zur Welt des Glaubens«[376]. Materialien, die in der Freiarbeit des Religionsunterrichts eingesetzt werden, müssen geeignet sein, den Lernenden die Welt des Glaubens zu erschließen. Dies geschieht, indem exemplarische Inhalte und Erfahrungen ebenso erarbeitet werden wie exemplarische Erschließungswege zu religiöser Sprache und Tradition. Als Inhalte, die einen wesentlichen Aspekt des Glaubens darstellen und dem Lernenden eine »Bedeutung vom Leben im Horizont des Glaubens« vermitteln, nennt er: »die Überlieferung von der Schöpfung, ... die Freiheits- und Gerechtigkeitstradition, ... die Rede von der heilenden, tröstenden und ermutigenden Gottesherrschaft ..., die biblische Rede vom Geist Gottes«[377]. Erfahrungen und Verhaltensweisen, die exemplarisch für den Glauben stehen, sind nach Berg »glauben und vertrauen; lieben; hoffen; zweifeln und verzweifeln; klagen; sich freuen; nachfolgen«[378]. Erschließungswege zu religiöser Sprache und Tradition sind »mehrdimensionales, symbolisches Wahrnehmen und Denken« sowie »mehrschichtiges, erfahrungsbezogenes Verstehen religiöser Sprache«[379]. Dies ist besonders wichtig, denn

> »auf die Dauer werden Heranwachsende nur dann selbständig und selbstbestimmt mit Religion umgehen können, wenn sie nicht nur exemplarische Inhalte erarbeiten, sondern wenn sie auch typische Erschließungswege kennenlernen und diese sicher handhaben können«[380].

Mit diesem Ansatz Bergs ist ein entscheidender Schritt gemacht für eine spezifisch religionspädagogische Begründung freien Arbeitens. Christine Lehmann kann sich 1997 schon auf die vorgenannten Ansätze beziehen[381]. Sie leistet mit ihrer Arbeit eine längst fällige systematische Darstellung der (religions-)pädagogischen Hintergründe. Ihr Anliegen ist es, »den Offenen Unterricht als Schlüsselimpuls pädagogischer Aufbruchstimmung und innerer Schulreform auch für den Religionsunterricht so nutzbar zu machen, daß sein freiheitliches Potential zur Geltung kommen kann«[382]. In Auseinandersetzung mit gegenwärtigen und vergangenen religionspädagogischen Konzeptionen und der jeweiligen Theologie zeigt sie, »wie schwer sich der Religionsunterricht bisher getan hat, selbständiges Lernen religionspädagogisch zu begründen und zu befördern. Ein fehlender oder unkritisch gebrauchter Bildungsbegriff hat dazu ebenso beigetragen wie ein autoritatives Verhältnis zu christlicher Glaubenslehre«[383]. Am Schluss ihrer Arbeit ordnet sie die Freiarbeit in ein Gesamtkonzept von Religionsunterricht ein:

> »Die Forderung nach selbständigem Lernen bringt ein Verständnis von religiöser Bildung als lebenslangem Lern- und Verständigungsprozeß zum Ausdruck, in dem der Mensch lernt, in Auseinandersetzung mit der biblischen Verheißungs- und Befreiungsgeschichte und mit den Fragen

nach Identität, Wahrheit, Freiheit und Gerechtigkeit mit Grenzerfahrungen umzugehen. In diesem Prozeß lernt er zunehmend, sich als Subjekt in Individualität, Sozialität und Mitgeschöpflichkeit in der Welt zu verwurzeln und dabei dennoch immer wieder den Mut zu haben, die Grenzen bisherigen Selbst- und Weltverständnisses zu überschreiten«[384].

3.3 Worauf es beim freien Arbeiten ankommt

Auch für offene Lernformen gelten die bisher erarbeiteten Grundsätze des Religionsunterrichts. Im Arbeiten selbst sollen die Lernenden die Freiheit erfahren und einüben können, von der christlicher Glaube bestimmt ist. Freiarbeit darf also nicht allein dem Einüben und Wiederholen von Wissen und dem Erkennen von religiösen Sachverhalten dienen. Sie ist mehr als eine vorzüglich geeignete Methode »eher trockenen Lernstoff auf (für die Schüler/innen) akzeptable Weise zu vermitteln und Wissen zu festigen«[385]. Damit diese Arbeitsform nun nicht dazu missbraucht wird, in erster Linie der Sache und nicht dem Subjekt zu dienen, müssen einige Grundsätze bei der Erstellung und dem Einsatz des Materials beachtet werden[386].

- Lebensweltliche und lebensgeschichtliche Alltagserfahrungen der Schüler/innen sind anzusprechen. Dabei sind auch die individuellen Unterschiede differenziert zu berücksichtigen.
- Das Material muss Methoden anbieten, die selbständiges Lernen fördern, zur eigenen Urteilsbildung ermuntern und aktiv-verstehende Aneignung der Inhalte ermöglichen.
- In unterschiedlichen Lernwegen soll entdeckendes Lernen möglich werden, das den ganzen Menschen betrifft und seine emotionalen, gestalterischen und kognitiven Kompetenzen fördert.
- Die Themen und Inhalte des Materials müssen »Schlüsselsituationen«[387] entsprechen. Sachlich richtig dargeboten, sollen sie religiöses Lernen fördern.
- Das Angebot des Freiarbeitsmaterials muss methodisch vielfältig offeriert werden. Es soll Erfahrungen ermöglichen und deren Entfaltung und Austausch anregen.
- Die Orientierung an den individuellen Lebenssituationen der Kinder erfordert, ihre unterschiedlichen Lernvoraussetzungen zu

berücksichtigen. Darum muss das Freiarbeitsmaterial unterschiedliche Zugänge und Schwierigkeitsgrade enthalten, die für die Schüler/innen ohne Hilfe durch die Lehrkraft erkennbar sind.

- Der dialogischen Struktur des Unterrichts entsprechend sollen die Angebote der freien Arbeit den Austausch mit einem Partner oder in der kleinen Gruppe anregen. Die Materialien sollen ebenfalls in den Dialog mit der biblisch-christlichen Tradition einführen und dazu anregen, sich mit deren Lebensdeutungen auseinanderzusetzen[388].

Zum offenen Lernen im Kontext eines erfahrungs- und subjektorientierten Religionsunterrichts gehört konstitutiv auch die Rückbindung der selbständigen Arbeit in die Gesamtgruppe. Ein gemeinsamer Anfang eröffnet die Religionsstunde. Das kann ein gemeinsames Lied sein, oder das Ankommen im Kreis und eine erste Austauschrunde. Am Schluss einer Stunde geht es darum, sich und den anderen zu zeigen, was man gearbeitet hat; aber auch das Aufräumen gehört hierher. Die Zeit für diese gemeinsame Phase muss ganz bewusst eingeplant werden, d.h. das freie Arbeiten darf höchstens 2/3 der zur Verfügung stehenden Unterrichtszeit beanspruchen. Die Gestaltung der Anfangs- und Schlussphase bekommt also gerade bei freiem Arbeiten eine ganz eigene wichtige Bedeutung.

TIPP Für den Religionsunterricht an der Schule für Lernbehinderte gibt es noch nicht besonders viel Material, das für offene Lernformen geeignet ist. Darum weise ich auf einige Materialien besonders hin[389]:

- »Menschenhäuser – Gottes Häuser »[390]. In diesem Material werden die Schüler/innen über eigene Erfahrungen mit Menschenhäusern und Gotteshäusern an das »Symbol Haus« und seine religiöse Dimension herangeführt. Der Unterricht ist als Mischform zwischen gebundenen und freieren Arbeitsformen in zwei Stationenreihen geplant. Das gibt die Möglichkeit, mit der ganzen Klasse und/oder der Religionsgruppe gemeinsam Erkundungen zu machen und die Erfahrungen auszuwerten, (biblische) Geschichten zu hören und zu erarbeiten und miteinander zu feiern. In zwei Stationenreihen können die Kinder eigene Erfahrungen mit dem Haus und seinem Symbolwert erinnern und vertiefen und dabei Gedanken und Aspekte aufnehmen, die im gebundenen Unterricht angeklungen sind. Das Material ist bewusst so konzipiert, dass es im Klassenunterricht auch in anderen Fächern, etwa Deutsch, Sachkunde und Kunst bearbeitet werden kann. Teile des Materials sind speziell für den Religionsunterricht (auch in ökumenischer Öffnung) erarbeitet, andere können und sollen eher in anderen Fächern zum Einsatz kommen.

- »Sara und Abraham«[391]. Das Material nimmt Erfahrungen der Verunsicherung auf, die Schüler/innen beim Wechsel in die Schule für Lernbehinderte machen. Mit dem Symbol »Weg« und den beiden biblischen Figuren sollen sie Offenheit und Unterstützung erleben und dadurch Sicherheit gewinnen, sich auf Fremdes einzulassen. In sechs Themenfeldern wird in gebundenem Unterricht und in Freiarbeitsphasen die Erzählung dargeboten und die darin enthaltenen Erfahrungen vertieft. Sparsame Hinweise zur rituellen Begleitung des Unterrichts kommen hinzu.
- »Der Baum«[392]. Das Material richtet sich an Schüler/innen in der Oberstufe der Schule für Lernbehinderte. Mit dem Symbol des Baumes soll Jugendlichen Hilfe angeboten werden, die Sinnfrage zu stellen und nach Antworten zu suchen. Hoffnung auf Wachstum wie die Erfahrung von Halt und Standfestigkeit werden in fünf Themenbereichen thematisiert. Auch hier wechseln sich gebundener Unterricht mit vertiefenden Freiarbeitsphasen ab. Die Ergebnisse werden in einem »Baum-Buch« gesammelt und festgehalten.

»Und das alles in 45 Minuten?« oder: Religion im Lebenshaus Schule

Religionsunterricht orientiert sich in erster Linie an den Schüler/innen und ihrer Lebenswirklichkeit. Mit den Hinweisen zur praktischen Umsetzung, die in diesem Kapitel beschrieben werden, sind auch Konsequenzen im Blick, die über den Fachunterricht selbst hinausweisen. Darum soll abschließend über den »Ort« religiösen Lernens in der Schule für Lernhilfe – und der Schule insgesamt – nachgedacht werden. Dies kann hier nicht umfassend geschehen, einige Hinweise scheinen dennoch geboten und wollen zum Weiterdenken anregen und ermutigen.

1. Es geht alle an, oder: Religion im Schulprogramm

›Die Kinder bringen viele religiöse Fragestellungen und Themen in den Unterricht ein, die wenigsten allerdings dann, wenn das Fach

im Stundenplan steht‹ – so die übereinstimmende Auskunft von Unterrichtenden[393]. Diese Beobachtung erinnert zunächst daran, dass Menschen sich nur schlecht auf ein Lern-Schema einstellen lassen, wie es in der Stundentafel herkömmlichen Unterrichts festgelegt ist: Montag 90 Minuten Mathe, dann eine Stunde Sachkunde und am Ende des Tages vielleicht noch 45 Minuten Zeit für Religion.
Darüber hinaus macht die Feststellung der Unterrichtenden aber darauf aufmerksam, dass Religion kein aus dem sonstigen Leben eines Menschen ausgrenzbarer Bereich ist, sie hat es vielmehr immer mit dem ganzen Menschen in seinen Alltagserfahrungen zu tun. Darum erscheint es geboten, schon bei den Überlegungen zum Schulprogramm einer Schule die religiöse Dimension des Lernens zu berücksichtigen.

HINTERGRUND In den meisten Bundesländern sind die Schulen von den Kultusministerien aufgefordert, ihr pädagogisches Programm weitgehend eigenständig zu formulieren[394]. Damit wird den einzelnen Schulen ein erweiterter Gestaltungsspielraum zugebilligt und der Tatsache Rechnung getragen, dass jede Schule in einem spezifischen Umfeld angesiedelt ist, das die Möglichkeiten und Grenzen des Unterrichts mitbestimmt. Dazu gehören z. B. das Wohnumfeld der Schüler/innen, die Unterrichtenden mit ihren spezifischen Kompetenzen, Interessen und Grenzen sowie die räumlichen und sächlichen Ausstattungen einer Schule. Im Schulprogramm werden das pädagogische Konzept sowie die Gestaltung und Organisation des Unterrichts vereinbart und festgeschrieben. Dadurch soll der Grad der Wirkung schulischer Arbeit ebenso gesteigert wie das Zusammenleben am Lern- und Lebensort Schule lohnender und reicher gemacht werden. Zur Erstellung eines Programms gehört zunächst eine Bestandsaufnahme der aktuellen Aktivitäten einer Schule. Dies führt zu einer umfassenden Reflexion des jeweiligen Konzepts und der Ziele der Einrichtung, daraus ergeben sich neue Schwerpunktsetzungen und innovative Ideen und Projekte. Die Erstellung eines Schulprogramms setzt also bei allen Beteiligten die Bereitschaft voraus, miteinander zu kommunizieren, zusammenzuarbeiten und sich auf Neues einzustellen. Die Weiterentwicklung ihres Programms ist eine Herausforderung, und damit Risiko und Chance zugleich für alle, die in dieser Schule leben und lernen.

Religionsunterricht weist von seinem Anliegen her über sich selbst hinaus in die gesamte Schule, ist »seinem Selbstverständnis nach an einer vielfältigen Verknüpfung, Vernetzung und Integration seiner Inhalte und Zielsetzungen mit denen anderer Fächer und pädagogischen Vorhaben einer Schule interessiert«[395]. Es hat sich oben schon gezeigt, dass sowohl die Schule als auch die Schüler/innen auf die religiöse Dimension im Bildungsangebot nicht verzichten können und dürfen. Die »Wachheit für letzte Fragen« (Hartmut von Hentig) ist eine Grunddimension menschlichen Lebens. Die Frage nach der Existenz Gottes, nach dem Sinn der Welt, nach der Freiheit und der Gebundenheit des Menschen gehören dazu. Wenn Schulen ein Erziehungskonzept beschreiben, ohne diese religiöse Dimension zu berücksichtigen, würde dem Schulprogramm ein zentraler Aspekt fehlen. Die Schule kann und darf sich aus der Aufgabe, Heranwachsenden zu helfen, eine persönliche Lebensorientierung zu finden, nicht zurückziehen, gerade auch in einer Gesellschaft des religiösen Pluralismus.
In der Diskussion um das Konzept und die Ziele einer Schule kann Religionsunterricht die Frage nach Religion unter anderem in folgenden Aspekten einbringen:

- Das christliche Verständnis vom Menschen als Angebot zur Identitätsfindung
- Spiritualität als Dimension vertieften Lebens
- Leben in Verantwortung für sich selbst und die Welt
- Herausforderungen zur aktiven Gestaltung der Gesellschaft und
- kritische Befragung geltender Normen und Werte aus dem Glauben an die Menschenfreundlichkeit Gottes

TIPP Dietlind Fischer hat in einer »Didaktischen Landkarte« anschaulich gemacht, in welchen Bereichen religiöses Lernen in einer Schule vorkommt und berücksichtigt werden kann[396]:

Didaktische Landkarte
Religion im Haus des Lernens © Dietlind Fischer, Comenius Institut Münster

Diese vielfältigen Berührungspunkte mit »Religion« zeigen die unterschiedlichen Zugangsmöglichkeiten und Schwerpunkte. Jedes Kollegium ist herausgefordert, mit Hilfe einer solchen Übersicht zu überlegen, wie an seiner konkreten Schule diesem Lernfeld Rechnung getragen werden kann und soll. So kann die Aufgabe der Schule, heranwachsenden jungen Menschen zum Leben zu verhelfen, in umfassendem Sinn wahrgenommen werden.

2. Religion als Projekt, oder: Fächerübergreifendes Lernen

Wenn Religion nicht ausschließlich im Religionsunterricht stattfindet, legt es sich von den Schüler/innen und vom Anliegen des

Faches her nahe, religiöses Lernen in ein fächerübergreifendes, projektorientiertes Lernangebot in der Schule einzubinden.
Die Unterrichtsform der Projektarbeit entspricht durchaus dem Ansatz des Religionsunterrichts, wie er hier skizziert wurde[397]: Die Methode ermöglicht, dass sich die Schüler/innen selbstbestimmt und selbsttätig mit einem Thema auseinandersetzen, auf das sie sich in einem Vorschlags- und Entscheidungsprozeß geeinigt haben. Planung, Organisation und Durchführung des Projekts liegen weitgehend in ihrer Verantwortung. Lernen geschieht im Vollzug des Projekts, hat also immer einen handlungsorientierten Schwerpunkt. So werden die Lernenden als Subjekte ihres Lernprozesses ernst genommen und die Themen sind erfahrungsorientiert auf ihre Lebenssituation bezogen[398].
Neben der Beschäftigung mit dem Inhalt lernen Schüler/innen bei der Projektarbeit den selbständigen Umgang mit Problemen und Problemlösungswegen. Indem sie ihre Arbeit planen und organisieren, können sie ihre Kreativität und Phantasie einbringen und Eigeninitiative entwickeln. Da das Projekt von der ganzen Klasse arbeitsteilig bearbeitet wird, besteht die Notwendigkeit, sich auseinanderzusetzen und zu einigen, eigene Interessen mit denen der anderen abzustimmen und die eigenen Fähigkeiten und Schwächen ebenso wie die der anderen Mitschüler/innen zu erkennen und im Interesse des gemeinsamen Vorhabens angemessen zu berücksichtigen. Somit trägt Projektunterricht in hohem Maß zum sozialen Lernen und zur Gemeinschaftsbildung bei.
Die Unterrichtenden bekommen in diesem Prozess die Rolle von Beratern und Helfern, sie müssen vor allem die klaren Strukturen bereitstellen und gewährleisten, die das selbständige Arbeiten der Schüler/innen möglich machen.

TIPP Planung und Durchführung eines Projektes geschehen in folgenden Schritten:

1. Situationsanalyse – genaue Beschreibung der Fragestellung;
2. Zielsetzung – Festlegung, was mit der Arbeit am Projekt erreicht werden soll;
3. Planung – Absprache über Arbeitsteilung, Mittel und Methoden der Arbeit;

4. Durchführung – die einzelnen Aufgaben und Vorhaben werden arbeitsteilig in kleinen Gruppen vorgenommen;
5. Präsentation – die Ergebnisse werden zusammengefasst und in einer Ausstellung veröffentlicht oder in anderer Form präsentiert;
6. Reflexion – Nacharbeit und Auswertung im Blick auf spätere Arbeiten.

Beispiele für projektorientierten Religionsunterricht an der Schule für Lernbehinderte gibt es nur in Ansätzen. So sind einige Berichte aus der Praxis evangelischer Schulen – aller Schulformen – gesammelt in »Birkacher Beiträge 1«[399]: eine Schule in Öhringen führt feste Projektzeiten im Stundenplan ein; an einer anderen Schule begegnen Schüler/innen Obdachlosen in ihrem Lebensfeld und in einer dritten Einrichtung wird gemeinsam eine Schulzeitung erstellt.

Die Inhalte eines Projekts lassen sich so gut wie nie auf ein bestimmtes Unterrichtsfach festlegen, sie fordern das fächerübergreifende Lernen geradezu heraus. Dabei kann je nach Schwerpunkt ein Fach die Federführung übernehmen und die anderen Fächer befragen und einbeziehen. Religionsunterricht kann die spezifisch religiöse Komponente eines Themas einbringen und damit eigenständige Dimensionen erschließen und die Sinnfrage mit den Themen des Alltags verbinden. Wird Religionsunterricht zum Initiator von Projekten der Schule, werden damit auch thematisch-inhaltliche Schwerpunkte gesetzt[400].
Spezifisch religiöse Kommunikationsformen, wie z. B. das Feiern und die Meditation, können darüber hinaus in eigenen Räumen und Zeiträumen angeboten werden. So wird die den Alltag überschreitende Dimension von Religion erkennbar und erfahrbar. Die Einrichtung eines Meditationsraumes als Ort des Rückzugs und der Stille ist zu empfehlen.

3. Religion für alle, oder: Öffnung zu den Religionen

Die Hinweise auf die religiöse Dimension des Schullebens und die Beteiligung des Religionsunterrichts an fächerübergreifendem und projektorientiertem Arbeiten machen es unumgänglich, auch über die institutionellen Rahmenbedingungen dieses Faches neu nachzudenken.

3.1 Konfessionelle Kooperation

Herkömmlicherweise wird das Fach Religion in konfessionell getrennten Gruppen unterrichtet. In dem hier dargestellten Rahmen aber ist zu fragen: Passt es in das Bild von Schule, in die Gestaltung von Unterricht, wenn für den Religionsunterricht beispielsweise alle evangelischen Schüler/innen einer Schule aus ihren Klassen herausgenommen und in einer eigens zusammengestellten Lerngruppe unterrichtet werden? Passt dies auch in das Selbstverständnis von Religionsunterricht, der dialogisch orientiert und an der Lebenswelt der Schüler/innen ausgerichtet ist? Schon lange wird gefragt, »wie sinnvoll es ist, Lerngruppen im Religionsunterricht der Sonderschule nach Konfessionen zu trennen. ... Es darf ... nicht verschwiegen werden, daß in der schulischen Realität in vielen, vermutlich den meisten Fällen der Religionsunterricht in der Sonderschule nicht in nach Konfessionen getrennten Gruppen erteilt wird und daß dieser Unterricht kein schlechterer Religionsunterricht ist«[401]. Als Schlussfolgerung legt sich nahe: »›In der Regel‹ sollte der Religionsunterricht an Sonderschulen ein konfessionell-kooperativer Religionsunterricht sein, in dem die Aspekte der Offenheit und der ökumenischen Öffnung bestimmend sind«[402].

HINTERGRUND Die konfessionelle Trennung des Religionsunterrichts ist in erster Linie eine historisch gewachsene Tradition, die auch mit kirchenpolitischen Interessen verbunden ist. In rechtlicher Hinsicht wird in diesem Zusammenhang meist auf das Grundgesetz der Bundesrepublik Deutschland Art. 7,3 verwiesen. Hier wird festgeschrieben, dass Religionsunterricht an öffentlichen Schulen ein »ordentliches Lehrfach« ist, er »in Übereinstimmung mit den Grundsätzen der Religionsgemeinschaften« erteilt werden soll. Eltern und/oder Schüler/innen haben das Recht, über die Teilnahme am Religionsunterricht zu entscheiden.

Mit dem Hinweis auf die Grundsätze der Religionsgemeinschaften wird in der Praxis die Forderung begründet, im Religionsunterricht müssten Schüler/innen und Lehrer/innen der gleichen Konfession angehören und auch der Lehrplan müsse mit dieser Konfession übereinstimmen. Schon lange ist allerdings umstritten, ob diese enge Auslegung zwingend notwendig ist[403].

Schon im Jahr 1971 wurde in einer Stellungnahme der Evangelischen Kirche in Deutschland die Forderung erhoben, »sich mit den verschiedenen geschichtlichen Formen des christlichen Glaubens zu befassen, um den eigenen Standpunkt und die eigene Auffassung zu überprüfen, um Andersdenkende zu verstehen und um zu größerer Gemeinsamkeit zu gelangen. Entsprechendes gilt für die Auseinandersetzung mit nichtchristlichen Religionen und nichtreligiösen Überzeugungen«[404]. Diese Position wurde 1994 mit der Denkschrift »Identität und Verständigung« erweitert. Hier wird formuliert:

> »Wo Grundsituationen und Grundfragen menschlicher Existenz authentisch behandelt werden, sind stets auch persönliche Bekenntnisse und konfessionelle Färbungen im Gespräch. Sie zeigen die Vielfalt christlichen Glaubens und Denkens. Eine Meinungsvielfalt innerhalb der Konfessionen und über die Konfessionsgrenzen hinweg hat es schon immer gegeben. Sie muss mit zunehmenden Alter der Schüler und Schülerinnen gezielt thematisiert, nach Hintergründen befragt und sachgerecht zugeordnet werden. Auf diese Weise verschränken sich im Religionsunterricht *konfessionsbezogenes* und *ökumenisches* Lernen«[405].

In diesem Zusammenhang wird von der Denkschrift die konfessionelle Kooperation in der Schule empfohlen und mit detaillierten Hinweisen ausgeführt, wie eine solche Kooperation möglich wird. Sie beziehen sich zunächst darauf, dass Schüler/innen unterschiedlicher Konfessionen den Religionsunterricht besuchen können. Darüber hinaus geht es auch um Kooperation in Bezug auf die Unterrichtsinhalte und die Lehrenden. Sowohl im Umfeld von Unterricht (Schulgottesdienste und Andachten) als auch im Unterricht selbst, bei fächerübergreifenden Unterrichtseinheiten und in Projekten ist Zusammenarbeit gefordert. Die Unterrichtenden können den Unterricht in einer Klasse gemeinsam halten oder abwechselnd Verantwortung übernehmen – »das ökumenische Lernen beginnt bei den Lehrenden«[406].

Es scheint geboten, auf dieser Grundlage auch auf kirchenpolitischer Ebene eine interkonfessionelle Vereinbarung anzustreben, die den pädagogischen und konzeptionellen Anforderungen an den Religionsunterricht in der öffentlichen Schule heute gerecht wird[407]. Wenn an der Schule für Lernbehinderte diese Notwendigkeit besonders deutlich in den Blick kommt, zeigt sich erneut, dass und wie diese Schule ein kritischer Prüfstein gegenüber traditionellen Formen und überkommenen »Besitzständen« ist. Insofern eignet sie sich auch dafür, Modelle für zukunftsweisende Formen des religiösen Lernens an allgemeinen Schulen zu entwickeln. Die Notwendigkeit, nach verantwortbaren und praktikablen Lösungen zu suchen, stellt eine Herausforderung dar, »nach einem Grundkonsens zu suchen: wie kann der Religionsunterricht der jeweils anderen Kirche so konzipiert werden, daß er den eigenen Grundsätzen entspricht«[408] – was also spricht noch gegen ein gemeinsames Curriculum und den gemeinsamen Unterricht?

3.2 Interreligiöser Dialog

Der gegenwärtige Religionsunterricht (nicht nur an der Schule für Lernbehinderte) ist aber in noch umfassenderen Sinn herausgefordert. Die Auseinandersetzung kann sich nämlich nicht mehr auf die interkonfessionelle Frage beschränken. In der Praxis stellt sich diese Frage der konfessionellen Trennung weitgehend schon gar nicht mehr in der Weise, wie sie in den kirchlichen Verlautbarungen zum Ausdruck kommt. Die Bedingung für den Religionsunterricht, sich an Schüler/innen und/oder Lehrer/innen gleichen Bekenntnisses und ihrer Beheimatung in der gleichen Konfession zu orientieren, ist heute faktisch fast nirgends mehr erfüllt. Darüber kann auch eine möglicherweise noch vorhandene formale Kirchenmitgliedschaft der Eltern nicht hinwegtäuschen[409].

In einer Schule sind heute nicht mehr nur – und zum Teil nicht einmal mehr überwiegend – Kinder zusammen, die der christlichen Religion angehören. Regional unterschiedlich stark, aber doch überall in der Bundesrepublik besuchen auch eine ganze Reihe von Kindern die Schule, die keiner Religion angehören oder in einer anderen als der christlichen Religion beheimatet sind. Unterricht kann auch in dieser Frage nicht über die Köpfe der jeweiligen individuellen Menschen hinweg gehen, sie bringen ihre jeweilige religiöse Lebensgeschichte mit in den Unterricht ein.

Religionsunterricht, der sich nicht nur als Fachunterricht versteht, muss also viel weiter fragen: Wie kann die Gemeinsamkeit und die Differenz der unterschiedlichen Religionen im Unterricht zur Sprache kommen? Wie kann die Frage nach Sinn und Orientierung im eigenen Leben für Schüler/innen thematisiert werden, die nicht konfessionell oder religiös gebunden sind?

In der Regel sind also Schüler/innen unterschiedlicher Konfessionen und Religionen und mit je spezifisch ausgeprägter religiöser Sozialisation im Elternhaus in einer Klasse zusammen. Im Rahmen der hier beschriebenen Konzeption von Religionsunterricht sind nun aber Unterschiedlichkeiten und Differenzen durchaus kein Hindernis für gelingenden Religionsunterricht, sondern geradezu eine Grundvoraussetzung und als solche zu nutzen. Diese Vielfalt fördert den Dialog, den Austausch untereinander und darin zugleich das Einüben religiöser Toleranz. Das Unterrichtsprinzip des Dialogs setzt die Anerkennung des jeweils Anderen in seiner Differenz und Besonderheit voraus. In diesem Sinne bedeutet dialogische Offenheit, dass Kinder, Jugendliche und Unterrichtende gemeinsam nach Grund und Sinn des Lebens fragen und in Auseinandersetzung mit den Überlieferungen und Traditionen der Religionen nach Antworten suchen. In der Öffnung gegenüber dem Anderen, gerade auch gegenüber seinem individuellen Denken, Fühlen und Glauben wird dieser als Subjekt wahrgenommen und als Partner ernstgenommen. Die schon zitierte Denkschrift der EKD führt dazu aus:

> »Heute nehmen vielfach Kinder nichtchristlicher Religionen am evangelischen Religionsunterricht teil. Mitschülerinnen und -schüler dieser Religionen sollten darum mit ihren religiösen Erfahrungen und Einstellungen zur Wort kommen. Respekt vor dem Andersartigen ist im Gespräch einzuüben, Gemeinsames und Unterscheidendes zu verdeutlichen. Unsere gesellschaftliche Zukunft liegt im Miteinander«[410].

Identitätsbildung – auch in religiöser Perspektive – geschieht als lebenslanger Prozess, in dem die Begegnung mit dem Anderen in seiner individuellen Besonderheit und »Fremdheit« ein konstitutiver Faktor ist. Religionsunterricht ist also geradezu herausgefordert, diese Begegnung zu fördern und den Dialog der Verschiedenen zu ermöglichen und zu erproben. »Ein gemeinsamer ›Religionsunterricht für alle‹ trägt … in einer Gesellschaft, die immer mehr in Kulturen zerfällt, dazu bei, einen Schatz gemeinsamer Bilder und Geschichten aufzubauen, mit Hilfe dessen über kulturelle und ethnische Differenzen hinweg Verständigung über das, was wirklich wichtig ist, möglich bleibt«[411]. Dies erscheint umso dringender, als junge Menschen heute immer stärker erfahren, dass ihre Lebenszusammenhänge destabilisiert, zerstückelt sind und ihnen die Suche nach Orientierung immer schwerer fällt. Sie dürfen »nicht den in unserer Gesellschaft zu Hauf angepriesenen Religionssurrogaten und deren oft gegen teures Geld angebotenen billigem Trost überlassen werden«[412].

Es ist selbstverständlich, dass in diesem Dialog auch die religiösen Traditionen und Texte anderer Religionen zur Sprache kommen und Bedeutung gewinnen. Für Unterrichtende stellt dies dann eine besondere Herausforderung dar, wenn sie, wie bisher üblich, allein in der Tradition einer – der christlichen – Religion ausgebildet wurden. Meist fehlt ihnen dann mit den Informationen und Kenntnissen auch der Zugang zu anderen Religionen. Darum gehören interreligiöse Fragestellungen und »ökumenisches« Lernen sowohl in die Ausbildung als auch verstärkt in Fortbildungsangebote für Unterrichtende im Fach Religion. Zugleich bietet es sich an, die Kooperation mit Vertretern anderer Religionen zu suchen und gemeinsame Projekte zu planen.

Die hier geforderte Offenheit ist jedoch nicht mit einer multireligiösen Verwurzelung des Unterrichtenden gleichzusetzen, ganz im Gegenteil. Die Lehrkraft kann Offenheit und Dialogbereitschaft gerade dann vorleben, wenn sie bereit ist über ihre eigenen Wurzeln und Verwurzelungen Auskunft zu geben, und dass sie dies authentisch tut, ist wichtiger als alles andere. Auch das Modell einer Religionskunde führt in diesem Zusammenhang in die Sackgasse. Religionsunterricht, wie er hier beschrieben wurde, findet nicht auf der Ebene sachkundlicher Information über verschiedene Religionen statt. In dem hier vorgeschlagenen Weg geht es darum, die konkrete Lerngemeinschaft einer Klasse und Schule zu einem offenen und toleranten Dialog zu ermuntern – auch und gerade in religiösen Fragen.

Wie sich das Miteinander und der Austausch konkret gestaltet, wird sich dann jeweils im konkreten Unterricht zeigen müssen. »Der Rückgriff auf Traditionen aus dem Herkunftsmilieu der Schülerinnen und Schüler rückt Lebenswelt und Schulwelt zusammen und erhöht die Akzeptanz schulischer Inhalte. Durch die Einbeziehung der Religionen und Weltanschauungen, die die Kinder mitbringen, fördert der RU unter gleichzeitiger Pflege der Gemeinsamkeiten gegenseitiges Verständnis und Toleranz«[413].

TIPP Mögliche Inhalte eines solchen gemeinsamen Religionsunterrichts können sein: »Erkundung ›heiliger‹ Orte; Feste, Symbole der Religionen, zu denen die Schüler/innen gehören; Geschichten, die das Leben prägen ..., alltagswirksame Sprichworte; Mein Alltag – Dein Alltag; Grundzüge der Religionen und Weltanschauungen«[414].

In den Festen der verschiedenen Religionen lassen sich Gemeinsamkeiten erkennen und benennen: Religiöse Feste haben es ja immer mit Grunderfahrungen von Menschen zu tun, sie beinhalten darum Basisthemen menschlichen Lebens; darum haben sie einen gemeinsamen ›Kern‹ und ermöglichen in besonderer Weise die Erfahrung der Gemeinschaft. Damit dies gelingt, sollten allerdings einige Voraussetzungen bedacht werden:

Der jeweilige religiöse Kontext eines Festes muss gekannt und respektiert werden, er darf nicht übersehen oder übergangen werden. Ziel kann also nicht ein ›synkretistisches‹ oder ›folkloristisches‹ Feiern sein.

Man sollte recht genau zwischen der religiösen (kultischen) Bedeutung eines Festes und dem volkstümlichen Brauchtum unterscheiden. So haben z. B. christliche Feste als religiöse Feste einen bestimmten religiösen Inhalt. Die Beteiligung von Kindern anderer Religionen an dieser *religiösen* Feier kann problematisch sein, Zurückhaltung ist angesagt. Als *Brauchtums*feste aber sind Weihnachten und Ostern durchaus gemeinsam zu begehen, auch in anderen Ländern gibt es Frühlingsbräuche und Winterlieder, umgekehrt hängt die religiöse Bedeutung von Weihnachten nicht am Tannenbaum, die religiöse Bedeutung von Ostern nicht an Ei oder Hase. Hier ist also eine bunte Vielfalt möglich.

Man braucht nicht aus falsch verstandener Rücksicht gegenüber Kindern aus anderen Religionen auf religiöse Feiern einer Glaubensgemeinschaft zu verzichten. Selbstverständlich sind Kinder anderer Religionen keine Missionierungsobjekte, die Beteiligung an den Bräuchen der anderen bedeutet aber nicht das Ablegen der eigenen Religion, des eigenen Glaubens. Es muss genau differenziert werden zwischen aktiver Beteiligung am Eigenen und Dabeisein beim Fremden. Ein Christ kann nicht in den Lobpreis Allahs einstimmen, aber er kann dabei sein, wenn seine islamischen Freunde und Mitschüler/innen dies tun. In gleicher Weise können sich christliche Kinder an der Feier islamischer Feste beteiligen. Ebenso ist es nicht als ›Zwangschristianisierung‹ anzusehen, wenn muslimische Kinder sich an Adventsbasteleien beteiligen oder an einem Schulgottesdienst zum Erntedankfest teilnehmen[415].

Man kann auch Feste der Begegnung feiern, die nicht in erster Linie oder vielleicht auch gar keine religiöse Bedeutung haben; in denen folkloristische Besonderheiten im Mittelpunkt stehen (die nationale Buntheit unserer Klasse; internationale Disko; Tänze der einzelnen Länder etc.).

In diesem Sinne sind vielfältige Ansätze multireligiösen Lernens zu fordern und zu fördern. Schulorganisatorische Einschränkungen oder kirchenpolitische Empfindlichkeiten sind in diesem Zusammenhang zur Kenntnis zu nehmen, dürfen aber in konzeptionellen Überlegungen nicht zu Denkverboten führen. Vielmehr muss überprüft und hervorgehoben werden, wann und wie Strukturen den Unterricht und die Schüler/innen fördern, und wann sie eher hinderlich wirken. Menschen dürfen nicht weniger wichtig sein als gewohnte Strukturen oder durchaus berechtigte Interessen von Organisationen.

Vom Rand in die Mitte, oder: Der Ort des Religionsunterrichts

Religionsunterricht ist der Ort, an dem exemplarisch Leben erprobt werden kann. Diese Prämisse wurde in diesem Kapitel zunächst hinsichtlich der Ziele und Inhalte des Unterrichts entfaltet. Die Erfahrungen der Schüler/innen bestimmen als Ausgangspunkt sowohl die Formulierung von Zielen, wie auch die Wahl der Inhalte. Werden Unterrichtende und Lernende in gleicher Weise als Subjekte des Lernprozesses ernst genommen, sind Ziele und Inhalte im Dialog zu bestimmen und zu entfalten. Es hat sich gezeigt, wie alltägliche Erfahrungen der Gegenwart mit den in biblisch-christlicher Überlieferung gesammelten Deutungsangeboten in Beziehung stehen.
Eine grundlegende Bedeutung kommt den Methoden zu, die im Unterricht Verwendung finden. An erster Stelle steht dabei die Aufgabe, den Austausch von Erfahrungen – gegenwärtiger und in der Tradition überlieferter – zu ermöglichen und zu fördern. Darum wird Religionsunterricht zum Erzählen ermuntern und für den offenen Austausch von Lebens-Geschichten Zeit anbieten. Ebenso ist eine vertrauensvolle Atmosphäre zu schaffen, in der Offenheit und Akzeptanz erlebt werden können. Die Schüler/innen sollen zu Wort kommen und sich dabei auf vielfältige Weise ausdrücken können. Symbole und Rituale haben sich dafür, aus theologischer Perspektive ebenso wie im Blick auf die Schüler/innen, als unverzichtbare Formen des Ausdrucks erwiesen. Religiöse Erfahrungen lassen sich

in symbolischer Rede und rituellem Handeln angemessen darstellen. Dies ist im Religionsunterricht zu erproben und zu üben.
Freiheit des Subjekts erfordert Freiheit des Lernens – dem muss auch die Form des Lernens entsprechen. »Freiarbeit« entspricht darum sowohl pädagogischen als auch theologischen Kriterien und fordert besondere Berücksichtigung im Religionsunterricht.
Bei der Suche nach praktischen Beispielen und Materialien für den konkreten Unterricht hat sich gezeigt, dass Unterrichtenden an der Schule für Lernbehinderte hier nur vergleichsweise wenig Hilfen zur Verfügung stehen. Dies ist – trotz aller zum Teil sehr guten Versuche – immer noch als Desiderat zu bezeichnen. Unterrichtende sind zu ermutigen und zu ermuntern, eigene Erfahrungen zu machen und zu dokumentieren. Der Austausch von Lehrenden ist zu fördern, damit der Religionsunterricht der Schule für Lernbehinderte auch in diesem Bereich vom Rand in die Mitte rückt.
Die Überlegungen zu Methoden, Zielen und Inhalten des Unterrichts haben fast von selbst zu weiterreichenden Hinweisen geführt. Diese beziehen sich zunächst auf organisatorische Perspektiven der einzelnen Schule. Die Berücksichtigung der religiösen Dimension des Lernens erfordert konkrete Überlegungen im Bereich der Schulprogrammentwicklung wie auch in der konkreten Gestaltung von Unterrichtsplänen.
In kirchenpolitischer Hinsicht zeigt sich die dringende Notwendigkeit, über konfessionelle Kooperationen nicht nur inhaltlich zu sprechen, sondern diese auch rechtlich und verbindlich abzusichern, damit die Unterrichtenden nicht allein gelassen sind. Aber auch die Annäherung der Religionen legt sich als von den Schüler/innen und ihrer Lebenswirklichkeit aus gesehen nahe. Austausch und Dialog sind auf allen Ebenen gefordert, Annäherung und Abgrenzung in gegenseitiger Toleranz und Akzeptanz.
In diesem Kapitel hat sich eine Fülle von Herausforderungen und Chancen gezeigt, vor denen der Religionsunterricht, die Unterrichtenden und die Lernenden stehen. Vieles konnte nur angedeutet werden und will zum Weiterdenken und zum Dialog anregen. Manches erscheint (noch) als Utopie, angesichts der Realität des Unterrichts in mancher Schule. Das soll aber kein Anlass zur Resignation sein, sondern dazu ermuntern, erste Schritte der Veränderung zu versuchen. Die Richtung ist klar: Vom Rand in die Mitte.

Einladung zum Gespräch

Am Beginn dieses Buches stand die Konstatierung von Sprachlosigkeit. Religionspädagogik und Sonderpädagogik, so war die Beobachtung, beschäftigen sich zwar mit ähnlichen Fragestellungen und Themen, nehmen aber die jeweiligen Ergebnisse nur wenig zur Kenntnis und noch weniger zum Anlass einer gemeinsamen Diskussion.
Im Verlauf der Arbeit habe ich – bezogen auf den Religionsunterricht an der Schule für Lernbehinderte – zu zeigen versucht, welche engen Berührungspunkte beide Disziplinen haben. Dies soll abschließend noch einmal verdeutlicht werden.
Die Verbindung von Sonder- und Religionspädagogik liegt ganz einfach darin, dass sich beide aus je eigener Perspektive mit gleichen Fragestellungen befassen und ähnliche Ziele haben: Sie wollen mit ihren Möglichkeiten dazu beitragen, dass heranwachsende junge Menschen ihr eigenes Leben, die Beziehung zu anderen Menschen und zur Umwelt verstehen, bewältigen und gestalten können und so zum Gelingen des Lebens beitragen. Als pädagogische Disziplinen beschäftigen sie sich mit dieser Thematik unter der Perspektive von Bildung, Erziehung und Unterricht. Dabei können und dürfen die jeweils spezifischen Ansätze und Erkenntnisse einer der beiden Wissenschaften nicht außer acht gelassen, sondern als gegenseitige Ergänzung wahrgenommen werden.
Religionspädagogik kann auf die Erkenntnisse und Ansätze der Sonderpädagogik nicht verzichten, wenn sie den Lern-, Entwicklungs- und Beziehungsmöglichkeiten von Kindern und Jugendlichen gerecht werden will. Die Wechselbeziehungen zwischen behindernden Lebensbedingungen im sozialen, gesellschaftlichen, psychischen und physischen Kontext und der Entwicklung personaler und sozialer Identität werden sonderpädagogisch reflektiert und beschrieben. Wenn Religionspädagogik sich auf die individuelle Lebenssituation eines Menschen bezieht – und dabei die Aspekte von behindernden Lebensumständen nicht übergeht –, ist sie angewiesen auf die sachkundige Kompetenz der Sonderpädagogik. Im Hören auf die – auch kontrovers geführten – Diskussionen um (Lern-)Behinderung,

die Beschreibung und Definition dieses Phänomens und das Ringen der Pädagogen um die Wahrnehmung der betroffenen Subjekte kann sich Religionspädagogik mit ihrem speziellen Anliegen in das Gespräch einbringen.
Umgekehrt gilt auch für die Sonderpädagogik: In dem Maße, wie sich die Diskussion um Lernbehinderung von einer defektorientierten und symptomdefinierenden Betrachtungsweise abwendet und der ganze Mensch als von Behinderung(en) Betroffener in den Blick kommt, kann das Anliegen der Religionspädagogik nicht außer Acht gelassen werden. Die Frage nach dem Sinn stellt sich in Bezug auf sonderpädagogische Themen auf zum Teil sehr existentielle Weise: Hier wird über den Sinn des Lebens, des eigenen pädagogischen Handelns, auch den Sinn von Leid und Unrecht nicht nur theoretisch und am Rande nachgedacht. Diese Fragen begegnen im täglichen Alltag des Unterrichts genauso wie in der Konfrontation mit Normen und Werten einer Gesellschaft, in der Behinderung und Begrenztsein von Leben keinen Platz haben. Im Hören auf die intensive Diskussion um die Frage nach dem Menschen in seinen Lebensbeziehungen und in seiner Beziehung zu Gott, die theologisch und religionspädagogisch diskutiert und reflektiert wird, kann Sonderpädagogik in die Wertediskussion eintreten und den Wert des Lebens behaupten.
In der Auseinandersetzung um die Frage, was den »Wert« von Leben begründet und definiert und im Einfordern konkreter gesellschaftlicher und politischer Konsequenzen sind Sonder- und Religionspädagogik aufeinander angewiesen, um gemeinsam eine unabdingbare Wächterfunktion in der Gesellschaft wahrzunehmen. Ich will dies abschließend noch an zwei Aspekten verdeutlichen, die sich aus den vorliegenden Überlegungen zum Religionsunterricht an der Schule für Lernbehinderte ableiten lassen. Es kann an dieser Stelle nur noch andeutungsweise und vorläufig geschehen, soll aber dennoch nicht unterlassen werden und will als Einladung zum gemeinsamen Gespräch verstanden sein.

Kritisches Korrektiv der Gesellschaft, oder: Nach dem Menschen fragen

In besonderer Weise verbindet Sonder- und Religionspädagogik die Frage nach dem Menschen. (Sonder-)pädagogik hat es immer mit Wert- und Normentscheidungen, mit ethischen Fragen und anthropologischen (Vor-)einstellungen zu tun. Sie tritt ein für den Wert allen Lebens und formuliert daraus folgend den Anspruch auf Unverletzlichkeit und Schutz des Individuums. Damit stellt sie sich immer auch quer zu gesellschaftlichen Strömungen, die den Wert eines Menschen mit seiner Leistung, seiner Effektivität oder seinen intellektuellen Fähigkeiten gleichsetzt. Sie widersetzt sich allen Versuchen, Leben zu begrenzen, Menschen auszugrenzen oder das Recht auf Leben von bestimmten Voraussetzungen abhängig zu machen. Mit dieser Position ist eine große Nähe zur Religionspädagogik gegeben. Theologisch gesprochen liegt der Wert eines Menschen darin begründet, dass Gott als Schöpfer ihn bejaht und annimmt, wie er ist. Unterschiede, die von Menschen gemacht werden, müssen sich daran messen und danach beurteilen lassen, ob sie diesem grundlegenden »Ja« entsprechen oder nicht.

Die Lebenssituation der Schüler/innen der Schule für Lernbehinderte ist wesentlich bestimmt und geprägt durch aus- und eingrenzende gesellschaftliche Rahmenbedingungen, das hat sich im Verlauf der Darstellung gezeigt. Diese Einsicht fordert auf verschiedenen Ebenen zum Fragen heraus. Einige dieser Fragen will ich stellen:

Eine Gesellschaft ist immer daran zu messen, wie sie mit den Schwachen umgeht, welchen Ort und Raum, welche Lebenschancen sie ihnen einräumt. Schüler/innen der Schule für Lernbehinderte haben einen Anspruch darauf, ihren Platz in unserer Gesellschaft zu finden und einzunehmen. Können und wollen wir es uns als Gesellschaft leisten, Menschen an den Rand der Existenz zu drängen und dies bewusst in Kauf zu nehmen? Kann und darf Schule »zur Herstellung von Arbeitskraft minderer Güte«[416] beitragen? Wie kann den Schüler/innen geholfen werden, ihre Interessen zu erkennen, zu formulieren und auf ihre Durchsetzung zu dringen?

In diesem Zusammenhang rückt die Frage nach der Bedeutung des Rechtes auf Arbeit in den Vordergrund. Es kann nicht unwidersprochen bleiben, dass Schüler/innen der Schule für Lernbehinderte nur dann eine ihnen entsprechende berufliche Tätigkeit finden, wenn dies im Rahmen der globalen Wirtschaft ertragreich zu sein verspricht. Das Recht auf Arbeit, zur Entfaltung der eigenen schöpferischen, kreativen und gestalterischen Fähigkeit, hängt eng mit dem Anspruch auf ein Einkommen zusammen, mit dem das Leben gesichert werden kann. Was uns beschäftigen muss, ist »die große Aussonderung nach der Schule, der wir machtlos gegenüberstehen. ... Wie sollen jungen Menschen damit zurecht kommen? ... Wie können wir Jugendlichen Lebensmöglichkeiten eröffnen, deren Zukunft sich vor ihren und unseren Augen auflöst?«[417]

Nimmt man diese Perspektiven ernst, bleibt auch die Aufgabe, der Tatsache Rechnung zu tragen, dass die Schüler/innen auch weiterhin »mit dem auf Dauer gestellten Vorwurf leben müssen, selbst an ihrer Lage schuld zu sein«[418]. Sie können den Leistungsnormen der gegenwärtigen Regelschule nicht entsprechen und werden später mit ihrer beruflichen Leistung nur geringes Einkommen erzielen können – wenn überhaupt. An den Maßstäben von Leistungsfähigkeit, wirtschaftlichem Erfolg oder dem Verfügen über Geldmittel gemessen, wird ihr soziales Ansehen gering sein. Darum reicht es nicht aus, diese Maßstäbe anzuprangern. Es ist vielmehr notwendig und erforderlich, sich über wirksame Hilfestellungen für Menschen in Randpositionen Gedanken zu machen. Hier sind besonders humanitäre und kirchliche Organisationen gefordert. Familienbegleitende Maßnahmen, wie der Ausbau der Frühförderung oder die außerschulische Begleitung und Betreuung von Kindern in schwierigen familiären Verhältnissen, dürfen nicht an finanziellen oder organisatorischen Hürden scheitern. Bestehende Projekte sind ideell und finanziell zu unterstützen, mit Kreativität sind Projekte der Integration und des gemeinsamen Lebens zu entwickeln und zu praktizieren. Sonderpädagogen und Religionspädagogen können gemeinsam die Betroffenen darin unterstützen, sich Gehör zu verschaffen.

Nachdenken über eine humane Schule, oder: Gemeinsamer Unterricht

Das gemeinsame Nachdenken über den Menschen, die Suche nach Orientierung und Humanität führen Religions- und Sonderpädagogik auch zu einer kritischen Beurteilung der Schule, wie sie sich heute darstellt.

Es hat sich gezeigt, dass die Schule für Lernbehinderte in ihrer gegenwärtigen Form das Ziel der Integration ihrer Schüler/innen in die Gesellschaft nur sehr unzureichend erreicht. Ausgrenzung in einer eigenständigen Schule kann letztlich nicht zur Eingliederung der Schüler/innen in die Gesellschaft führen, getrennte Erziehung kann das Zusammenleben nicht fördern. Das ist in erster Linie ein Problem der Schulorganisation. Die einzelne konkrete Schule, die in ihr praktizierte Sonderpädagogik sind für dieses Ergebnis nicht verantwortlich, noch weniger allerdings die Schüler/innen, die am meisten davon betroffen sind.

Auf diesem Hintergrund erscheint es zu kurz gegriffen, allein die Abschaffung der Sonderschule zu fordern, ohne damit zugleich auf eine Veränderung der Schule in unserer Gesellschaft insgesamt zu zielen. Es ist darum zu fragen, wie eine Schule aussehen soll, die allen Kindern gerecht wird und nicht einzelne aus dem gemeinsamen Lernen ausgliedert. Die begonnene allgemeine pädagogische Diskussion um die Humanisierung der Schule ist fortzuführen und von Sonder- und Religionspädagogik anzuregen und anzureichen. Bildung betrifft immer den ganzen Menschen in all seinen Lebensbeziehungen und zielt letztlich auf Teilnahme: »Teilnahme meint, in der Mit- und Umwelt als gleichwertiges Glied akzeptiert zu werden und in einer Lebens- und Arbeitsgemeinschaft verantwortlich mittun zu können. Dazu gehört:

- Zugehörigkeit und Geborgenheit: Nur da, wo jeder einzelne sich so, wie er ist, angenommen weiß und erlebt, kann er Lebensmut und Selbst- wie Weltvertrauen entwickeln. …
- Verantwortliche Beanspruchung: Nur dort, wo ich existentiell betroffen bin, wo ich gefordert, herausgefordert bin bzw. werde, nehme ich die Welt so wahr, daß sie für mich etwas bedeutet, daß ich Aufgaben und Probleme erkenne …

- Gruppenidentität: nur dort, wo ich … mich als Glied einer (größeren) Gruppe identifizieren kann, kann ich mich für deren Aufgaben und Funktionen interessieren und damit zugleich ›meine‹ Aufgaben finden …«[419]. Dieser Zusammenhang von Lernen und Leben ist auch in der Schule ernst zu nehmen und zu verwirklichen.

Aus den genannten Gründen liegt es nicht nur im Interesse der Schüler/innen der Schule für Lernbehinderte, sondern im Interesse der Schule insgesamt und damit auch der Zukunft unserer Gesellschaft, die begonnene Debatte um den gemeinsamen Unterricht fortzuführen und auszuweiten. Hier haben Sonderpädagogen und Religionspädagogen eine weitere verbindende Aufgabe. Sie können sich einsetzen für eine Schule, in der alle Kinder zusammen nach ihren jeweiligen individuellen Bedürfnissen gefördert werden und miteinander lernen können. Eine Schule, in der das Leben gelernt wird, zu dem auch Auseinandersetzung und Verständigung gehören; Abgrenzung und Zusammenarbeit; das Erreichen und Akzeptieren von Grenzen; der Umgang mit der eigenen Freiheit und der Respekt vor der Freiheit der Anderen. Eine Schule, die dazu hilft, sich selbst und das Leben zu verstehen, nach dem Sinn und dem Ziel des eigenen und des fremden Lebens zu fragen. Dass in einer solchen Schule Religion einen wichtigen Stellenwert hat, versteht sich von selbst.

Anmerkungen

Vorüberlegungen

1 Möckel, Religionsunterricht S. 8. Er zählt in einer Anmerkung die bis 1971 erschienene Literatur zum Religionsunterricht an der Schule für Lernbehinderte auf: Es sind ganze drei (!) Veröffentlichungen. Und das in einer Zeit, in der man aus heutiger Sicht durchaus von einem regelrechten Boom der religionspädagogischen Schriften sprechen kann.
2 Kollmann, Glaube S. 4.
3 Nipkow, Bildung.
4 Schröer, Einführung S. 245.
5 So ist Heimbrocks vorsichtige Frage zu deuten: »Kann die allgemeine Religionspädagogik von der Sonderschul-Religionspädagogik vielleicht sogar etwas lernen?« (Behinderte S. 145)
6 Speck, System S. 282.
7 Eberwein, Handbuch.
8 Thoma / Rogge, Verhältnis S. 141.
9 Es kann in diesem Zusammenhang auch nicht als Zufall angesehen werden, dass fünf Jahre nach Erscheinen des allgemeinen Plans und einiger Fachpläne noch immer keine Pläne für das Fach Religion veröffentlicht sind.
10 Hier heißt es: »Dem suchenden und fragenden Kind bei der Sinnfindung zu helfen, kann nicht allein das Anliegen der Familie und des Religionsunterrichts sein, vielmehr kommt auch allen Lehrerinnen und Lehrern die Aufgabe zu, die Suchbewegung des Kindes zu erkennen, zu fördern und sie zu … begleiten« (Hessisches Kultusministerium, Rahmenplan S. 18).
11 Auskunft des Statistischen Bundesamtes vom 21.7.2000 (Fachserie 11, Reihe 1, Tabelle 12).
12 Kultusministerkonferenz, Empfehlungen S. 40.
13 Thoma / Rogge, Verhältnis S. 141.
14 Ein treffendes Beispiel bietet Helsper, Religion. In der Festschrift zum 70. Geburtstag des Heilpädagogen Otto Speck hat er den einzigen religionspädagogischen Beitrag geschrieben. Er handelt von der Bedeutung von Religion für Heranwachsende, Helsper bezieht sich in seinen empirischen Hinweisen auf eine Gymnasiastin! Die ganze Festschrift heißt: Focus Heilpädagogik!
Auf die wenigen Hinweise zur Fragestellung gehe ich weiter unten ein (»Nach dem Leben fragen«, S. 55 ff)

Lernbehinderung im Kontext von Schule und Sonderpädagogik

15 Weigert, Interventionen S. 40.
16 Die erste staatliche Schulanstalt für Taubstumme entsteht 1778 in Leipzig, die erste Blindenschule entstand 1785 in Paris. Vgl. Möckel, Geschichte S. 40. Dies ist eine sehr gute und eingängige Einführung in die Geschichte der Sonderschule. Vgl. zum folgenden auch Müller-Friese, Miteinander S. 88 ff.

17 Diese Formulierung geht auf den Armendirektor und Lehrer Johann Wilhelm Klein zurück; vgl. Möckel, Geschichte S. 55.

18 Für Menschen mit einer geistigen Behinderung kommt es zwar schon um 1858 zur Gründung von Anstalten in privater Initiative, ein Anspruch auf schulischen Unterricht kann aber erst 1970 von Eltern durchgesetzt werden (in Bayern gilt die allgemeine Schulpflicht für geistig behinderte Kinder erst seit 1993).

19 So der Titel seines 1853 in Stuttgart erschienenen Werkes. Vgl. zum Folgenden Ruddat, Religionsunterricht S. 18ff.

20 Palmer, Pädagogik S. 663.

21 Palmer, Pädagogik S. 83.

22 Palmer, Pädagogik S. 17. Zur Auseinandersetzung mit dem hier vorliegenden Menschenbild vgl. Müller-Friese, Miteinander S. 150ff.

23 Dies ist der Titel der ›Gründungsurkunde‹ der Hilfsschulen, einer kleinen Schrift von Heinrich Ernst Stötzner. Mit dem Adjektiv ›schwachbefähigt‹ will er eine Diffamierung von Schülern und Eltern verhindern, die er schon früh befürchtet. Allerdings spricht auch Stötzner schon einige Jahre später, dem allgemeinen Trend folgend, von der ›Schule für Schwachsinnige‹.

24 Kanter, Lernbehindertenpädagogik S. 19.

25 Reichmann-Rohr / Weiser, Entstehung S. 22.

26 Vgl. dazu Perschel, Art. Schulpflicht S. 593ff.

27 In Halle 1859; Gera 1876; Apolda 1877; vgl. dazu Möckel, Geschichte. Zu den gesellschaftspolitischen Hintergründen vgl. Altstaedt, Lernbehinderte; ihre Hinweise sind in mancher Hinsicht erstaunlich aktuell.

28 Alle Zitate aus diesem Abschnitt: Stötzner, Schulen S. 5f. Die Schrift erschien in erster Auflage im Jahr 1864.

29 Stötzner, Schulen S. 12. Vgl. insgesamt Beschel, Geschichte S. 120ff.

30 Zum Begriff Stigmatisierung vgl. Exkurs Stigmatisierung S. 36.

31 Zitiert nach Beschel, Geschichte S. 122; dort keine genaue Quellenangabe.

32 Kielhorn, Kielhorn S. 185.

33 Kielhorn, Kielhorn S. 191.

34 Fuchs, Kinder S. 123.

35 Zahlen nach Myschker, Lernbehindertenpädagogik S. 139.

36 So der Pädagoge Basedow im Jahr 1913 (Bedeutung S. 9). Zugleich beginnt nun die Abgrenzung der Hilfsschule nach ›unten‹, es entstehen die ersten Sammelklassen für alle Schüler/innen, die auch die Ziele der Hilfsschule nicht erreichen können.

37 Vgl. Berner, Behindertenpädagogik.

38 Nöll, Schranken S. 7f.

39 Reichsfachschaftsleiter Ruckau, Arbeitskameraden S. 1.

40 Vgl. dazu die Dokumentation von Höck, Hilfsschule S. 78ff. Noch im Jahr 1977(!) beschreibt Beschel die stillschweigende Zustimmung der Sonderpädagogen zur Vernichtung des ›lebensunwerten‹ Lebens in der Nazizeit mit der lapidaren Bemerkung: »Die Sorge für die geistigbehinderten Kinder … konnte nicht mehr wahrgenommen werden« (Geschichte S. 140).

41 Zu einer kritischen Auseinandersetzung mit der Rolle der Sonderpädagogen im Dritten Reich kam es in dieser Zeit nicht, vgl. dazu Ellger-Rüttgardt, Geschichte. Eine der wenigen Ausnahmen ist Höck, Hilfsschule.

42 Hofmann, Schriften S. 124.

43 Hofmann, Schriften S. 87.

44 Schulausschuß, Gutachten.
45 Kanter, Lernbehinderten- und Lerngestörtenpädagogik S. 106.
46 Zu den diagnostischen Instrumentarium gehören Intelligenztests (überwiegend noch immer der HAWIK); Schulleistungstests und andere; vgl. z. B. Ingenkamp, Lehrbuch.
47 Vgl. zum Folgenden Bröse, DDR.
48 Vgl. z. B. Baudisch u. a., Hilfsschulpädagogik.
49 Bröse, DDR S. 213.
50 Bröse, DDR S. 215.
51 Bröse, DDR S. 216.
52 Bröse, DDR S. 215f.
53 Vgl. dazu Weigert, Interventionen S. 41 f: »Letzten Endes haben Grund- und Sonderschullehrer weitgehend subjektiv und gefühlsmäßig zu bestimmen, wer schwerwiegend, umfänglich und langdauernd in seinem schulischen Lernen beeinträchtigt ist«.
54 Grissemann, Lernbehinderung S. 9f, dort auch Hinweise auf entsprechende Untersuchungen.
55 Begemann, Erziehung S. 70.
56 Zitiert nach Beschel, Geschichte S. 123.
57 Begemann, Erziehung S. 17–23.
58 Die Zahlen sind neuerdings zusammengestellt bei Mand, Lernbehinderung. Vgl. auch Erath, Vergessen S. 40, Anm. 2.
59 Mand, Lernbehinderung S. 172.
60 Kornmann, Überrepräsentation S. 109; zur Übersicht über die Zahlen vgl. ebd. S. 107. Klein, Schüler weist auf eine noch nicht abgeschlossene Untersuchung hin, die die Ergebnisse seiner grundlegenden Studie aus dem Jahr 1969 bestätigt. Alle Daten, die schon 1969 auf eine soziale Benachteiligung hinwiesen (Arten der Erwerbstätigkeit der Eltern, Wohnverhältnisse, unvollständige Familien, Kinderzahl) wurden bestätigt, der Anteil der arbeitslosen Eltern liegt deutlich höher als 1969. Die soziale Benachteiligung der ausländischen Kinder ist noch deutlich höher als die der deutschen.
61 Wocken, Leitideen S. 638.
62 Man bezieht sich dabei vor allem auf die Stigmatheorie von Goffman, (vgl. Ders., Stigma).
63 Weigert, Interventionen S. 145, dort auch weitere Literatur.
64 Höhn, Schüler S. 104.
65 Marion, zitiert bei Pokrandt, Die denken S. 62.
66 Rockemer, Hilfsschule S. 23.
67 Grissemann, Lernbehinderung S. 71 verweist auf entsprechende Untersuchungen.
68 Rockemer, Hilfsschule S. 25. Neuere Daten zur beruflichen Eingliederung lernbehinderter Sonderschülerinnen und -schüler sind bei Begemann, Behinderte S. 27f, gesammelt.
69 Diese Feststellung ist kein Urteil über die Unterrichtenden an Regel- und Sonderschulen. Sie bemühen sich in der Regel nach Kräften um die Kinder. Die institutionellen Rahmenbedingungen aber haben auch Konsequenzen für den Beruf des Lehrers, der Lehrerin. So werden Regelschullehrer/innen in sonderpädagogischen Fragestellungen nicht ausgebildet und fühlen sich gegenüber Kindern mit Beeinträchtigungen schnell überfordert und unzureichend qualifiziert.
70 So Kanter schon im Jahr 1974 (vgl. Ders., Lernbehinderungen).

71 Klein, Kinder S. 159.
72 Eberwein, Kritik S. 13f. Vgl. zum Folgenden Begemann, Begriff.
73 Begemann, Begriff S. 217; vgl. ausführlich Begemann, Differenzierung S. 105–121.
74 Begemann, Begriff S. 272.
75 Schmetz, Förderschwerpunkt S. 135. Vgl. insgesamt Kösel, Modellierung und Rotthaus, Wozu.
76 Eberwein, Kritik S. 14.
77 Dieses Verständnis von Lernen bezieht sich auf Rogers, Piaget, die Aneignungstheorie der Kulturhistorischen Schule und verschiedene reformpädagogische Denk- und Erziehungsansätze.
78 Schmetz, Förderschwerpunkt S. 136.
79 Prengel, Pädagogik.
80 Vgl. Sander, Behinderungsbegriffe und Eggert, Stärken.
81 Schmetz, Förderschwerpunkt S. 137.
82 Schmetz, Förderschwerpunkt S. 134.
83 Der Name der Schule wechselt in der Geschichte häufig. Bis zum Jahr 1961 heißt die Schule in Deutschland »Hilfsschule«, diese Bezeichnung wird danach in der Bundesrepublik in »Schule für Lernbehinderte« geändert. In der DDR heißt die Schule bis zum Jahr 1989 »Hilfsschule für schulbildungsfähige Schwachsinnige«. In den letzten Jahren ist es zu einer länderspezifischen Vielfalt der Begriffe gekommen: Schule für Lernhilfe (Hessen); Förderschule (Bayern, Baden-Württemberg); Schule mit dem Förderschwerpunkt Lernen (Rheinland-Pfalz).
84 Kultusministerkonferenz, Empfehlungen 1994 und 1999.
85 Feuser/Meyer, Unterricht S. 12.
86 Einen guten Überblick über Ziele und Formen integrativen Unterrichts bieten das Handbuch der Integrationspädagogik (Eberwein, Behinderte), praktische Hinweise bei Schöler, Schule. Zur neueren Diskussion vgl. Feuser, Kinder.
87 Eine gute Übersicht über den Stand der Entwicklung bieten die Berichte aus den Bundesländern, die vom Fachverband für Behindertenpädagogik in regelmäßigen Abständen in der Verbandszeitschrift »Zeitschrift für Heilpädagogik« herausgegeben werden, zuletzt Heft 9/1999, S. 421ff.
88 Zahlen nach den Statistischen Veröffentlichungen der Kultusministerkonferenz, Sonderschulen.
89 Vgl. dazu die Lebensläufe von vier Kindern, die Klein an den Beginn seines Buches stellt (Kinder) und die erstaunlich aktuelle Beschreibung Stötzners (S. 26).
90 »Schule und Unterricht im Spiegel von Biographien sozial Benachteiligter Jugendlicher und junger Erwachsener« sind eindrücklich beschrieben bei Schroeder/Storz (Hrsg.), Einmischungen S. 21ff.
91 1987 ging Weigert (Interventionen S. 94f) von 20% aller lernbehinderten Kinder aus. Obwohl mir keine aktuelleren Zahlen vorliegen, muss man inzwischen wohl von einer viel höheren Zahl ausgehen, da die Anzahl der unvollständigen Familien in den letzten 13 Jahren gesamtgesellschaftlich gestiegen ist.
92 Rodeck-Madsen/Gebhardt, Sonderschule S. 57.
93 Klein, Kinder S. 53ff.
94 Vgl. Rodeck-Madsen/Gebhardt, Sonderschule S. 64ff.
95 Jutta S. im immer noch lesenswerten Interview mit Rockemer, Sonderschule S. 35.
96 Hiller, Arbeit.

97 Schäfer, Bedeutung S. 111. Dieter Schäfer ist bei der Bundesanstalt für Arbeit beschäftigt; sein Aufsatz beschäftigt sich mit den Chancen behinderter Jugendlicher auf dem Arbeitsmarkt im Jahr 2010.
98 Schäfer, Bedeutung S. 111; vgl. die aufschlussreiche Auflistung für die Berufe Friseur/in, Fräser/in, Landmaschinenmechaniker/in und Nahrungsmittelverkäuferin auf den S. 110–112.
99 Manske, Lernbehinderung S. 165 ff.
100 Klein, Schüler S. 8.
101 Erath, Vergessen S. 195 ff.
102 Erath, Vergessen S. 196.
103 Erath, Vergessen S. 201.
104 Erath, Vergessen S. 203.
105 Erath, Vergessen S. 204.
106 Hiller, Ausbruch S. 47 ff.
107 Konsequenterweise hat er entsprechende Materialien mit Tipps und Informationen für Jugendliche herausgegeben, vgl. Hiller, Durchblick.
108 Hiller, Ausbruch S. 17.
109 Vgl. dazu die Ansätze für eine Alltagsbegleitung von jungen Menschen in erschwerten Lebenslagen bei Schroeder/Storz (Hrsg.), Einmischungen S. 109 ff.
110 Diese Fragen beruhen auf einer Befragung bei hessischen Religionslehrer/innen, die die Verfasserin im Jahr 1996 durchgeführt hat.
111 Ebner, Probleme S. 408; Hervorhebung von mir.
112 Schmidt, Fazit S. 113.
113 Mirella in: Hermann, Maul S. 35.
114 Dragomir in: Hermann, Maul S. 24.
115 Hessisches Kultusministerium, Richtlinien S. 4 f.
116 Hessisches Kultusministerium, Richtlinien S. 13.
117 Schweitzer, Kinder S. 50–52.
118 Vgl. dazu unten, »Leben in Beziehung zu Gott« S. 106 ff.
119 Buber, Ich S. 79.
120 Von dieser Beziehung der Menschen zu Gott und ihrer unbedingten Gleichwertigkeit her lässt sich theologisch und bildungstheoretisch auch die Forderung nach Integration in Schule und Gesellschaft begründen und stellen, das habe ich an anderer Stelle nachgewiesen (Müller-Friese, Miteinander).

Lern-Behinderungen und die Suche nach einer Konzeption des Religionsunterrichts

121 Kielhorn im Jahr 1903 zitiert nach Ruddat, Religionsunterricht S. 75. Vgl. auch Böhme, Religionsunterricht.
122 Ruddat, Religionsunterricht S. 150.
123 Vgl. dazu Ruddat, Religionsunterricht S. 150 ff.
124 Kittel, Religionsunterricht. Vgl. zur Konzeption und ihrer Bewertung einen der zahlreichen Überblicke zur Geschichte des Religionsunterrichts, z. B. Lämmermann, Grundriß S. 133 ff.
125 Kittel, Religionsunterricht S. 9.
126 Schneider, Religionsunterricht S. 488.
127 Lange, Gedanken S. 4.
128 Schmidt, Position S. 321.

129 Schmidt, Position S. 324.
130 Klöpfer, Probleme.
131 Hindriksen, Konzeptionen. Neuere Untersuchungen sind mir nicht bekannt.
132 Szagun, Behinderung S. 100 und 102.
133 Vgl. dazu die Informationen in »Von Sachen und Subjekten« S. 126ff.
134 Er war Mitglied der von der EKD eingesetzten Kommission, die im Jahr 1973 den Entwurf für einen Lehrplan für den Evangelischen Religionsunterricht formuliert hat, Mitautor bei einem Unterrichtswerk für den Religionsunterricht bei Lernbehinderten (Unterwegs) und hat im Jahr 1983 an einem Fernstudienlehrgang für evangelische Religionslehrer an Sonderschulen mitgearbeitet.
135 Begemann, Religionsunterricht an Sonderschulen S. 13.
136 Vgl. Begemann, Religionsunterricht S. 102f.
137 Vgl. Otto, Religionspädagogik; Vierzig, Ideologiekritik und insgesamt Lämmermann, Grundriß S. 151ff.
138 Wilken, Religionsunterricht S. 568.
139 Wilken, Unterweisung S. 49.
140 Schneider, Perspektiven S. 702.
141 Pfeffer, Religionsunterricht an der Schule S. 224. Er stellt unter Berufung auf J.B. Metz den Religionsunterricht unter den Oberbegriff der Emanzipation.
142 Pfeffer, Religionsunterricht für Lernbehinderte S. 201.
143 Peine, Lernbehinderte S. 74.
144 Peine, Lernbehinderte S. 79.
145 Peine, Lernbehinderte S. 76.
146 Heumann, Was ist das Besondere S. 150.
147 Heumann, Was ist das Besondere S. 152. Schon im Jahr 1973 findet sich dieser umfassende Ansatz bei I. Hiller-Ketterer und A. Möckel, Sonderschulpädagogik.
148 Rogge, Religionsunterricht.
149 Rogge, Religion S. 422.
150 Rogge, Religion S. 422.
151 Gemeinsame Synode, Religionsunterricht. Vgl. zum Synodenbeschluss Grethlein, Religionspädagogik S. 175ff.
152 Baudler, Erziehung S. 93. Vgl. insgesamt Baudler, Korrelationsdidaktik.
153 Schilling, Religionsunterricht S. 83.
154 Schilling, Religionsunterricht S. 86.
155 Schilling, Religionsunterricht S. 26 und 31.
156 Er bezieht sich vor allem auf Kanter und Kobi; Begemanns Ansatz nimmt er am Rande zur Kenntnis.
157 Alle Zitate Schilling, Religionsunterricht S. 38.
158 Schilling, Religionsunterricht S. 27 (Hervorhebung von mir), hier auch die folgenden Zitate.
159 Schilling, Religionsunterricht S. 26.
160 Schilling, Probleme S. 373.
161 Vgl. Kollmann, Religionsunterricht S. 150.
162 Kollmann, Religionsunterricht S. 150.
163 Kollmann, Religionsunterricht S. 70, vgl. auch S. 105ff.
164 Kollmann, Religionsunterricht S. 77.
165 Kollmann, Religionsunterricht S. 86, vgl. auch S. 86ff.
166 Kollmann, Religionsunterricht S. 99.

167 Kollmann, Religionsunterricht S. 169f.
168 Kollmann, Religionsunterricht S. 155.
169 Kollmann, Religionsunterricht S. 173.
170 Kollmann, Religionsunterricht S. 175.
171 Kollmann, Religionsunterricht S. 202.
172 Vgl. Kollmann, Religionsunterricht S. 114f.
173 Fischer, Lebensgeschichte S. 51.
174 Fischer, Lebensgeschichte S. 56.
175 Fischer, Lebensgeschichte S. 59.
176 Fischer, Lebensgeschichte S. 53.
177 Fischer, Lebensgeschichte S. 64.
178 Fischer, Lebensgeschichte S. 82.
179 Fischer, Lebensgeschichte S. 79.
180 Hermann, Maul S. 149.
181 Hermann, Maul S. 113.
182 Hermann, Maul S. 113.
183 Hermann, Maul S. 42.
184 Hermann, Maul S. 18.
185 Klink, Geschichte S. 85. Vgl. auch Ruddat, Religionsunterricht.
186 Comenius-Institut, Beispielplan S. 8f.
187 Birkmann, Lernen.
188 Birkmann, Lernen S. 75.
189 Ministerium für Kultus und Sport Baden-Württemberg, Bildungsplan S. 5.
190 Deutsche Bischofskonferenz, Grundlagenplan.
191 Deutsche Bischofskonferenz, Grundlagenplan S. 7.
192 Deutsche Bischofskonferenz, Grundlagenplan S. 13.
193 Kollmann, Religionsunterricht S. 149.

Religionsunterricht – an Erfahrungen lernen

194 Sie wurde von Ingeborg Hiller-Ketterer und Andreas Möckel im Jahr 1973 erhoben (vgl. dies., Sonderschulpädagogik S. 260).
195 Klein, Schüler S. 8f.
196 Ruddat, Religionsunterricht S. 182. Er formuliert diesen Satz als Fazit seines historischen Rückblicks auf den Religionsunterricht an der Hilfsschule.
197 Vgl. Grimm und Grimm, Wörterbuch Sp. 788ff.
198 Bollnow, Erfahrungsbegriff S. 226.
199 Bollnow, Erfahrungsbegriff S. 235.
200 Schütz / Luckmann, Strukturen S. 28f.
201 Cillien, Emanzipation S. 131.
202 »Der tiefste Defekt, mit dem man es heute zu tun hat, ist der, dass die Menschen eigentlich gar nicht mehr zur Erfahrung fähig sind« (Adorno, Erziehung S. 113).
203 Laing, Phänomenologie S. 22. Vgl. dazu ausführlich und eindrücklich auch Postman, Technopol.
204 Schillebeeckx, Erfahrung S. 80.
205 Schillebeeckx, Erfahrung S. 90.
206 Adorno, Erziehung S. 116.
207 Ich beziehe mich im Folgenden besonders auf Biehl, Erfahrung und Ritter, Glaube.

208 Biehl, Erfahrung S. 25.

209 Vgl. dazu die aufschlussreichen Überlegungen Henning Luthers (Religion, besonders S. 184ff).

210 Biehl, Erfahrung S. 27.

211 Vgl. dazu auch unten S. 152ff.

212 Schillebeeckx, Erfahrung S. 81.

213 Ellermeier, Bestimmung S. 259.

214 Auf die wachsende Bedeutung anderer Religionen ist in diesem Zusammenhang hinzuweisen, vgl. auch die Überlegungen im Kapitel »Erfahrungsorientierte Didaktik«, bes. S. 180ff.

215 Biehl, Erfahrung S. 30.

216 Es gibt bislang nur wenig konkrete Befragungen von Schüler/innen der Schule für Lernbehinderte zu religiösen Themen. Das ist ein Manko, mit dem gerechnet werden muss und ein weiterer Hinweis auf die Randstellung der Schule und der in dieser Schule lebenden und arbeitenden Menschen. Ich beziehe mich dabei auf die wenigen Veröffentlichungen, die tatsächlich den Schüler/innen selbst das Wort lassen und sie so in die Mitte stellen, vgl. vor allem Hermann, Maul.

217 Hermann, Maul S. 93.

218 Eberwein, Konsequenzen S. 63.

219 Hermann, Maul S. 83f.

220 Ehrenfeuchter, Sonderschülerinnen S. 321. Die Aussagen wurden im Rahmen einer Befragung gemacht.

221 Hermann, Maul S. 37.

222 Rockemer, Sonderschule S. 37.

223 Vgl. dazu die Ergebnisse der 13. Shell-Jugendstudie, Deutsche Shell, Jugend 2000.

224 Dies ist eine Aufgabe, die nicht von einem einzelnen Religionslehrer allein wahrgenommen werden kann. Vielmehr sind die Kirchengemeinden gefordert, Kooperationen anzubieten, gemeinsame Projekte zu fördern und zu begleiten. Die Glaubwürdigkeit dessen, was Religionsunterricht vermitteln will, hängt auch von den alltäglichen Erfahrungen ab, die man miteinander macht.

225 Vgl. H. Luther, Kirche.

226 Vgl. dazu ausführlich Berg, Grundriß S. 57–66.

227 Berg, Grundriß S. 69.

228 Berg, Grundriß S. 69.

229 Diese Texte sind nicht die ältesten Texte der Bibel, bei der Zusammenstellung wurden sie aber gleichsam als Überschrift zum Folgenden an den Anfang gestellt. Vgl. dazu Westermann, Genesis.

230 Das Tor war im alten Israel die Stätte der Rechtssprechung. Vgl. zum Propheten Amos insgesamt Kopp, Israels Propheten.

231 Die Erinnerung an das befreiende Handeln nimmt die Exodus-Tradition auf, den Bericht von der Befreiung aus der Knechtschaft in Ägypten. Diese Tradition ist ein Grunddatum des alttestamentlichen Glaubens.

232 Wolff, Dodekapropheton S. 105.

233 Vgl. Prien, Lateinamerika und unten Exkurs Sprache S. 151.

234 Vgl. Schweizer, Jesus und Theißen / Merz, Jesus.

235 Vgl. zum folgenden Müller, Mitte S. 221ff. Zum Davidssohntitel vgl. Hahn, Hoheitstitel S. 472ff.

236 Bereits der Prophet Jesaja (35,5f) erwartete eine Zeit, in der Gott Krankheit und Behinderung aufheben wird. Die Evangelien des Neuen Testaments knüpfen an diese Erwartungen an und beziehen sie auf Jesus. Das zeigt an dieser Stelle die Verwendung des Davidssohntitels (vgl. Müller, Mitte S. 233).

237 Er tut dies in der Auseinandersetzung mit anderen Meinungen, die in den vorausgehenden Versen zum Ausdruck kommen.

238 Hinter diesem Bild steht die Taufpraxis des Untertauchens, nach dem Bad erhielten die Getauften ein neues Gewand zum Zeichen, dass sie ein neuer Mensch geworden sind (vgl. Becker, Paulus S. 110ff).

239 Moltmann, Diakonie S. 21. Vgl. auch Müller-Friese, Miteinander S. 200ff.

240 Theißen, Bibel S. 10ff

241 Eine gute Übersicht über solche Grundmotive gibt Berg, Grundriß S. 70ff; er nennt sie »heilsgeschichtliche Abbreviaturen«.

242 Berg, Grundriß S. 77.

243 Berg, Grundriß S. 94.

244 Zilleßen, Religionsunterricht S. 489.

245 Ich beziehe mich im Folgenden auf die ausgezeichnete Darstellung bei Bendit/Heimbucher, Paolo Freire, vor allem S. 41ff.

246 Freire, Pädagogik S. 16f. Im Text setze ich grundlegende Begriffe Freires in ›einfache‹ Anführungszeichen, ohne sie jeweils im einzelnen quellenmäßig nachzuweisen.

247 Vgl. dazu die Beobachtung von Christel Manske: »›Weil wir alle ein Dreck sind in denen Bücher‹ war Rosas Kommentar, als sie die Lesefibel beiseite schob« (Lernbehinderung S. 159).

248 In der Zeit der Diskussion um die Bildungsreform in Deutschland Anfang der 70er Jahre hat sich die Aktualität des Ansatzes Freires auch für die sogenannte ›Erste Welt‹ herausgestellt. Bendit/Heimbucher haben die Übertragbarkeit überzeugend nachgewiesen. Zwar darf es nicht um eine einfache Gleichsetzung gehen, aber der Blick aus einer anderen entfernten Position kann zur Klärung der eigenen Situation helfen. Dass Bildung immer personorientiert ist und ihre Wirkung von gesellschaftlichen Rahmenbedingungen abhängt, lässt Freire bis heute eindrücklich erkennen.

249 Manske, Lernbehinderung S. 161.

250 Vgl. dazu u.a. die Hinweise bei Speck, Erfordernisse S. 421; Hiller-Ketterer/Möckel, Sonderschulpädagogik S. 259 oder Heimbrock, Behinderte S. 147. Auch in den oben beschriebenen Entwürfen und Konzepten zum Religionsunterricht an der Schule für Lernbehinderte zeigen sich z.T. solch stabilisierende Ansätze.

251 Ernst Lange im Vorwort von Freire, Pädagogik S. 23.

252 Nipkow, Lebensgeschichte S. 8.

253 Hermann, Maul S. 150.

Erfahrungsorientierte Didaktik

254 Zum Curriculum vgl. Peterßen, Didaktik.

255 Robinsohn, Bildungsreform.

256 Klafki, Grundzüge S. 56.

257 Vgl. dazu Grethlein, Religionspädagogik S. 448ff.

258 Kaufmann, Bibel.

259 Kaufmann, Bibel S. 23.
260 Heinemann, Bild S. 84; ähnlich Pfeffer / Rogge, Artikel ›Religion‹ S. 437.
261 Ehrenfeuchter, Sonderschülerinnen S. 315.
262 Ehrenfeuchter, Sonderschülerinnen S. 316. Die vorher aufgeführten Themen sind Zitate aus diesem Artikel.
263 Ehrenfeuchter, Sonderschülerinnen S. 316.
264 Szagun, Behinderung S. 124.
265 Vgl. dazu Veit, Stumme.
266 Ruddat, Religionsunterricht S. 182.
267 Ritter, Glaube S. 319.
268 Grethlein, Religionspädagogik S. 435.
269 Vgl. dazu Adam, Religionslehrer; dort weitere Literatur. In der Befragung von Feige / Nipkow, Religionslehrer kommen Sonderschullehrer leider nicht vor!
270 Vgl. etwa Nipkow, Erwachsenwerden S. 24.
271 Der Austausch und die Reflexion der eigenen Arbeit können z. B. in Supervisionsgruppen stattfinden. Solche Angebote sind eine wichtige Aufgabe kirchlicher Fortbildung.
272 Ergebnisse aus einer eigenen Befragung der Autorin bei Unterrichtenden in Hessen.
273 Zitate aus einer eigenen Befragung bei Unterrichtenden in Hessen.
274 Dohmen-Funke, Korrelation S. 167.
275 Mette, Religionspädagogik S. 15.
276 Vgl. dazu Berger, Zwang.
277 Vgl. dazu Engelhardt u. a., Heimat. Diese Studie erforscht und dokumentiert die Auswirkungen der gesellschaftlichen Veränderungen in Ost- und Westdeutschland auf die Mitglieder der Evangelischen Kirche in Deutschland.
278 Hermann, Maul S. 14.
279 Zitate aus der oben (Anm. 272) genannten Umfrage, vgl. auch S. 55 ff.
280 Unveröffentlicht; herzlichen Dank an Beate Bastian!
281 Erikson, Identität und Ders.: Ontogenese. Weitere Literatur bei Schweitzer, Lebensgeschichte.
282 Vgl. die übersichtliche Darstellung bei Schweitzer, Lebensgeschichte S. 71 ff, auch Fraas, Glaube S. 105 ff.
283 Zu dieser Frage gibt es gute Übersichtsliteratur, vgl. Schweitzer, Lebensgeschichte und Grethlein, Religionspädagogik S. 215 ff. Wer die Texte direkt nachlesen will, kann dies leicht mit der Sammlung bei Büttner / Dieterich, Entwicklung tun.
284 Schweitzer, Lebensgeschichte S. 260.
285 Schweitzer, Lebensgeschichte S. 260.
286 Schweitzer, Lebensgeschichte S. 253.
287 Esser, Gott S. 80 f.
288 Hermann, Maul S. 17.
289 Schottroff / Stegemann, Gott und Bail, Gott. Zur Methode der sozialgeschichtlichen Bibelauslegung insgesamt vgl. Berg, Wort S. 227 ff.
290 Hermann, Maul S. 41 f.
291 Rogers, Gesprächspsychotherapie S. 338.
292 Die hier angesprochene »Sachorientierung« widerspricht im Übrigen nicht dem dargelegten subjektorientierten Ansatz des Unterrichts.

293 Vgl. zum Folgenden Schröer, Artikel Erzählung, dort weitere Literatur.

294 Mann, Lernen S. 13.

295 Vgl. zum Folgenden Schröer, Art. Erzählung und Adam/Lachmann, Methodisches Kompendium S. 137 ff.

296 Als Beispiel sei das Schulbuch »Laßt die Kindlein zu mir kommen« von Alfred Brenne für die Evangelische Unterweisung in der Grundschule genannt, das noch 1967 in zweiter Auflage erschien.

297 Vgl. dazu oben S. 62 ff und in diesem Kapitel die Hintergrundinformation auf Seite 126. Zur Fragestellung allgemein Lämmermann, Religionspädagogik S. 125 ff.

298 Vgl. Steinwede, Neues Vorlesebuch 1 + 2. Die beiden Bände »Kurze Geschichten 1 und 2 (Hrsg. von Rolf Krenzer u. a.) enthalten nach Angaben der Herausgeber viele Geschichten, die in der unterrichtlichen Arbeit mit Sonderschülern entstanden. Hinweise auf biblische Bezugsstellen sollen die Verbindung aufzeigen.

299 Steinwede, Erzählen S. 53.

300 Steinwede, Erzählen S. 52.

301 Neidhart / Eggenberger, Erzählbuch S. 31.

302 Gut zusammengefasst und übersichtlich dargestellt bei Adam / Lachmann, Methodisches Kompendium S. 147 ff. Vgl. auch die gut lesbare, praxisorientierte Einführung bei Tschirch, Geschichten.

303 Als Erzählhilfe stehen dem Unterrichtenden zahlreiche Kinderbibeln zur Verfügung. Nicht alle entsprechen allerdings den Intentionen des Textes und/oder der Situation der Schüler/innen. Eine kritische Analyse der wichtigsten Kinderbibeln und eine gute Orientierungshilfe für die eigene Auswahl bietet Tschirch, Bibel. Immer noch empfehlenswert ist die elementarisierte Nacherzählung biblischer Geschichten in der 8teiligen »Elementarbibel« von Anneliese Pokrandt.

304 Oberthür/Mayer, Psalmwort-Kartei. Oberthür entwickelt mit diesem Material den Ansatz von Baldermann, Weinen weiter.

305 Oberthür/Mayer, Psalmwort-Kartei S. 8.

306 Vgl. dazu auch die Ausführungen oben S. 117 f.

307 Berg/Weber, Menschen und Berg/Weber, Benjamin.

308 Wie klassenübergreifende Kooperation möglich ist zeigt der Praxisbericht von Günther Heinz, Fest.

309 Vgl. dazu Adam/Lachmann, Methodisches Kompendium.

310 Es ist entnommen aus: Hessisches Kultusministerium, Rahmenplan Grundschule S. 38.

311 Kübler/Bödingmeier, Spuren.

312 Rendle u. a., Methoden.

313 Mann, Lernen S. 14.

314 Pfeffer / Rogge, Artikel ›Religion‹ S. 441.

315 Begemann, Religionsunterricht in der Schule für Lernbehinderte S. 143; dort sehr eindrückliche Beispiele.

316 Begemann, Religionsunterricht in der Schule für Lernbehinderte S. 143.

317 Speck, Erfordernisse S. 429 f.

318 Pfeffer / Rogge, Artikel ›Religion‹ S. 442.

319 Hermann, Maul S. 15. Das ganze Buch Hermanns gibt einen authentischen Einblick in diese ihre These. Man vergleiche dazu auch den eindrucksvollen

Essay »Über die Ignoranz« von Hans Magnus Enzensberger. Er vergleicht darin u. a. die Sprachkompetenz der arbeitslosen Friseuse mit der des Gelehrten Philipp Melanchthon und macht die These plausibel, »daß Zizis Lexikon mindestens so umfangreich ist wie das eines Gelehrten aus dem Humanismus« (Mittelmaß S. 16) und betont: »An ihr liegt es nicht, daß sie ihr Augenmerk eher auf den Mieterschutz richten muß als auf den vollkommenen Ablaß aller zeitlichen und ewigen Sündenstrafen« (Enzensberger, Mittelmaß S. 21).

320 Hiller, Handeln S. 49.

321 Hiller, Handeln S. 51. Vgl. auch Wind, Bibel. Die Bibel erzählt die Geschichte der kleinen Leute und »die Geschichte ihres Gottes, der als Beistand der Armen, Befreier der Unterdrückten und Garant einer gerechten Welt erlebt wurde« (S. 98).

322 Linke, Religionsunterricht S. 48.

323 Cardenal, Evangelium S. 192. Damit wird nicht für einen Verzicht auf exegetische Methoden und Zugangsweisen plädiert, die der Unterrichtende bei der Arbeit an und mit biblischen Texten anzuwenden hat. Sie dienen ja gerade dazu, den historischen, politischen und sozialen Kontext der Texte herauszufinden und seine Beziehungen zu heutigen Situationen zu erkennen. In Bezug auf die Adressaten darf aber nicht vergessen werden, dass die Bibel Jesu Reden und Handeln gegenüber einfachen Leuten überliefert.

324 Halbfas, Auge S. 121.

325 Vgl. dazu Baudler, Korrelationsdidaktik S. 32ff.

326 Ich orientiere mich im Folgenden überwiegend an der Übersicht bei Biehl, Symbole I S. 46–49 (dort auch die angegebenen Zitate).

327 Tillich, Symbol S. 197f.

328 Tillich, Symbol S. 207f.

329 Tillich, Symbol S. 209.

330 Ricœur, Interpretation S. 19.

331 Ricœur, Interpretation S. 31.

332 Ricœur, Interpretation S. 51, nach eigenen Angaben nimmt er damit ein Wort Kants aus dessen Kritik der Urteilskraft auf. Diese Formulierung ihrerseits ist die Grundlage für Biehls Hinweis: »Symbole geben zu lernen«, mit diesem Satz überschreibt er seine beiden symboldidaktischen Bücher.

333 Ricœur, Interpretation S. 536f.

334 Auch Baudler ist zu nennen, der versucht, Symboldidaktik als Korrelationsdidaktik zu beschreiben. Vgl. Baudler, Korrelationsdidaktik.

335 Halbfas, Auge S. 128–130; hier auch die folgenden Zitate. Halbfas bezieht sich hauptsächlich auf den Unterricht in der Grundschule.

336 Biehl, Symbole I S. 176–185; hier auch die folgenden Zitate. Seine Konzeption richtet sich vor allem an Schüler/innen der Sekundarstufe 1.

337 In seinem neuesten Buch, Festsymbole schreibt Biehl diesen Ansatz fort und setzt sich intensiv mit der Konzeption der Symboldidaktik auseinander.

338 Hegeler, Symbole S. 11. Das Buch führt aber über seine Ausgangsfrage nicht wirklich hinaus, es ist weder ein eigener Ansatz zu erkennen noch – wie angekündigt – eine Beziehung der Symboldidaktik auf die spezifische Situation der Schüler/innen oder der Schule für Lernbehinderte.

339 Holzwarth, Ansätze S. 282.

340 Halbfas, Lehrerhandbuch 2 S. 445.

341 Vgl. dazu Schilling, Symbolorientierung S. 307.
342 Schilling, Symbole.
343 Bihler, Symbole Band I bis III. In den beiden Ergänzungsbänden zum Thema »Menschen« und »Tiere – Blumen« scheint mir das Verständnis von Symbol allerdings etwas zu weit gefasst.
344 Biehl, Symbole II S. 25. Vgl. auch Jetter, Symbol.
345 Vgl. dazu Colpe, Artikel Ritus.
346 Erikson, Ontogenese S. 482.
347 Goffman, Interaktionsrituale.
348 Autschbach, Rituale; der folgende Texte teilweise als Zitat von S. 10.
349 Halbfas, Lehrerhandbuch 3 S. 348.
350 Steffensky, Feier S. 78f.
351 Verdeckt »die Genugtuung darüber, einen bestimmten Ritus vollzogen zu haben, ... die Suche nach dem, worum es eigentlich ging, treten Ritualismus und Formalismus ... an die Stelle der Religion« (Exeler, Fehlformen S. 136).
352 Heimbrock, Ritual.
353 Halbfas, Lehrerhandbuch 3 S. 350.
354 Biehl, Symbole II S. 298.
355 Alle Religionen halten für die Gestaltung der grundlegenden Lebensübergänge wie Geburt, Erwachsenwerden, die Gründung einer Familie und das Sterben besondere Rituale bereit, die A. v. Gennep als rîtes de passage (Übergangsriten) bezeichnet hat.
356 Vgl. dazu H. Luther, Religion S. 218ff.
357 Autschbach, Rituale S. 13.
358 Hermann, Maul S. 15, vgl. als Beispiele auch S. 25. Eine gute Anleitung zu meditativen Tänzen bei Hirsch, Kommt.
359 Neuere Materialien zum Kirchenjahr im Religionsunterricht sind z. B. Kuhl, Kinder. Zum Weihnachts- und Osterfestkreis sowie zur Trinitatiszeit werden Ideen zur Gestaltung des Klassenraums, Aktionen, Stilleübungen, Lieder, Tänze und Bilderbücher vorgestellt. Als passendes Freiarbeitsmaterial kann Schneider / Kuhl, Kirchenjahr hinzugezogen werden.
360 Klein, Leben S. 14.
361 Wer sich genauer informieren will, sei auf einen kleinen Aufsatz verwiesen, der die Vielfalt übersichtlich präsentiert und erläutert: Dick, Freie Arbeit. Ausführlicher tut dies Lehmann, Freiarbeit.
362 Vgl. Schonig, Reformpädagogik.
363 Menke, Freiarbeit S. 16. Sie gibt eine gute Übersicht über die Ansätze, auf die ich mich im folgenden beziehe. Bei ihr finden sich auch Hinweise auf Grundlagenliteratur.
364 Diese Voraussetzungen sind vielfältig beschrieben, vgl. z. B. Faust-Siehl u. a., Zukunft und Struck, Schule.
365 Vgl. Müller-Friese, Verschiedenheit.
366 Zur Freiarbeit an der Schule für Lernbehinderte vgl. Reiß / Eberle, Unterricht. Leider fehlt in diesem Sammelband der Religionsunterricht. Umgekehrt gibt es in Bezug auf den Religionsunterricht in der Schule für Lernbehinderte meines Wissens noch keine Veröffentlichung, in der die konzeptionelle Diskussion aufgenommen ist. Die auf S. 14ff beschriebene Sprachlosigkeit wird hier eindrücklich bestätigt.
367 Halbfas, Lehrerhandbuch 3 S. 34ff.

368 Halbfas, Lehrerhandbuch 3 S. 38. Im gleichen Jahr legt H. G. Heimbrock (Freinet-Pädagogik) unter Bezug auf Freinet erste Überlegungen zur Bedeutung selbständigen Lernens im Religionsunterricht vor.
369 Fischer, Kinder S. 67.
370 So der Titel ihres Buches; Menke, Freiarbeit.
371 Menke, Freiarbeit S. 26f.
372 Menke, Freiarbeit S. 73; zum Synodenbeschluss vgl. oben S. 70.
373 Vgl. dazu Menke, Freiarbeit S. 94ff.
374 Berg, Montessori und Berg, Freiarbeit.
375 Berg, Freiarbeit S. 55.
376 Vgl. Berg, Freiarbeit S. 55–58.
377 Berg, Freiarbeit S. 59.
378 Berg, Freiarbeit S. 59f.
379 Berg, Freiarbeit S. 64.
380 Berg, Freiarbeit S. 63. In der Folgezeit legt Berg verschiedene Materialien zur Freiarbeit vor, die seinen Ansatz illustrieren. Im Laufe der Zeit ist an diesen Materialien auch die Fortschreibung des Ansatzes von einer stark kognitiven Ausrichtung zu einer mehr symboldidaktischen Dimension zu erkennen. (Vgl. Berg, Menschen mit dem neuesten Werk Berg / Weber, Symbole).
381 Lehmann, Freiarbeit. Berg, Freiarbeit hat sie aber noch nicht berücksichtigt.
382 Lehmann, Freiarbeit S. 21.
383 Lehmann, Freiarbeit S. 177.
384 Lehmann, Freiarbeit S. 280. Eine weitergehende Darstellung und Auseinandersetzung mit ihrer grundlegenden Arbeit kann im Rahmen dieser Überlegungen leider nicht erfolgen.
385 Jeub, Montessori S. 15.
386 Vgl. dazu die ausgezeichneten Fragen bei Lehmann, Freiarbeit S. 210ff.
387 Vgl. dazu oben S. 66f.
388 Zur konkreten Gestaltung freier Arbeit vgl. die Hinweise bei Berg, Freiarbeit S. 82ff und Menke, Freiarbeit S. 83ff.
389 Vgl. auch den ermutigenden Praxisbericht über die Einführung freien Arbeitens im Religionsunterricht der Schule für Lernbehinderte von Heinz, Religion.
390 In: (In) Freiheit lernen. Schönberger Sonderheft 18. Dort auch eine Literaturübersicht über vorhandene Materialien. Das Heft ist zu beziehen im RPZ Schönberg, Im Brühl 30, 61476 Kronberg.
391 Bayer, Sara.
392 Bornhäuser, Baum.
393 Angaben nach der schon häufiger zitierten eigenen Umfrage.
394 »Die einzelne Schule legt die besonderen Ziele und Schwerpunkte ihrer Arbeit in einem Schulprogramm fest« (Hessisches Schulgesetz § 3 Absatz 5).
395 Fischer, Religion S. 3.
396 Entnommen aus Fischer, Religion S. 4.
397 Die Geschichte des Projektgedankens in der Pädagogik und eine religionspädagogische Begründung sind überzeugend dargelegt bei Groß, Projekt-Didaktik. Die Beziehung zwischen Projektmethode und Freiarbeit wird erläutert bei Bastian, Freie Arbeit. Ein interessanter praktischer Versuch, an der Schule für Lernbehinderte projektorientiert zu arbeiten ist dokumentiert in »Wir können's ja doch!« (Jarkowski, Wir).

398 Vgl. dazu die Ausführungen von F. Schweitzer in: Evang. Schulwerk, Beiträge 1 S. 100ff.
399 Evang. Schulwerk, Beiträge.
400 Zu projektorientiertem Religionsunterricht allgemein vgl. Groß, Religionsunterricht und Groß, Projekt-Didaktik.
401 Dohmen-Funke, Religionsunterricht an Sonderschulen S. 253.
402 Kollmann, Religionsunterricht S. 117.
403 Vgl. dazu und zur Begründung schulischen Religionsunterrichts überhaupt: Adam / Lachmann, Religionspädagogisches Kompendium S. 66ff.
404 Rat der EKD, Stellungnahme S. 124.
405 Kirchenamt, Identität S. 54.
406 Kirchenamt, Identität S. 70.
407 Die EKD-Denkschrift empfiehlt: »Um der Rechtsklarheit willen bedarf es ... zwischen den Kirchen untereinander und zwischen den Kirchen und dem Staat zu vereinbarender Regelungen, die notwendige Spielräume freigeben« (Identität S. 71).
408 Kaspar, Ausgrenzung S. 99. Vor der Konsequenz aus dieser Forderung scheut Kaspar leider zurück.
409 Ob das in den »Regelschulen« noch sehr viel anders ist, mag mit Grund bezweifelt werden. Regionale Unterschiede sollen dabei nicht geleugnet werden.
410 Kirchenamt, Identität S. 55.
411 Doedens, Modell S. 37. Zur Frage insgesamt sind bei Goßmann, Begegnungen interessante Aufsätze und Beiträge gesammelt.
412 Doedens, Modell S. 42.
413 Sieg, Hochseetauglich S. 13.
414 Sieg, Hochseetauglich S. 13; vgl. auch Doedens, Modell.
415 Interessante Ansätze zu interreligiösen Schulfeiern sind gesammelt bei Kuhn, Gott. Vgl. auch den Bericht über christlich-muslimische Schulfeiern von Kluge, Christen.

Einladung zum Gespräch

416 Deppe-Wolfinger, Behindert S. 39.
417 Klein, Schüler S. 9.
418 Hiller, Ausbruch S. 19.
419 Begemann, Begriff S. 273f.

Literatur

Adam, Gottfried: Der Religionslehrer. Beruf und Person. Aus: Adam, Gottfried; Lachmann, Rainer (Hrsg.): Religionspädagogisches Kompendium. Ein Leitfaden für Lehramtsstudenten. Göttingen 1993 (4). S. 96–121.

Adam, Gottfried; Lachmann, Rainer (Hrsg.): Methodisches Kompendium für den Religionsunterricht. Göttingen 1993.

Adam, Gottfried; Lachmann, Rainer (Hrsg.): Religionspädagogisches Kompendium. Ein Leitfaden für Lehramtsstudenten. Göttingen 1993 (4).

Adorno, Theodor W.: Erziehung zur Mündigkeit. Vorträge und Gespräche mit Hellmut Becker 1959–1969. Frankfurt am Main 1970.

Altstaedt, Ingeborg: Lernbehinderte. Kritische Entwicklungsgeschichte eines Notstandes. Reinbek bei Hamburg 1977.

Artikel Erfahrung. Aus: Grimm, Jacob und Grimm, Wilhelm (Hrsg.): Deutsches Wörterbuch. Dritter Band. Leipzig 1862. Spalte 788–794.

Autschbach, Martin: Rituale in der Lebenswelt von BS-Schülerinnen und -Schülern. In: BRU, Jg. 1996, H. 24, S. 6–13.

Bail, Ulrike; Jost, Renate (Hrsg.): Gott an den Rändern. Sozialgeschichtliche Perspektiven auf die Bibel. Gütersloh 1996.

Baldermann, Ingo: Wer hört mein Weinen? Kinder entdecken sich selbst in den Psalmen. Neukirchen-Vluyn 1993 (4). (= Wege des Lernens; Bd. 4)

Basedow, K.: Bedeutung und Entwicklung des deutschen Hilfsschulwesens und des Verbandes der Hilfsschulen Deutschlands. Aus: Wehrhahn, K. (Hrsg.): Deutsche Hilfsschulen in Wort und Bild. Halle / Saale 1913. S. 9–21.

Bastian, Johannes; Gudjons, Herbert: Freie Arbeit und Projektunterricht. Themenheft. In: Zeitschrift für Pädagogik, Jg. 1993, H. 3, S. 6–45.

Bastian, Johannes; Gudjons, Herbert: Streit um den Projektbegriff. Themenheft In: Zeitschrift für Pädagogik, Jg. 1993, H. 7–8, S. 58–73.

Baudisch, Winfried u. a.: Hilfsschulpädagogik. Berlin 1987.

Baudler, Georg: Religiöse Erziehung heute. Grundelemente einer Didaktik religiösen Lernens in der weltanschaulich pluralen Gesellschaft. Paderborn u. a. 1979. (S. UTB 898)

Baudler, Georg: Korrelationsdidaktik: Leben durch Glauben erschließen. Theorie und Praxis der Korrelation von Glaubensüberlieferung und Lebenserfahrung auf der Grundlage von Symbolen und Sakramenten. Paderborn u. a. 1984.

Baumann, Ulrike: Kirche, Gesellschaft und eigene Stimme. Ein Beitrag zur Religionspädagogik des Jugendalters. Weinheim 1999. (S. Forum zur Pädagogik und Didaktik der Religion; Bd. 17)

Bayer, Sylvia; Ehrenfeuchter, Gerlinde; Rinklin, Jutta: Sara und Abraham gehen ihren Weg im Vertrauen auf Gott. Angebote für einen offenen Unterricht im Fach Religion. Materialien für Freiarbeit und gebundenen Unterricht: Förderschule Unterstufe, Grundschule, Schule für Geistigbehinderte. Stuttgart 2000.

Becker, Jürgen: Paulus. Der Apostel der Völker. Tübingen 1989.

Begemann, Ernst: Zum Begriff und Phänomen Lernen. Vom Lehren zum Selbstlernen. Aus: Eberwein, Hans (Hrsg.): Handbuch Lernen und Lern-Behinderungen.

Aneignungsprobleme, Neues Verständnis von Lernen, Integrationspädagogische Ansätze. Weinheim und Basel 1996. S. 259–278.
Begemann, Ernst: ›Behinderte‹ im Schulsystem. Veranstaltung der Landeszentrale für Politische Bildung. In: Sonderpädagogik in Rheinland-Pfalz, 20. Jg. (1990), S. 21–35.
Begemann, Ernst: Innere Differenzierung in der Schule für Lernbehinderte als individuelles und gemeinsames Lernen. Bericht über einen Schulversuch, Teil I–III. Mainz 1983–1988.
Begemann, Ernst: Die Erziehung der sozio-kulturell benachteiligten Schüler. Zur erziehungswissenschaftlichen Grundlegung der »Hilfsschulpädagogik«. Hannover, Berlin, Darmstadt u. a. 1970.
Begemann, Ernst: Religionsunterricht in der Schule für Lernbehinderte. Aus: Deutsches Institut für Fernstudien an der Universität Tübingen (Hrsg.): Fernstudium für evangelische Religionslehrer an Sonderschulen. Studieneinheit 2: Religionsunterricht an Sonderschulen Teileinheiten 0–2. Tübingen 1983. S. 71–199.
Begemann, Ernst: Religionsunterricht an Sonderschulen. In: Entwurf, Jg. 1975, S. 13–17.
Bendit, René; Heimbucher, Achim: Von Paulo Freire lernen. Ein neuer Ansatz für Pädagogik und Sozialarbeit. Weinheim, München 1985 (3).
Berg, Horst Klaus: Ein Wort wie Feuer. Wege lebendiger Bibelauslegung. München, Stuttgart 1991. (S. Handbuch des Biblischen Unterrichts: Band 1)
Berg, Horst Klaus: Freiarbeit im Religionsunterricht. Konzepte, Modelle, Praxis. Stuttgart, München 1997.
Berg, Horst Klaus: Grundriß der Bibeldidaktik. Konzepte, Modelle, Methoden. München, Stuttgart 1993. (S. Handbuch des Biblischen Unterrichts: Band 2)
Berg, Horst Klaus: Montessori für Religionspädagogen. Glauben erfahren mit Hand, Kopf und Herz. Stuttgart 1994.
Berg, Horst Klaus; Weber, Ulrike: Benjamin und Julius. Geschichten einer Freundschaft zur Zeit Jesu. Stuttgart ^{4}2001.
Berg, Horst Klaus; Weber, Ulrike: So lebten die Menschen zur Zeit Jesu. Stuttgart, München 1996. (S. Freiarbeit Religion. Materialien für Schule und Gemeinde.)
Berg, Horst Klaus; Weber, Ulrike: Symbole erleben – Symbole verstehen. Stuttgart, München 2000. (S. Freiarbeit Religion. Materialien für Schule und Gemeinde.)
Berger, Peter L.: Der Zwang zur Häresie. Religion in der pluralistischen Gesellschaft. Freiburg, Basel, Wien 1992. (S. Herder Spektrum Bd. 4098)
Berner, Hanspeter: Behindertenpädagogik und Faschismus – Aspekte der Fachgeschichte und der Verbandsgeschichte (VdHD, NSLB; VDH; VDS). In: Behindertenpädagogik, 23 + 24. Jg. (1984 + 1985), S. 306–332 + 2–37.
Beschel, Erich: Artikel: Geschichte Aus: Bach, Heinz u. a. (Hrsg.): Handbuch der Sonderpädagogik. Band 4 Pädagogik der Lernbehinderten. Berlin 1977. S. 113–150.
Biehl, Peter: Erfahrung, Glaube und Bildung. Studien zu einer erfahrungsbezogenen Religionspädagogik. Gütersloh 1991.
Biehl, Peter: Festsymbole. Zum Beispiel: Ostern. Kreative Wahrnehmung als Ort der Symboldidaktik. Neukirchen-Vluyn 1999.
Biehl, Peter: Symbole geben zu lernen. Einführung in die Symboldidaktik anhand der Symbole Hand, Haus und Weg. Neukirchen-Vluyn 1991 (2). (S. Wege des Lernen. 6)

Biehl, Peter: Symbole geben zu lernen II. Zum Beispiel: Brot, Wasser und Kreuz. Beiträge zur Symbol- und Sakramentendidaktik. Neukirchen-Vluyn 1993. (S. Wege des Lernens. 9)

Bihler, Elsbeth: Symbol »Mensch«. Sinne, Fähigkeiten, Berufe. Werkbuch für Religionsunterricht und Katechese. Limburg 1996.

Bihler, Elsbeth: Symbole des Lebens – Symbole des Glaubens. Werkbuch für Religionsunterricht und Katechese. Band 1. Limburg 1992.

Bihler, Elsbeth: Symbole des Lebens – Symbole des Glaubens. Werkbuch für Religionsunterricht und Katechese. Band 2. Limburg 1994.

Bihler, Elsbeth: Symbole des Lebens – Symbole des Glaubens. Werkbuch für Religionsunterricht und Katechese. Band 3. Limburg 1999.

Bihler, Elsbeth: Symbole des Lebens und des Glaubens. Tiere – Blumen. Werkbuch für Religionsunterricht und Katechese. Limburg 1997.

Birkmann, Günter: Ökumenisches Lernen als soziales Lernen. Aus: Comenius-Institut (Hrsg.): Ökumenisches Lernen im Religionsunterricht. Münster 1987. S. 72–79.

Deutsche Bischofskonferenz, Zentralstelle Bildung (Hrsg.): Grundlagenplan für den katholischen Religionsunterricht an Schulen für Lernbehinderte / Förderschulen. München 1991.

Böhme, Ulrich: Evangelischer Religionsunterricht in Hilfsschulen und Anstalten des 19. und beginnenden 20. Jahrhunderts im nördlichen Deutschland. Frankfurt am Main, Bern, New York u. a. 1990.

Bollnow, Otto Friedrich: Der Erfahrungsbegriff in der Pädagogik. In: Zeitschrift für Pädagogik, 14. Jg. (1968), S. 221–252.

Bornhäuser, Doris; Ehrenfeuchter, Gerlinde; Ganzhorn, Gisela: Der Baum. Angebote für einen offenen Unterricht im Fach Religion. Materialien für Freiarbeit und gebundenen Unterricht: Förderschule Oberstufe, Hauptschule, Realschule, Gymnasium Unterstufe. Stuttgart 2000.

Brenne, Alfred: Laßt die Kindlein zu mir kommen. Ein Arbeitsbuch für die evangelische Unterweisung in den vier Schuljahren der Grundschule. Frankfurt am Main, Berlin, Bonn u. a. 1967 (2).

Bröse, Bodo: Die DDR – ein deutsches Land ohne den Verband Deutscher Sonderschulen. Aus: Möckel, Andreas (Hrsg.): Erfolg – Niedergang – Neuanfang. 100 Jahre Verband Deutscher Sonderschulen – Fachverband für Behindertenpädagogik. München, Basel 1998. S. 208–219.

Buber, Martin: Ich und Du. In: Ders: Werke. Erster Band. Schriften zur Philosophie. München, Heidelberg 1962.

Buber, Martin: Reden über die Erziehung. In: Ders. Werke. Erster Band. Schriften zur Philosophie München, Heidelberg 1962.

Büttner, Gerhard; Dieterich, Veit-Jakobus (Hrsg.): Die religiöse Entwicklung des Menschen. Ein Grundkurs. Stuttgart 2000.

Cardenal, Ernesto: Das Evangelium der Bauern von Solentiname. Gespräche über das Leben Jesu in Lateinamerika. Band 1. Wuppertal 1976.

Cillien, Ursula: Emanzipation oder Mündigkeit. Zu einem Grundproblem gegenwärtiger Pädagogik. Aus: Biehl, Peter; Kaufmann, Hans-Bernhard (Hrsg.): Zum Verhältnis von Emanzipation und Tradition. Elemente einer religionspädagogischen Theorie. Frankfurt, Berlin, München 1975. S. 123–136.

Colpe, Carsten: Artikel Ritus, religionsgeschichtlich. Aus: Evangelisches Kirchenlexikon. Göttingen, 1992 (3) Band 3, Sp. 1660f.

Comenius-Institut (Hrsg.): Beispielplan für den Evangelischen Religionsunterricht in der Schule für Lernbehinderte. Münster 1978.

Deppe-Wolfinger, Helga: Behindert und abgeschoben. Zum Verhältnis von Behinderung und Gesellschaft. Weinheim und Basel 1983.

Deutsche Shell (Hrsg.): Jugend 2000. Band 1 und Band 2 Opladen 2000.

Dick, Lutz van: Freie Arbeit – Offener Unterricht – Projektunterricht – Handelnder Unterricht – Praktisches Lernen. Versuch einer Synopse. In: Zeitschrift für Pädagogik, Jg. 1991, H. 6, S. 31–34.

Doedens, Folkert: Hamburger Modell. Religionsunterricht für alle. Aus: Goßmann, Hans-Christoph; Ritter, André (Hrsg.): Interreligiöse Begegnungen. Ein Lernbuch für Schule und Gemeinde. Hamburg 1999. S. 30–54.

Dohmen-Funke, Christoph: Korrelation – ein tragfähiges Modell für den Religionsunterricht an der Schule für Lernbehinderte? Aus: Adam, Gottfried; Kollmann, Roland; Pithan, Annebelle (Hrsg.): »Normal ist, verschieden zu sein«. Das Menschenbild in seiner Bedeutung für religionspädagogisches und sonderpädagogisches Handeln. Münster 1994. (=Dokumentationsband des vierten Würzburger religionspädagogischen Symposiums.) S. 159–169.

Dohmen-Funke, Christoph: Religionsunterricht an Sonderschulen. In: Engagement, Jg. 1991, S. 253.

Eberwein, Hans (Hrsg.): Behinderte und Nichtbehinderte lernen gemeinsam. Handbuch der Integrationspädagogik. Weinheim, Basel 1988.

Eberwein, Hans (Hrsg.): Fremdverstehen sozialer Randgruppen. Ethnographische Feldforschung in der Sonder- und Sozialpädagogik. Grundfragen, Methoden, Anwendungsbeispiele. Berlin 1987.

Eberwein, Hans (Hrsg.): Handbuch Lernen und Lern-Behinderungen. Aneignungsprobleme, Neues Verständnis von Lernen, Integrationspädagogische Ansätze. Weinheim und Basel 1996.

Eberwein, Hans: Konsequenzen der lernbehindertenpädagogischen Begriffsbildung für die Diagnostik, Didaktik und Schule für Lernbehinderte. Aus: Eberwein, Hans (Hrsg.): Handbuch Lernen und Lern-Behinderungen. Aneignungsprobleme, Neues Verständnis von Lernen, Integrationspädagogische Ansätze. Weinheim und Basel 1996. S. 56–73.

Eberwein, Hans: Zur Kritik und Revision des lernbehinderten Paradigmas. Aus: Eberwein, Hans (Hrsg.): Handbuch Lernen und Lern-Behinderungen. Aneignungsprobleme, Neues Verständnis von Lernen, Integrationspädagogische Ansätze. Weinheim und Basel 1996. S. 11–18.

Ebner, Robert: Religiöse Probleme bei lernbehinderten Kindern. Ein Gespräch mit zwei Kindern einer 7. Klasse. In: Christlich pädagogische Blätter, 95. Jg. (1982), S. 407–411.

Eggert, Dietrich: Von den Stärken ausgehen. Individuelle Entwicklungspläne in der Lernförderungsdiagnostik. Dortmund 1998 (2).

Ehrenfeuchter, Gerlinde: Wie erleben Sonderschülerinnen und Sonderschüler sich selbst und die Welt, in der sie leben? Ein Projektbericht. Aus: Adam, Gottfried; Kollmann, Roland; Pithan, Annebelle (Hrsg.): »Blickwechsel«. Alltag von Menschen mit Behinderungen als Ausgangspunkt für Theologie und Pädagogik. Münster 1996. (= Dokumentationsband des fünften Würzburger Religionspädagogischen Symposiums) S. 315–325.

Ellermeier, Hildegard: Zur Bestimmung von Erfahrung. Ein Versuch im Hinblick auf die Verwendung des Begriffs in Theologie und Religionspädagogik. Aus: Stock,

Hans; Kaufmann, Hans Bernhard (Hrsg.): Elementarisierung theologischer Inhalte und Methoden im Blick auf die Aufgabe einer theologisch zu verantwortenden Lehrplanrevision und Curriculumentwicklung in den wichtigsten religionspädagogischen Praxisfeldern. Münster 1977. S. 231–279.

Ellger-Rüttgardt, Sieglind: Geschichte des Unterrichts mit Lernbehinderten. Aus: Baier, Herwig; Bleidick, Ulrich (Hrsg.): Handbuch der Lernbehindertendidaktik. Stuttgart 1983. S. 20–26.

Engelhardt, Klaus; Loewenich, Hermann von; Steinacker, Peter: Fremde Heimat Kirche. Die dritte EKD-Erhebung über Kirchenmitgliedschaft. Gütersloh 1997.

Enzensberger, Hans Magnus: Mittelmaß und Wahn. Gesammelte Zerstreuungen. Frankfurt am Main 1991. (S. suhrkamp taschenbuch 1800)

Erath, Peter: Vergessen und mißbraucht. ›Lernbehinderte‹ als Opfer allgemeinpädagogischer Ignoranz und sonderpädagogischer Eigeninteressen. Frankfurt am Main 1987.

Erikson, Erik H.: Identität und Lebenszyklus. Drei Aufsätze. Frankfurt am Main 1977.

Erikson, Erik H.: Die Ontogenese der Ritualisierung. In: Psyche, 22. Jg. (1968), S. 481–502.

Esser, Wolfgang G.: Gott reift in uns. Lebensphasen und religiöse Entwicklung. München 1991.

Evangelisches Schulwerk in Württemberg: Birkacher Beiträge für Bildung und Erziehung, 1. Projektorientiertes Lernen. Reutlingen 1997.

Exeler, Adolf: Fehlformen religiöser Erziehung. Aus: Feifel, Erich u. a. (Hrsg.): Handbuch der Religionspädagogik Band 1. Zürich, Gütersloh 1973. S. 135–144.

Faust-Siehl, Gabriele u. a.: Die Zukunft beginnt in der Grundschule. Empfehlungen zur Neugestaltung der Primarstufe. Frankfurt am Main (Arbeitskreis Grundschule) 1996. (= Beiträge zur Reform der Grundschule. 98)

Feige, Andreas; Nipkow, Karl Ernst: Religionslehrer sein heute. Empirische und theoretische Überlegungen zur Religionslehrerschaft zwischen Kirche und Staat. Münster 1988.

Feuser, Georg: Behinderte Kinder und Jugendliche. Zwischen Integration und Aussonderung. Darmstadt 1995.

Feuser, Georg; Meyer, Heike: Integrativer Unterricht in der Grundschule. Ein Zwischenbericht. Solms-Oberbiehl 1987.

Fischer, Dietlind: Religion im Schulprogramm. Eine didaktische »Landkarte«. In: ru. Ökumenische Zeitschrift für den Religionsunterricht, 30. Jg. (2000), S. 2–5.

Fischer, Dietlind: Den Kindern das Wort geben. In: ru. Zeitschrift für die Praxis des Religionsunterrichts, 21. Jg. (1991), H. 2, S. 65–69.

Fischer, Dieter: Die Lebensgeschichte behinderter Schüler als Bezugspunkt für religionspädagogisches Handeln. Aus: Adam, Günter; Schultze, Herbert (Hrsg.): Religionsunterricht mit Sonderschülern. Dokumentationsband des Ersten Würzburger Religionspädagogischen Symposiums. Münster 1988. S. 51–83.

Fraas, Hans-Jürgen: Glaube und Identität. Grundlegung einer Didaktik religiöser Lernprozesse. Göttingen 1983.

Freire, Paulo: Pädagogik der Unterdrückten. Hamburg 1975 (3).

Fuchs, Arno: Schwachsinnige Kinder – ihre sittlich-religiöse, intellektuelle und wirtschaftliche Rettung. Versuch einer Hilfsschulpädagogik. Halle 1922 (3. erw. Auflage).

Gemeinsame Synode der Bistümer in der Bundesrepublik Deutschland: Der Religionsunterricht in der Schule. 1974.

Goffman, Erwin: Interaktionsrituale. Über das Verhalten in direkter Kommunikation. Frankfurt am Main 1971.
Goffman, Erwin: Stigma. Über Techniken der Bewältigung beschädigter Identität. Frankfurt 1975.
Goßmann, Hans-Christoph; Ritter, André (Hrsg.): Interreligiöse Begegnungen. Ein Lernbuch für Schule und Gemeinde. Hamburg 1999.
Grethlein, Christian: Religionspädagogik. Berlin, New York 1998. (= De Gruyter Lehrbuch)
Grimm, Jacob und Grimm, Wilhelm (Hrsg.): Deutsches Wörterbuch. Dritter Band. Leipzig 1862.
Grissemann, Hans: Lernbehinderung heute. Psychologisch-anthropologische Grundlagen einer innovativen Lernbehindertenpädagogik. Bern, Stuttgart, Toronto 1988.
Groß, Engelbert: Projekt-Didaktik Religion. Historisch-strukturelle Grundlegung und exemplarische Praxis. Bad Heilbrunn 1996.
Groß, Engelbert: Konsequenter Religionsunterricht: Aktion und Projekt. Praxis des Christlichen in theologischer, pädagogischer und didaktischer Perspektive. Donauwörth 1994.
Hahn, Ferdinand: Christologische Hoheitstitel. Ihre Geschichte im frühen Christentum. Göttingen 1995 (5).
Halbfas, Hubertus: Das dritte Auge. Religionsdidaktische Anstöße. Düsseldorf 1981.
Halbfas, Hubertus: Religionsunterricht in der Grundschule. Lehrerhandbuch 2. Düsseldorf 1984.
Halbfas, Hubertus: Religionsunterricht in der Grundschule. Lehrerhandbuch 3. Düsseldorf, Zürich 1985.
Hegeler, Ingeborg: Symbole und Behinderte. Symboldidaktik mit Lernbehinderten im Kreuzverhör. Essen 1995.
Heimbrock, Hans Günter: Behinderte: Randgruppe oder Modellfall des Religionsunterrichts. In: Religion heute, Jg. 1982, S. 145–148.
Heimbrock, Hans Günter: Pädagogische Diakonie. Beiträge zu einem vergessenen Grenzfall. Neukirchen 1986.
Heimbrock, Hans Günter: Freinet-Pädagogik als Lern-Weg religiöser Erziehung? Aus: Fischer, Dietlind (Hrsg.): Freiarbeit und Religionsunterricht. Zeitschriften, Aufsätze, Bücher. Münster 1994. (= Im Blickpunkt. Literaturhinweise und Texte zu aktuellen Themen.) S. 147–153.
Heimbrock, Hans Günter: Ritual als religionspädagogisches Problem. Aus: Biehl, Peter u. a. (Hrsg.): Jahrbuch der Religionspädagogik, Band 5/1988. Neukirchen 1989. S. 45–81.
Heinemann, Horst: Das Bild des Religionslehrers. In: Religion heute, Jg. 1983. S. 84–90.
Heinz, Günther: Fest zur Überreichung der ›Bibel für junge Leute‹. In: Schönberger Hefte, 26. Jg. (1996), H. 2, S. 37.
Heinz, Günther: Religion im Offenen Unterricht. In: Schönberger Hefte, 26. Jg. (1996), H. 4, S. 12f.
Helsper, Werner: Religion zwischen innerem Halt und innerem Zwang? Reflexionen zum Verhältnis von Adoleszenz, Religion und Pädagogik. Aus: Opp, Günther; Peterander, Franz (Hrsg.): Focus Heilpädagogik, Projekt Zukunft. München 1996. S. 101–111.

Hermann, Inger: »Halt's Maul, jetzt kommt der Segen ...« Kinder auf der Schattenseite des Lebens fragen nach Gott. Stuttgart 2001 (5).
Hessisches Kultusministerium: Rahmenplan Grundschule. Frankfurt am Main 1995.
Hessisches Kultusministerium: Richtlinien für Unterricht und Erziehung in der Schule für Lernhilfe. Wiesbaden 1996.
Heumann, Jürgen: Was ist das »Besondere« am lernbehinderten Sonderschüler? In: Religion heute, Jg. 1982, S. 148–152.
Hiller, Gotthilf Gerhard: Arbeit und Beruf – für benachteiligte und behinderte Jugendliche? In: Die deutsche Schule, 80. Jg. (1988), S. 161–175.
Hiller, Gotthilf Gerhard: Ausbruch aus dem Bildungskeller. Langenau-Ulm 1989.
Hiller, Gotthilf Gerhard: Durchblick im Alltag. Tipps, Informationen, Materialien. Berlin. Band 1, 1992; Band 2, 1994.
Hiller, Gotthilf Gerhard: Unterrichtliches Handeln als Gegenstand des Unterrichts. Aus: Möckel, Andreas (Hrsg.): Religionsunterricht als Lebenshilfe für lernbehinderte und geistigbehinderte Kinder und Jugendliche. Dortmund 1971. S. 31–52.
Hiller-Ketterer, Ingeborg; Möckel, Andreas: Sonderschulpädagogik und Religionspädagogik. In: Evangelischer Erzieher, 35. Jg. (1973), S. 255–263.
Hindriksen, Arendt: Religionspädagogische Konzeptionen und ihr Verhältnis zum Rollenbild des Religionslehrers. Oldenburg 1986.
Hirsch, Elke: Kommt singt und tanzt. Materialien für Schule und Gemeinde. Düsseldorf 1999 (2).
Höck, Manfred: Die Hilfschule im dritten Reich. Berlin 1979.
Hofmann, Wilhelm: Schriften zur Sonderpädagogik aus fünfzig Jahren. Reutlingen 1981.
Höhn, Elfriede: Der schlechte Schüler. München 1974 (6).
Holzwarth, Erwin: Ansätze für Symboldidaktik/Symbolkunde im neuen Lehrplan Evangelische Religionslehre an Schulen für Lernbehinderte in Baden-Württemberg. Aus: Adam, Gottfried; Pithan, Annebelle (Hrsg.): Wege religiöser Kommunikation. Kreative Ansätze der Arbeit mit behinderten Menschen. Dokumentationsband des zweiten Würzburger Religionspädagogischen Symposiums. Münster 1990. S. 281–291.
Ingenkamp, Karlheinz: Lehrbuch der pädagogischen Diagnostik. Weinheim 1985.
Jarkowski, Renate; Prengel, Annedore; Knigge-Tesche, Renate: Wir können's ja doch! Projekterfahrungen an der Sonderschule. Solms-Oberbiehl 1982.
Jetter, Werner: Symbol und Ritual. Anthropologische Elemente im Gottesdienst. Göttingen 1978.
Jeub, Manfred: »Montessori am Kepler«. Freiarbeit an einem Gymnasium. In: Entwurf, Jg. 1995, H. 3, S. 11–16.
Kanter, Gustav O.: Lernbehinderten- und Lerngestörtenpädagogik. Aus: Bach, Heinz u. a. (Hrsg.): Sonderpädagogik im Grundriß. Berlin 1976 (2). S. 105–112.
Kanter, Gustav O.: Lernbehindertenpädagogik. Gegenstandsbestimmung, Begriffsklärung. Aus: Kanter, Gustav O.; Speck, Otto (Hrsg.): Handbuch der Sonderpädagogik Band 4: Pädagogik der Lernbehinderten. Berlin 1977. S. 7–33.
Kanter, Gustav O.: Lernbehinderungen, Lernbehinderte, deren Erziehung und Rehabilitation. Aus: Deutscher Bildungsrat (Hrsg.): Gutachten und Studien der Bildungskommission, Sonderpädagogik 3: Geistigbehinderte – Lernbehinderungen – Verfahren der Aufnahme. Stuttgart 1974. S. 117–234.

Kaspar, Franz: »Als ob es hier nicht schon genug Ausgrenzung gäbe ...!« Zur Konfessionalität des Religionsunterricht an Sonderschulen. In: ru Zeitschrift für die Praxis des Religionsunterrichts, 23. Jg. (1993), H. 3, S. 97–99.

Kaspar, Franz (Hrsg.): Religionsunterricht an Sonderschulen. Konzeptionen und Modelle für die Praxis. München, Lahr 1974.

Kaufmann, Hans-Bernhard: Muß die Bibel im Mittelpunkt des Religionsunterrichts stehen? Aus: Kaufmann, Hans-Bernhard (Hrsg.): Streit um den problemorientierten Religionsunterricht in Schule und Kirche. Frankfurt am Main, Berlin, München 1973. S. 23–27.

Kielhorn, Heinrich: Heinrich Kielhorn und der Weg der Sonderschulen. Bearbeitet von U. Bleidick. Braunschweig 1981. (= Braunschweiger Werkstücke, Reihe A.)

Kirchenamt der EKD (Hrsg.): Identität und Verständigung. Standort und Perspektiven des Religionsunterrichts in der Pluralität. Eine Denkschrift der Evangelischen Kirche in Deutschland. Gütersloh 1994.

Kittel, Helmut: Vom Religionsunterricht zur evangelischen Unterweisung. Wolfenbüttel 1947.

Klafki, Wolfgang: Grundzüge eines neuen Allgemeinbildungskonzeptes. Im Zentrum: Epochale Schlüsselprobleme. Aus: Klafki, Wolfgang (Hrsg.): Neue Studien zur Bildungstheorie und Didaktik. Zeitgemäße Allgemeinbildung und kritisch-konstruktive Didaktik. Weinheim u. a. 1993 (3).

Klein, Gerhard: Lernbehinderte Kinder und Jugendliche. Stuttgart 1985.

Klein, Gerhard: Die Schüler der Förderschule (Schule für Lernbehinderte) in der Wahrnehmung der Sonderpädagogik. In: Zeitschrift für Heilpädagogik, 50. Jg. (1999), H. 1, S. 4–10.

Klein, Gerhard: Soziale Benachteilung: Zur Aktualität eines verdrängten Begriffs. Aus: Opp, Günther; Peterander, Franz (Hrsg.): Focus Heilpädagogik, Projekt Zukunft. München 1996. S. 140–146.

Klein, Wolfgang: Leben und erziehen wozu? In: demokratische erziehung, 13. Jg. (1987), S. 11–14.

Klink, Job-Günter: Zur Geschichte der Sonderschule. Bad Heilbrunn 1966.

Klöpfer, Siegfried: Probleme des Religionsunterrichts an Sonderschulen. In: Entwurf, Jg. 1980, S. 148–152.

Kluge, Jürgen: Wenn Christen und Muslime miteinander feiern. Hinweise zu christlich-muslimischen Schulfeiern mit religiöser Prägung. Aus: Goßmann, Hans-Christoph; Ritter, André (Hrsg.): Interreligiöse Begegnungen. Ein Lernbuch für Schule und Gemeinde. Hamburg 1999. S. 104–114.

Kollmann, Roland: Glaube gefragt – auch in der Sonderschule? In: Sonderpädagogik, 18. Jg. (1988), S. 1–19.

Kollmann, Roland: Religionsunterricht unter erschwerenden Bedingungen. Essen 1988. (= Religionspädagogische Perspektiven; Bd. 8)

Kopp, Johanna: Israels Propheten – Gottes Zeugen heute. Zugänge zu den Prophetenbüchern des Alten Testaments. Paderborn 1991.

Kornmann, Reimer; Burgard, Peter; Eichling, Hans-Martin: Zur Überrepräsentation von ausländischen Kindern und Jugendlichen in Schulen für Lernbehinderte. Revision älterer und Mitteilung neuer Ergebnisse In: Zeitschrift für Heilpädagogik, 50. Jg. (1999), H. 3, S. 106–109.

Kösel, Edmund: Die Modellierung von Lernwelten. Ein Handbuch zur subjektiven Didaktik. Elztal-Dallau 1995 (2).

Krenzer, Rolf; Pokrandt, Anneliese; Rogge, Richard (Hrsg.): Kurze Geschichten zum Vorlesen und Nacherzählen im Religionsunterricht. Lahr, München 1975.
Krenzer, Rolf; Rogge, Richard (Hrsg.): Kurze Geschichten zum Vorlesen und Nacherzählen im Religionsunterricht Band 2. Lahr, München 1981.
Kübler, Alexander; Bödingmeier, Frank (Hrsg.): Spuren. Arbeitshilfen für einen ganzheitlichen Religionsunterricht an Förderschulen. Rottenburg a. N. 1996 ff.
Kuhl, Lena (Hrsg.): Mit Kindern das Kirchenjahr gestalten. Loccum 1997. (= Arbeitshilfe Grundschule 5)
Kuhn, Elke (Hrsg.): Gott in vielen Namen feiern. Interreligiöse Schulfeiern mit christlichen und islamischen Schülerinnen und Schülern. Gütersloh 1988.
Kultusministerkonferenz: Empfehlungen zum Förderschwerpunkt Lernen. Bonn 1999.
Kultusministerkonferenz: Empfehlungen zur sonderpädagogischen Förderung in den Schulen in der Bundesrepublik Deutschland. Beschluß der Kultusministerkonferenz vom 6. Mai 1994. In: Amtsblatt des Hessischen Kultusministeriums und des Hessischen Ministeriums für Wissenschaft und Kunst, 8. Jg. (1994), S. 715–725.
Kultusministerkonferenz: Die Sonderschulen in der bundeseinheitlichen Schulstatistik von 1987 bis 1966. Statistische Veröffentlichungen der KMK, Dokumentation 147. 1998.
Lämmermann, Godwin: Grundriß der Religionsdidaktik. Stuttgart, Berlin, Köln 1991. (= Praktische Theologie heute. Band 1)
Lämmermann, Godwin: Religionspädagogik im 20. Jahrhundert. Prüfungswissen Theologie. Gütersloh 1994.
Laing, Ronald D.: Phänomenologie der Erfahrung. Frankfurt am Main1975.
Lange, Gilbert: Gedanken zum Religionsunterricht in der Schule für Lernbehinderte. In: Religionspädagogische Blätter, 32. Jg. (1978), S. 1–18.
Lehmann, Christine: Freiarbeit – ein Lern-Weg für den Religionsunterricht? Eine Untersuchung von selbständigem Lernen im Horizont kritisch-konstruktiver Didaktik. Münster 1997. (= Religionspädagogische Kontexte und Konzepte. 1)
Linke, Michael: Religionsunterricht und Exploration von Alltagserfahrungen. Frankfurt, Bern, New York, Berlin 1987.
Luther, Henning: Kirche und Adoleszenz. Theoretische Erwägungen zur Problematik des Konfirmandenunterrichts. In: Theologia practica, 14. Jg. (1979), S. 159–181.
Luther, Henning: Religion und Alltag. Bausteine zu einer praktischen Theologie des Subjekts. Stuttgart 1992.
Mand, Johannes: Lernbehinderung als soziale Benachteiligung. Aus: Eberwein, Hans (Hrsg.): Handbuch Lernen und Lern-Behinderungen. Aneignungsprobleme, Neues Verständnis von Lernen, Integrationspädagogische Ansätze. Weinheim und Basel 1996. S. 165–175.
Mann, Iris: Lernen können ja alle Leute. Lesen-, Rechnen-, Schreibenlernen mit der Tätigkeitstheorie. Weinheim und Basel 1990. (= Grüne Reihe)
Mann, Iris: Schlechte Schüler gibt es nicht. Weinheim, Basel 1989 (4).
Manske, Christel: Lernbehinderung ist gebrochener Stolz. Aus: Eberwein, Hans (Hrsg.): Handbuch Lernen und Lern-Behinderungen. Aneignungsprobleme, Neues Verständnis von Lernen, Integrationspädagogische Ansätze. Weinheim und Basel 1996. S. 157–164.
Menke, Birgit: Freiarbeit. Eine Chance für den Religionsunterricht. Essen 1992. (= Religionspädagogische Perspektiven. 16)
Mette, Norbert: Religionspädagogik. Düsseldorf 1994.

Ministerium für Kultus und Sport Baden-Württemberg: Bildungsplan für die Schule für Lernbehinderte. Band 1. In: Lehrplanhefte Reihe B Nr. VII. Villingen-Schwenningen 1990.
Möckel, Andreas: Geschichte der Heilpädagogik. Stuttgart 1988.
Möckel, Andreas (Hrsg.): Religionsunterricht als Lebenshilfe für lernbehinderte und geistigbehinderte Kinder und Jugendliche. Dortmund 1971.
Moltmann, Jürgen: Diakonie im Horizont des Reiches Gottes. Schritte zum Diakonentum aller Gläubigen. Neukirchen-Vluyn 1984.
Müller, Peter: In der Mitte der Gemeinde. Kinder im Neuen Testament. Neukirchen-Vluyn 1992.
Müller-Friese, Anita: Miteinander der Verschiedenen. Theologische Überlegungen zu einem integrativen Bildungsverständnis. Weinheim 1996. (= Forum zur Pädagogik und Didaktik der Theologie Band 13)
Müller-Friese, Anita: Die Verschiedenheit der Köpfe. Gedanken zur Freiarbeit im Religionsunterricht. In: Schönberger Sonderband 18, Jg.1999. S. 2–8.
Myschker, Norbert: Lernbehindertenpädagogik. Aus: Solarová, Svetluse (Hrsg.): Geschichte der Sonderpädagogik. Stuttgart, Berlin, Köln, Mainz 1983. S. 120–266.
Neidhart, Walter; Eggenberger, Hans: Erzählbuch zur Bibel. Zürich 1975.
Nipkow, Karl Ernst: Bildung in einer pluralen Welt. Band 1: Moralpädagogik im Pluralismus. Band 2: Religionspädagogik im Pluralismus. Gütersloh 1998.
Nipkow, Karl Ernst: Erwachsenwerden ohne Gott? Gotteserfahrung im Lebenslauf. München 1987.
Nipkow, Karl-Ernst: Das Evangelium als Grund und Hilfe an Schulen für Behinderte. Aus: Comenius-Institut (Hrsg.): Evangelium und Behinderte. Münster 1978. S. 65–96.
Nipkow, Karl Ernst: Lebensgeschichte und religiöse Lebenslinie. Zur Bedeutung der Dimension des Lebenslaufs in der Praktischen Theologie und Religionspädagogik. In: Biehl, Peter u.a. (Hrsg.): Jahrbuch der Religionspädagogik. Band 3. Neukirchen-Vluyn 1987. S. 3–35.
Nöll, H.: Natürliche Schranken der negativen Auslese des Schwachsinns und vererbungswissenschaftlich-rassehygienische Beurteilung des heilpädagogischen Sonderschulwesens. In: Die deutsche Sonderschule, 1. Jg. (1934), S. 7–21.
Oberthür, Rainer; Mayer, Alois: Psalmwort-Kartei. Heinsberg 1995.
Opp, Günther; Peterander, Franz (Hrsg.): Focus Heilpädagogik, Projekt Zukunft. München 1996.
Otto, Gert; Dörger, Hans Joachim; Lott, Jürgen (Hrsg.): Neues Handbuch des Religionsunterrichts. Hamburg 1972.
Otto, Gert: Religionspädagogik. Aus: Otto, Gert (Hrsg.): Praktisch-theologisches Handbuch. Hamburg 1975 (2). S. 521–523.
Palmer, Christian: Evangelische Pädagogik. Stuttgart 1855 (2).
Peine, Leony: Lernbehinderte können mehr. Aus: Veit, Marie (Hrsg.): Stumme können selber reden. Praxisberichte aus dem Religionsunterricht an Haupt- und Sonderschulen. Wuppertal 1978. S. 51–92.
Perschel, Wolfgang: Artikel: Schulpflicht. Aus: Lenzen, Dieter (Hrsg.): Enzyklopädie Erziehungswissenschaft. Handbuch und Lexikon der Erziehung in 11 Bänden und einem Registerband. Stuttgart, Dresden 1995. Bd. 5, S. 591–595.
Peterßen, Wilhelm H.: Artikel ›Didaktik‹. Aus: Roth, Leo (Hrsg.): Pädagogik. Handbuch für Studium und Praxis. München 1991. S. 658–673.

Pfeffer, Wilhelm: Der Religionsunterricht an der Schule für Lernbehinderte unter dem Zielaspekt »Emanzipation«. Aus: Kaspar, Franz (Hrsg.): Religionsunterricht an Sonderschulen. Konzeptionen und Modelle für die Praxis. München, Lahr 1974. S. 212–237.

Pfeffer, Wilhelm; Rogge, Richard: Artikel ›Religion‹. Aus: Bach, Heinz (Hrsg.): Handbuch der Sonderpädagogik. Band 4 Pädagogik der Lernbehinderten. Berlin 1977. S. 432–449.

Pfeffer, Wilhelm: Zum Religionsunterricht für Lernbehinderte in der Unterstufe. Aus: Kaspar, Franz (Hrsg.): Religionsunterricht an Sonderschulen. Konzeptionen und Modelle für die Praxis. München, Lahr 1974. S. 189–211.

Pokrandt, Anneliese: Die denken: die sind doof und bleiben doof. In: Entwurf, Jg. 1975, S. 62.

Pokrandt, Anneliese: Elementarbibel. Teil 1 bis 8. ausgewählt und in einfache Sprache gefaßt von Anneliese Pokrandt. Lahr, München 1973–1989.

Postman, Neill: Das Technopol. Frankfurt am Main 1992.

Prengel, Annedore: Pädagogik der Vielfalt. Verschiedenheit und Gleichberechtigung in Interkultureller, Feministischer und Integrativer Pädagogik. Opladen 1995 (2). (= Schule und Gesellschaft. 2).

Prien, Hans-Jürgen (Hrsg.): Lateinamerika. Gesellschaft, Kirche, Theologie. Band 2: Der Streit um die Theologie der Befreiung. Göttingen 1981.

Rat der EKD: Stellungnahme des Rates der EKD zu verfassungsrechtlichen Fragen des Religionsunterrichts. Vom 7.7.1971. Aus: EKD- Kirchenkanzlei (Hrsg.): Die Evangelische Kirche und die Bildungsplanung. Gütersloh 1972. S. 119–127.

Reichmann-Rohr, Erwin; Weiser, Manfred: Geschichtliche Entstehung und Entwicklung von Schulen für Lernbehinderte. Aus: Eberwein, Hans (Hrsg.): Handbuch Lernen und Lern-Behinderungen. Aneignungsprobleme, Neues Verständnis von Lernen, Integrationspädagogische Ansätze. Weinheim und Basel 1996. S. 19–32.

Reiß, Günter; Eberle, Gerhard (Hrsg.): Offener Unterricht – Freie Arbeit mit lernschwachen Schülerinnen und Schülern. Weinheim 1994 (2). (= Schriftenreihe der Pädagogischen Hochschule Heidelberg. 11)

Rendle, Ludwig; Kuld, Lothar u. a.: Ganzheitliche Methoden im Religionsunterricht. Ein Praxisbuch. München 1996.

Ricœur, Paul: Die Interpretation. Ein Versuch über Freud. Frankfurt am Main 1974. (= suhrkamp taschenbuch Wissenschaft 76)

Ritter, Werner H.: Glaube und Erfahrung im religionspädagogischen Kontext. Die Bedeutung von Erfahrung für den christlichen Glauben im religionspädagogischen Verwendungszusammenhang. Eine grundlegende Studie. Göttingen 1989. (= Arbeiten zur Religionspädagogik Band 4)

Robinsohn, Saul B.: Bildungsreform als Revision des Curriculums. Neuwied 1964.

Rockemer, Hans-Georg: Wem hilft die Hilfsschule? Zur Effizienz des ›besonderen‹ Unterrichts in der ›besonderen‹ Schule. In: päd.extra, 12. Jg. (1978), S. 23–27.

Rockemer, Hans-Georg: Und plötzlich bist du in der Sonderschule … In: Betrifft: Erziehung, 19. Jg. (1986), S. 34–37.

Rodeck-Madsen, Bettina; Gebhardt, Walter: Sonderschule – Sonderschüler. Eine Regionalstudie. Weinheim 1987.

Rogers, Carl R.: Die klientenzentrierte Gesprächspsychotherapie. Frankfurt am Main 1991.

Rogge, Richard: Evangelische Religion. Aus: Baier, Herwig; Bleidick, Ulrich (Hrsg.): Handbuch der Lernbehindertendidaktik. Stuttgart 1983. S. 419–423.

Rogge, Richard: Evangelischer Religionsunterricht als spezifisch sonderpädagogischer Unterricht. Aus: Kaspar, Franz (Hrsg.): Religionsunterricht an Sonderschulen. Konzeptionen und Modelle für die Praxis. München, Lahr 1974. S. 51–65.

Rotthaus, Wilhelm: Wozu erziehen? Entwurf einer systemischen Erziehung. Heidelberg 1999 (2).

Ruckau, P.: An meine Arbeitskameraden an den deutschen Schulen! In: Die deutsche Sonderschule, 1. Jg. (1934), S. 1.

Ruddat, Günter: Religionsunterricht in der Hilfsschule von den Anfängen bis 1945. Stuttgart, Berlin, Köln 1993. (= Praktische Theologie heute; Bd. 6)

Sander, Alfred: Behinderungsbegriffe und ihre Konsequenzen für die Integration. In: Eberwein, Hans (Hrsg.): Behinderte und Nichtbehinderte lernen gemeinsam. Handbuch der Integrationspädagogik. Weinheim, Basel 1988. S. 75–82.

Schäfer, Dieter: Die Bedeutung von Schlüsselqualifikationen für Ausbildung und Arbeit. Der Arbeitsmarkt im Jahr 2010. In: Zeitschrift für Heilpädagogik, 47. Jg. (1996), H. 3, S. 108–112.

Schillebeeckx, Edward: Erfahrung und Glaube. Aus: Böckle, Franz u. a. (Hrsg.): Enzyklopädische Bibliothek in 30 Teilbänden. Teilband 25, Christlicher Glaube in moderner Gesellschaft. Freiburg, Basel, Wien 1980. S. 73–116.

Schilling, Klaus: Probleme und Chancen des Religionslehrers an der Sonderschule für Lernbehinderte. In: Jugendwohl, 65. Jg. (1984), S. 367–374.

Schilling, Klaus: Religionsunterricht mit Lernbehinderten. München, Lahr 1983.

Schilling, Klaus: Symbole erleben. Glaube erfahren mit Hand, Kopf und Herz. Stuttgart 1991.

Schilling, Klaus: Symbolorientierung im neuen Lehrplan für katholische Religionslehre an Schulen für Lernbehinderte in Baden-Württemberg. Aus: Adam, Gottfried; Pithan, Annebelle: Wege religiöser Kommunikation. Kreative Ansätze der Arbeit mit behinderten Menschen. Dokumentationsband des Zweiten Würzburger Religionspädagogischen Symposiums. Münster 1990. S. 305–316.

Schmetz, Ditmar: Förderschwerpunkt Lernen. In: Zeitschrift für Heilpädagogik, 50. Jg. (1999), H. 4, S. 134–143.

Schmidt, Hans-Peter: Fazit einer Schulzeit: Sonderschüler zweier 10.Klassen äußern sich zum Religionsunterricht. In: Sonderpädagogik, 7. Jg. (1977), S. 108–115.

Schmidt, Hans-Peter: Zur Position und Konzeption einer religiösen Erziehung im Aufgabenfeld der Lernbehindertenpädagogik. In: Der evangelische Erzieher, 34. Jg. (1982), S. 315–327.

Schneider, Alice; Kuhl, Lena (Hrsg.): Unser Kirchenjahr. Der Jahresfestkreis. Ein Spiel für die Freiarbeit im evangelischen und katholischen Religionsunterricht. Loccum 1997. (= Arbeitshilfe Grundschule 4)

Schneider, Wolfgang: Perspektiven eines emanzipatorischen Religionsunterrichts in der Schule für Lernbehinderte. In: Zeitschrift für Heilpädagogik, 28. Jg. (1977), S. 700–703.

Schneider, Kurt: Zum Religionsunterricht in der Schule für Lernbehinderte. In: Zeitschrift für Heilpädagogik, 35. Jg. (1984), S. 488–495.

Schöler, Jutta: Integrative Schule – Integrativer Unterricht. Ratgeber für Eltern und Lehrer. Hamburg 1993.

Schonig, Bruno: Artikel »Reformpädagogik«. Aus: Lenzen, Dieter (Hrsg.): Enzyklopädie Erziehungswissenschaft. Handbuch und Lexikon der Erziehung in 11 Bänden und einem Registerband. Stuttgart, Dresden 1995. Bd 8, 531–536.

Schottroff, Willy; Stegemann, Wolfgang (Hrsg.): Der Gott der kleinen Leute. Sozialgeschichtliche Bibelauslegungen. Band 1: Altes Testament; Band 2: Neues Testament. München, Gelnhausen 1979.

Schroeder, Joachim; Storz, Michael (Hrsg.): Einmischungen. Alltagsbegleitung junger Menschen in riskanten Lebenslagen. Langenau-Ulm 1994.

Schröer, Henning: Artikel Erzählung. Aus: Krause, Gerhard; Müller, Gerhard (Hrsg.): Theologische Realenzyklopädie. Berlin, New York 1982. Band X, 227–232.

Schröer, Henning: Einführung in das Thema dieses Heftes. In: Der evangelische Erzieher, 35. Jg. (1983), S. 245.

Schulausschuß der Ständigen Konferenz der Kultusminister der Länder in der Bundesrepublik Deutschland: Gutachten zur Ordnung des Sonderschulwesens. Bonn 1960.

Schütz, Alfred; Luckmann, Thomas: Strukturen der Lebenswelt. Neuwied, Darmstadt 1975.

Schweitzer, Friedrich: Lebensgeschichte und religiöse Entwicklung als Horizont der Unterrichtsplanung. In: Der evangelische Erzieher, 40. Jg. (1988), S. 532–551.

Schweitzer, Friedrich: Brauchen Kinder Religion? Aus: Comenius-Institut Münster in Verbindung mit Evangelische Akademie Bad Boll, Pädagogisch-Theologisches Zentrum der Evangelischen Landeskirche in Württemberg (Hrsg.): Aufwachsen in der Pluralität. Herausforderungen für Kinder, Schule und Erziehung. Münster 1994. S. 48–52.

Schweitzer, Friedrich: Lebensgeschichte und Religion. Religiöse Entwicklung und Erziehung im Kindes- und Jugendalter. Gütersloh 1999 (4).

Schweizer, Eduard: Jesus, das Gleichnis Gottes. Was wissen wir wirklich vom Leben Jesu? Göttingen 1995. (= Kleine Vandenhoeck-Reihe; 1572)

Sieg, Ursula: Hochseetauglich In: ru. Ökumenische Zeitschrift für den Religionsunterricht, 30. Jg. (2000), S. 10–13.

Speck, Otto: Religionspädagogische Erfordernisse aus der Sicht der Behindertenpädagogik. Aus: Feifel, Erich (Hrsg.): Handbuch der Religionspädagogik. Band 1–3 Gütersloh 1977. S. 420–434.

Speck, Otto: System Heilpädagogik. Eine ökologisch reflexive Grundlegung. München, Basel 1987.

Steffensky, Fulbert: Feier des Lebens. Spiritualität im Alltag. Stuttgart 1984.

Steinwede, Dietrich: Biblisches Erzählen in der religiösen Unterweisung für Kinder. Aus: Sanders, Willy; Wegenast, Klaus (Hrsg.): Erzählen für Kinder, erzählen von Gott. Stuttgart, Berlin, Köln, Mainz 1983. S. 52–57.

Steinwede, Dietrich (Hrsg.): Neues Vorlesebuch Religion 1 und 2. Für Kinder von 6–14 Jahren. Lahr 1996 und 1998.

Stock, Hans / Kaufmann, Hans Bernhard (Hrsg.): Elementarisierung theologischer Inhalte und Methoden im Blick auf die Aufgabe einer theologisch zu verantwortenden Lehrplanrevision und Curriculumentwicklung in den wichtigsten religionspädagogischen Praxisfeldern. Münster 1977.

Stötzner, Heinrich Ernst: Schulen für schwachbefähigte Kinder. Erster Entwurf zur Begründung derselben. Vollständiger Nachdruck der Originalausgabe 1864. Berlin 1963.

Struck, Peter: Die Schule der Zukunft. Von der Belehrungsanstalt zur Lernwerkstatt. Darmstadt 1996.

Studien- und Planungsgruppe der EKD: Fremde Heimat Kirche. Ansichten ihrer Mitglieder. Erste Ergebnisse der dritten EKD-Umfrage über Kirchenmitgliedschaft. Hannover 1993.

Szagun, Anna-Katharina: Behinderung. Ein gesellschaftliches, theologisches und pädagogisches Problem. Göttingen 1983. (= Analysen und Projekte zum Religionsunterricht, Heft 16)

Theißen, Gerd; Merz, Annette: Der historische Jesus. Ein Lehrbuch. Göttingen 1996.

Theißen, Gerd: Die Bibel an der Schwelle zum dritten Jahrtausend nach Chr. Überlegungen zu einer Bibeldidaktik für das »Jahr mit der Bibel 1992«. In: Theologia Practica 27. Jg. (1992), S. 4–23.

Thoma, Reinhard; Rogge, Richard: Zum Verhältnis zwischen Heilpädagogik und Religionspädagogik. Perspektiven für ein Gespräch. In: Zeitschrift für Heilpädagogik, 47. Jg. (1996), S. 141–150.

Tillich, Paul: Das religiöse Symbol. Aus: Tillich, Paul (Hrsg.): Die Frage nach dem Unbedingten. Schriften zur Religionsphilosophie. Gesammelte Werke Band V Stuttgart 1964. S. 196–244.

Tschirch, Reinmar: Bibel für Kinder. Die Kinderbibel in Kirche, Gemeinde, Schule und Familie. Stuttgart, Berlin, Köln 1995.

Tschirch, Reinmar: Biblische Geschichten erzählen. Stuttgart, Berlin, Köln 1997.

Veit, Marie (Hrsg.): Stumme können selber reden. Praxisberichte aus dem Religionsunterricht an Haupt- und Sonderschulen. Wuppertal 1978.

Vierzig, Siegfried: Ideologiekritik und Religionsunterricht. Zürich, Einsiedeln, Köln 1975.

Weigert, H.: Pädagogische Interventionen bei drohenden und manifesten Lernbehinderungen in der Grundschule. Frankfurt am Main, Bern, New York 1987.

Westermann, Claus: Genesis 1–11 Darmstadt 1993 (5). (= Erträge der Forschung. 7)

Wilken, Udo: Religionsunterricht bei lern- und geistigbehinderten Sonderschülern. 15 Thesen. In: Zeitschrift für Heilpädagogik, 23. Jg. (1972), S. 568–569.

Wilken, Udo: Religiöse Unterweisung bei lern- und geistigbehinderten Kindern und Jugendlichen. Aus: Kaspar, Franz (Hrsg.): Religionsunterricht an Sonderschulen. Konzeptionen und Modelle für die Praxis. München, Lahr 1974. S. 47–50.

Wind, Renate: Die Bibel von unten. Aus: Görner, Lutz (Hrsg.): Die Bibel. Texte und Lieder von Abraham bis Jesus. Köln 1985. S. 71–144.

Wocken, Hans: Didaktische Leitideen der Schule für Lernbehinderte. Ein Beitrag zur Theorie der Sonderschule. In: Zeitschrift für Heilpädagogik, 33. Jg. (1982), S. 637–647.

Wolff, Hans Walter: Dodekapropheton 2. Joel und Amos. Neukirchen-Vluyn 1969. (= Biblischer Kommentar, Altes Testament. XIV/2)

Zilleßen, Dietrich: Artikel ›Erfahrung‹, religionspädagogisch. Aus: Krause, Gerhard; Müller, Gerhard (Hrsg.): Theologische Realenzyklopädie. Berlin, New York 1982, S. 136–141.

Zilleßen, Dietrich: Emanzipatorischer Religionsunterricht – Bilanz, Probleme und Perspektiven. Aus: Emanzipation und Religion. Frankfurt am Main 1982. S. 19–41.